DROEMER

Über die Autorin:
A. K. Turner, die viele Jahre als Produzentin für die BBC arbeitete, dreht Dokumentarfilme und True-Crime-Dokumentationen für das Fernsehen. Sie entwickelte die Figur der Cassie Raven, Assistentin der Rechtsmedizin, ursprünglich für eine BBC-Radio-Sendung. Val McDermid entdeckte die Autorin und lud sie zum Harrogate Crime Festival ein. Ihr erster Roman mit Cassie Raven, *Tote schweigen nie*, hat die Leser*innen begeistert. A. K. Turner lebt in London.

A. K.
TURNER

WER MIT DEN TOTEN SPRICHT

THRILLER

Ein Fall für die Rechtsmedizin.
Cassie Raven ermittelt.

Aus dem Englischen von
Marie-Luise Bezzenberger

DROEMER

Die englische Originalausgabe erschien 2022 unter dem Titel
»Life Sentence« bei Zaffre Bonnier UK.

Besuchen Sie uns im Internet:
www.droemer.de

MIX
Papier | Fördert gute Waldnutzung
FSC® C014496

Eigenlizenz Juli 2024
Deutsche Erstausgabe September 2022

Ein Imprint der Verlagsgruppe
Droemer Knaur GmbH & Co. KG, München

Redaktion: Sigrun Zühlke
Covergestaltung: Carola Bambach
Coverabbildung: Blüten © Magdalena Wasiczek / Trevillion Images,
Ornamente © RODINA OLENA / Shutterstock.com
Satz: Adobe InDesign im Verlag
Druck und Bindung: GGP Media GmbH, Pößneck
ISBN 978-3-426-30801-1

2 4 5 3 1

Für Philip

1. KAPITEL

»Er war immer so ein *fröhlicher* kleiner Junge.«

Bradleys Mutter sah Cassie direkt ins Gesicht, doch ihre Pupillen waren groß und ohne Fokus – mit den Gedanken war sie meilenweit weg.

»Seine Lehrerin in der ersten Klasse hat ihn immer Sonnenschein genannt«, fügte sie hinzu, und das plötzliche Lächeln verlieh ihren tränenverschwommenen Zügen Kontur.

Cassie hoffte inständig, dass Mrs Appleton ihren Sohn gerade mit fünf oder sechs Jahren vor sich sah, lachend auf einem Fahrrad – alles, nur nicht jenes Bild des fünfzehnjährigen Bradley, das ihr für immer bleiben würde: auf seinem Bett liegend, das Kabel seines Laptops fest um den Hals gezurrt, das halb von der Wandleuchte über seinem Kopf herabhing.

Die beiden Frauen saßen im Besichtigungsraum der Leichenhalle, so nah nebeneinander, dass sich ihre Knie berührten. »Ich versteh's einfach nicht.« Blinzelnd kehrte Kim Appleton mit einem Ruck in die Realität zurück. »Er hat keinen unglücklichen Eindruck gemacht. Nie hat er etwas davon gesagt, dass er gemobbt wird oder so was. Ich meine, das hätte er mir doch erzählt … oder? Wir haben uns doch immer gut verstanden.« Ihr Blick zuckte zu ihrem Ehemann Steven hinüber, der in dem pastellfarben gestrichenen Raum auf und ab tigerte wie ein Mann, der nach jemandem sucht, den er verprügeln kann. »Jedenfalls so gut, wie man es bei einem Teenager erwarten kann.«

Cassies Antwort war ein verständnisvolles Murmeln. Fünf Jahre als Sektionsassistentin hatten sie gelehrt, dass trauernde Hinterbliebene eine Klagemauer brauchten und nicht etwa Konversation. Und außerdem, was könnte sie schon Tröstendes sagen? Aus welchem Grund auch immer, Bradley Appleton hatte sein Leben beendet, noch ehe es richtig begonnen hatte. *Dieser egoistische kleine Scheißer …* Doch das Aufwallen des Zorns löste sich rasch zu Mitleid auf. Es war erst zehn Jahre her, dass Cassie selbst in Bradleys Alter gewesen war und sich abgemüht hatte, nicht im Sog eines emotionalen Strudels unterzugehen. Dieses Nicht-Wissen, wer man war, hartnäckig im Zwiespalt mit der Welt. Ein Fünfzehnjähriger war doch kaum imstande, die Konsequenzen seines Handelns zu erfassen, geschweige denn den brutalen, unmöglich zu lindernden Kummer vorherzusehen, den er seinen Eltern bereitet hatte – lebenslängliche Trauer ohne Aussicht auf Bewährung.

Heute Morgen hatte Cassie Bradley aus dem Leichenkühlschrank geholt und ihn für den Besuch seiner Eltern zurechtgemacht. Jetzt lag er hinter der verhängten Glaswand, die das Besichtigungszimmer unterteilte. Wenn seine Eltern so weit waren, würde sie die Vorhänge zurückziehen, sodass man den Leichnam sehen konnte. Die dunkelrote Bettdecke war so weit hochgezogen, dass sie den Striemen verdeckte, der sich in seinen Hals gegraben hatte. Sie würde sie ermutigen, zu ihm hineinzugehen, ihm nahe zu sein, ihn anzufassen, wenn sie wollten – die Psychiater sagten, das helfe beim Trauerprozess. Es war wichtig, nichts zu überstürzen, seiner Mutter und seinem Vater Zeit zu geben, sich für die Endgültigkeit jenes Augenblicks zu wappnen. Das hier war, als warte man im Theater darauf, dass der Vorhang sich hebt, nur mit einer grauenhaften Wendung.

Kim Appleton redete jetzt bestimmt schon seit zehn Minuten ohne Pause von ihrem Sohn und versuchte, die Realität hinter den Vorhängen abzuwehren, ihn noch ein kleines bisschen länger am Leben zu erhalten. Jetzt jedoch verstummte sie.

»Sind Sie so weit?«, erkundigte sich Cassie und achtete sorgfältig darauf, beide Eltern in die Frage mit einzubeziehen.

Ein Nicken von Kim, ein verbittertes Achselzucken von ihrem Mann.

Minuten später waren sie auf der anderen Seite der Glastür und standen um Bradleys Leichnam herum. Seine Mutter beugte sich über ihn und strich ihm übers Haar, als wolle sie ihn in den Schlaf streicheln.

Bradleys ziemlich langes Haar war unnatürlich schwarz und stand in scharfem Kontrast zur Blässe seines Gesichts; eine seiner Augenbrauen und beide Ohren waren mehrfach gepierct. Im Goth-Jargon war Bradley ein »Baby-Bat«, genau wie Cassie es in seinem Alter gewesen war. Als sie seine Mutter am Telefon gefragt hatte, ob sie den Körperschmuck für die Besichtigung entfernen sollte, hatte Kim schnell Ja gesagt und hinzugefügt: »Ich fürchte, sein Vater konnte das alles nicht ausstehen.«

Cassie verstand – sie nahm vor einem Besuch von Angehörigen jedes Mal ihre Gesichtspiercings heraus und kämmte ihr schwarz gefärbtes Haar so, dass es den hochrasierten Undercut verdeckte. Obgleich sie den ganz krassen Goth-Look heruntergefahren hatte, seit sie mit der Schule fertig war, war ihr klar, dass sich manche Menschen an ihrem Aussehen stießen. Das Letzte, was sie wollte, war, irgendjemanden mit so etwas zu verstören – bei allem, was derjenige gerade durchmachen musste.

Cassie hatte den schwarzen Eyeliner weggewischt, der um Bradleys Augen verschmiert gewesen war, als man ihn eingeliefert hatte, sodass er jetzt mehr oder weniger aussah wie jeder andere fünfzehnjährige Junge: rührend jung, die Haut flaumig und bis auf ein paar Pickel am Kinn makellos. Die roten Punkte auf Augenlidern und Wangen waren keine Hautunreinheiten, sondern oberflächliche Einblutungen – Petechien genannt –, winzige Blutgefäße, die durch den erhöhten Venendruck geplatzt waren.

Kim Appleton blickte zu Cassie auf. »Kurz bevor … es passiert ist, habe ich ihm gezeigt, wie man Cupcakes macht. Er hatte schwarze Lebensmittelfarbe gekauft, für den Teig.« Sie lächelte, erlebte jenen Moment von Neuem. »Komischerweise backt er unheimlich gern« – noch nicht imstande, in der Vergangenheitsform über ihr Kind zu sprechen. »Man sollte doch meinen, das wäre nichts für Goths.«

»Deswegen hat er das gemacht!« Die ersten Worte, die Bradleys Vater von sich gab, brachen in einem wütenden Zischen aus ihm heraus, während sein Finger auf seinen Sohn zeigte. »Dieser ganze Totenschädel- … *Scheißdreck,* auf den er und seine sogenannten Freunde so abfahren!«

Kims Gesicht stürzte in sich zusammen – im wahrsten Sinne des Wortes; die Muskeln um Mund und Unterkiefer erschlafften jäh, als wären Drähte durchtrennt worden, an denen sie aufgehängt waren. Ihr Mann sah ihr schwer atmend ins Gesicht, ehe er den Blick abwandte. »Tut mir leid, Schatz, ich kann das nicht. Wir sehen uns zu Hause.«

»Steve!« Kim streckte die Hand aus, doch die Tür fiel bereits hinter ihm zu.

Cassie wartete einen Moment, ehe sie Kim behutsam die Hand auf den Unterarm legte, sofort bereit, sie zurückzuziehen, wenn sie unerwünscht schien. »Hatten Bradley und sein Dad eine schwierige Beziehung zueinander?«

»Manchmal.« Ihre Stimme war heiser. »Bis vor ein paar Monaten sind sie noch unheimlich gern zusammen zum Fußball gegangen – Sie wissen schon, so Vater-und-Sohn-Geschichten. Steve hat eine Dauerkarte für Arsenal. Aber dann hat Bradley mit diesem ganzen Goth-Zeug angefangen und wollte nicht mehr mitkommen. Steve … also, er hat sich mit alldem sehr schwergetan.«

»Und gestern Abend hatten sie Streit?«

»Steve hat sich darüber mokiert, dass er Eyeliner trägt … hat ihm unterstellt, er wäre schwul.« Sie und Cassie wechselten einen Blick. »Es hat ziemlich gekracht. Das Letzte, was Bradley gesagt hat, war, er würde sich wünschen … er würde sich wünschen, er könnte einschlafen und nie wieder aufwachen.«

Ihr Blick wanderte zurück zu Bradleys Gesicht. »Aber das hier … das ist alles *meine* Schuld. Ich habe es der Polizistin ja schon gesagt, wir hatten in letzter Zeit Sorge, dass er vielleicht Cannabis raucht. Manchmal war er ein bisschen … neben der Spur? Also gehe ich jetzt immer und sehe nach ihm, wenn er länger oben in seinem Zimmer ist. Aber wir haben uns einen Film angeschaut und … *Wein getrunken.*« Mit gequältem Blick sah sie Cassie an. »Wäre ich doch nur zehn Minuten früher raufgegangen, dann hätte ich ihn vielleicht retten können.«

Wäre ich doch. Hätte ich doch. Die Selbstgeißelungslitanei derer, die einen geliebten Menschen durch einen plötzlichen, unerwarteten Todesfall verloren hatten. *Hätte ich sie doch an dem Abend nicht ins Auto steigen lassen. Hätten wir doch nur früher den Notarzt für Mum gerufen. Hätten wir doch beim Hausarzt auf einem Test bestanden.* Ein niemals endender Katechismus, den Cassie ihrem schlimmsten Feind nicht wünschen würde. Doch in diesem Stadium zu versuchen, Einwände gegen eine solche Denkweise vorzubringen, war sinnlos. Den besten Rat hatte sie zu Beginn ihrer Ausbildung bekommen, bei einem Kurs zum Thema Umgang mit Hinterbliebenen: *Sagen Sie einem Trauernden nicht, was er empfinden soll.*

»Hören Sie, Kim, noch wissen wir nichts Genaues«, erwiderte sie behutsam. »Wahrscheinlich haben wir nach der pathologischen Untersuchung und den Laborergebnissen mehr Informationen.« *Untersuchung:* Ihr Lieblingseuphemismus für den Dekonstruktionsprozess, dem der Leichnam von Kims und Steves Sohn bei der Suche nach Antworten unterzogen werden würde.

Cassie gestattete sich, zu hoffen, dass Bradley wirklich irgendetwas eingeworfen hatte und völlig breit gewesen war, als er sich stranguliert hatte. Wenn er nicht bei klarem Verstand gewesen war, würde das seinen Tod für seine Eltern ein klein wenig erträglicher machen.

Kim nickte vage, den Blick fest auf das Gesicht ihres Sohnes gerichtet.

Cassie hatte immer gedacht, sie verstünde recht gut, wie wichtig es für die Menschen war zu wissen, warum jemand gestorben war, den sie geliebt hatten. Doch vor sechs Wochen hatte dieses Verstehen eine ganz neue, skalpellscharfe Bedeutung bekommen.

Und zwar, als sie die Entdeckung gemacht hatte, die alles zertrümmert hatte, was sie bis dahin über ihr Leben zu wissen geglaubt hatte.

Cassies Mutter war nicht bei einem Autounfall ums Leben gekommen – das war die Geschichte, die ihr seit ihrem vierten Lebensjahr erzählt worden war. Sie war von Cassies Vater ermordet worden.

2. KAPITEL

Auf dem Klo brachte Cassie ihre Augenbrauen-Piercings und den Lippenring wieder an ihren Platz und raffte ihr Haar von Neuem zu dem üblichen Knoten oben auf dem Kopf zusammen, ehe sie Bradley aus der »sauberen Seite« des Besichtigungszimmers rollte und ihn in den Sektionssaal zurückbrachte. So früh am Morgen herrschte dort der scharfe Chemiedunst von Bleiche und Formalin vor, in ein paar Stunden jedoch würden Blut-, Schweiß- und Uringeruch die Oberhand gewinnen.

Bradleys Mutter hatte ein altes Stofftier neben seinen Hals gestopft, einen arg mitgenommenen, ausgeblichenen Pinguin, den er anscheinend als Kind geliebt hatte. Als Cassie ihn nahm, um ihn bis nach der Autopsie irgendwo sicher zu verstauen, merkte sie, dass der Plüsch noch feucht von den Tränen seiner Mutter war.

Die Leute hatten völlig falsche Vorstellungen von ihrem Job. Das Schwerste daran war nicht, Tote aufzuschneiden; das Schwerste war, sich um die armen Schweine zu kümmern, die diese Toten zurückließen. Nach zwei oder drei traumatischen Besuchen hintereinander konnte sie nach Schichtende völlig fertig sein. Doch es war auch ein Privileg. Wenn sie bei einer trauernden Hinterbliebenen wie Kim saß, musste sie oft an den lateinischen Ursprung des förmlichen Begriffs »Kondolenz« denken. *Condolere* hieß »miteinander leiden«.

Der neue Assistent, Jason Begby, stand an seinem Sektionstisch und sang irgendeinen kitschigen Popsong mit, der zu laut im Radio lief. Mit Hintergrundmusik ging eine

Schicht, die man bis zu den Ellenbogen in Blut und Eingeweiden verbrachte, tatsächlich schneller herum, doch Jason war bestimmt schon fünfzig, doppelt so alt wie sie, und seine Vorliebe für Housemusik aus den Neunzigern hatte ihr eindeutig klargemacht, dass sie in Sachen Musik niemals Seelenverwandte sein würden. Oder auf irgendeinem anderen Gebiet.

Cassie vermisste ihren früheren Kollegen und Saufkumpan Carl noch immer, der sich vor sechs Wochen unverhofft bei Nacht und Nebel vom Acker gemacht hatte, nachdem er sich Ärger mit ein paar Gangstern aus der Gegend eingehandelt hatte. Eigentlich kam es ihr vor, als sei genau um diese Zeit alles in ihrem Leben den Bach runtergegangen – in jenen traumatischen Wochen, die darin gegipfelt hatten, dass Cassies Großmutter Weronika ihr eröffnet hatte, wie ihre Mutter wirklich ums Leben gekommen war.

Cassies Großmutter hatte sie seit ihrem vierten Lebensjahr in dem Glauben gelassen, ihre Eltern seien bei einem Autounfall umgekommen – ein Frontalzusammenstoß mit einem betrunkenen Fahrer. Erst als Weronika einen leichten Schlaganfall erlitten hatte, hatte sie ihr endlich die Wahrheit offenbart: Cassies Vater Callum hatte ihre Mutter Katherine in einem eifersüchtigen Wutanfall erschlagen, ein Verbrechen, für das er siebzehn Jahre hinter Gittern gesessen hatte.

Warum hatte er sich nicht bei ihr gemeldet – bei seiner einzigen Tochter –, nachdem er vor vier Jahren aus dem Gefängnis entlassen worden war? Auf diese Frage, die Cassie umtrieb, seit sie die Wahrheit erfahren hatte, folgte stets sogleich eine zweite: *Wieso würdest du das überhaupt wollen?* Sie schüttelte den Kopf, um diese sinnlose mentale Dauerschleife loszuwerden; sie wusste, dass solche Gedanken die Macht hatten, sie aus dem Gleis zu werfen.

Also ging sie zu Jasons Tisch hinüber. »Wie läuft's?«, erkundigte sie sich und deutete mit dem Kinn auf den Toten, an dem er arbeitete. Der vertrocknete, braun verbrannte Leichnam gehörte einem alten Herrn, der mit einer brennenden Zigarette in der Hand eingeschlafen war und sein Bett in einen Scheiterhaufen verwandelt hatte.

Jason wedelte die Luft über dem Leichnam zu sich heran und atmete demonstrativ ein. »Aaah, der köstliche Duft von Kentucky Fried Chicken.«

Cassie rang sich ein verkniffenes Lächeln ab: Es stimmte, schwer verbrannte Leichen rochen auf beklemmende Weise wie frittiertes Huhn, und geschmacklose Scherze wie Jasons waren in vielen Leichenhallen die Norm, vor allem bei älteren Sektionsassistenten. Doch ihr stellten sich trotzdem die Nackenhaare auf, wenn jemand derart respektlos über einen Toten sprach.

»Tut mir leid, dass ich dir Mr Siddiqui aufhalsen musste. Ich wusste, dass meine Besichtigung eine Weile dauern würde.«

Die enorme Hitze hatte Mr Siddiquis lange Muskeln im wahrsten Sinne des Wortes gekocht; sie hatten sich zusammengezogen und seinen Leichnam in die sogenannte Fechterstellung zusammenschnurren lassen: die Ellenbogen gebeugt, die geballten Fäuste vor dem Gesicht und die Beine angehockt. Der Leichnam sah aus, als sei er halb Mensch und halb Gottesanbeterin. Er würde nach der Autopsie nur schwer wiederherzustellen sein; das gegarte Fleisch riss leicht ein, wenn man versuchte, den Schnitt zu schließen.

»Ach, ich hab nichts gegen ’nen gelegentlichen Sonntagsbraten«, erwiderte Jason grinsend. »Aber bis zum Lunch bin ich bestimmt total scharf auf ’ne XXL-Portion Nuggets.«

Cassie wandte sich ab, damit er ihr Gesicht nicht sah. Carl hatte sich widerspruchslos nach ihr gerichtet und die Toten, die sie betreuten, mit Anstand behandelt. Und das hieß, dass man sie immer als Gäste oder als Leichname bezeichnete und nie als Komposties, Schwimmer, Springer oder Sonntagsbraten. Sie nannte sie stets beim Namen, die älteren sogar Mr oder Mrs. Mit anderen Worten, sie behandelte sie wie lebendige Menschen. Der Unterschied war, dass Carl damals gerade neunzehn geworden war und Cassie den praktischen Teil seiner Ausbildung beaufsichtigt hatte. Als leitende Sektionsassistentin stand sie in der Hackordnung theoretisch über Jason, doch sie brachte es nicht über sich, jemandem Vorhaltungen zu machen, der schon Leichen seziert hatte, als sie noch zur Grundschule ging.

Sie kehrte zu ihrem eigenen Arbeitsplatz zurück, stellte die Räder des Edelstahlwagens fest, auf dem Bradley lag, schob ihn auf den Sektionstisch hinüber und machte sich daran, ihn auszuziehen. Sein schwarzes T-Shirt mit dem Gesicht Nosferatus darauf war grob aufgeschnitten worden, als die Rettungshelfer seine Brust entblößt und versucht hatten, ihn zu defibrillieren. Doch aus den Unterlagen wusste sie bereits, dass zu diesem Zeitpunkt eine Asystolie bestanden hatte, ein Herzstillstand. Game over. Sie faltete das T-Shirt zusammen und schob es in einen durchsichtigen Plastikbeutel. Bradleys Vater würde ohne Zweifel froh darüber sein, seine Goth-Klamotten nie wiedersehen zu müssen, seine Mutter jedoch würde sie hüten wie ein Kleinod. Die Dinge, die jemand bei seinem Tod getragen hatte, stellen die engste Verbindung zu ihm her, die man fortan haben würde.

»Also, Sie können *denen* sagen, dass mir ihre Planung in Sachen Hotel *nicht im Mindesten* zusagt.«

Dr. Curzon. Beim Klang der vertrauten, wichtigtuerischen Stimme hinter ihr schoss Cassies Blutdruck in die Höhe. Philip Curzon war der neue Pathologe, der den Platz ihres Freundes und Mentors Professor Arculus eingenommen hatte. Der Professor hatte ein Sabbatical genommen, um ein

Buch über die Somme zu schreiben. Als Ersatz war das in etwa so, als hätte man erstklassigen polnischen Wodka gegen Sonderangebotsfusel aus dem Supermarkt eingetauscht.

»Ich bin es allmählich leid, mich dauernd zu wiederholen«, fuhr Curzon fort. »Ein Hyatt oder ein Hilton würde ich noch akzeptieren, als Minimum. Ist das absolut klar? Gut. Also bringen Sie das in Ordnung.«

Er steckte sein Handy ein, richtete den dauergereizten Blick auf Cassie und fand dort anscheinend nichts, was seine Laune gebessert hätte. »Leute gibt's! Wochenlang betteln die darum, dass ich meine Arbeit auf ihrer tollen Konferenz präsentiere, und jetzt versuchen sie, mich mit einem *Radisson* abzuspeisen.«

Dann schaute er auf Bradley hinunter. Als er das kohlschwarze Haar und den laienhaft auf den Unterarm tätowierten Totenschädel sah, gab er ein abfälliges Geräusch von sich. »Mal wieder ein Junkie, nehme ich an?«

»Wahrscheinlich Selbstmord, Sir.« Cassie drehte Bradleys Kopf zur Seite, damit er die Ligatur auf der rechten Halsseite sehen konnte, einen bräunlich roten Streifen, der unter dem Ohr endete. Sie sah, wie sich Curzons Kiefermuskeln anspannten und sich sein Gesicht ganz kurz verzerrte – anscheinend vor Zorn –, ehe er sich abwandte, um seinen Kamelhaarmantel auszuziehen.

Während der Pathologe mit der äußeren Besichtigung von Bradleys Leichnam begann, musterte sie ihn ihrerseits verstohlen. Sein Hemd war teuer, aus dicht gewebter Baumwolle, und auf den Manschettenknöpfen prangten seine Initialen, doch an der einen Manschette war ein kleiner Fleck, möglicherweise Ketchup. Nein, er war nicht der Typ für Ketchup, wahrscheinlich eher Tomatensoße von einer Tiefkühlpizza. Er hatte sich in aller Eile rasiert und vor dem einen Ohr ein Stück übersehen, so groß wie eine Fünfzig-Pence-

Münze, und der durchdringende Geruch nach Mundwasser, der von ihm ausging, überdeckte den säuerlichen Dunst des Rotweins von gestern nicht ganz.

Was war los mit Curzon? Sein Ehering aus Platin sah aus, als wäre er unangenehm eng, die Haut darum herum war wulstig aufgequollen. Ein Mann von seinem Schlag, verkatert, total mies drauf und im Hemd von gestern? Das alles verkündete »frisch getrennt«. Vielleicht war er noch nicht dazu gekommen, sich den Ehering vom Finger schneiden zu lassen, oder er befand sich noch in der Verdrängungsphase.

»Hier sind Hinweise auf Selbstverletzungen, Sir.« Cassie drehte Bradleys Arm so, dass die weiche Haut auf der Innenseite des Oberarms sichtbar wurde, gezeichnet von einer Reihe horizontaler rosafarbener Narben, dort eingeritzt, wo man sie nicht so leicht sehen würde. »Von einer Rasierklinge, würde ich sagen, aber nicht ganz frisch – wahrscheinlich drei oder vier Monate alt.«

Curzon hielt kurz inne, um sie anzusehen. »Also, für Ihre *Expertenmeinung* stehe ich tief in Ihrer Schuld.« Seine Stimme triefte vor Verachtung. Jegliches Mitgefühl mit ihm, das sie sich gestattet hatte, verflog schlagartig.

Professor Arculus war einer der Besten in seinem Fach und vornehmer als die Queen, doch in den fünf Jahren, die Cassie mit ihm zusammengearbeitet hatte, hatte er nicht ein einziges Mal versäumt, sie nach ihrer Meinung zu fragen, und das nicht einfach nur aus Höflichkeit.

Bei einer forensischen Autopsie – die durchgeführt wurde, wenn es Anzeichen für ein Verbrechen gab – konnte ein Pathologe den Großteil des Tages damit verbringen, den Leichnam zu sezieren und genauestens zu untersuchen. Bei einer alltäglichen »Routine-Autopsie« jedoch, wie sie Bradley zuteilwurde, befasste sich der Arzt normalerweise nicht mehr als vierzig Minuten lang mit der Leiche. In diesen Fällen führten die Sektionsassistenten die Eviszeration durch, wogen die Organe und nahmen auch viele der Gewebeproben. Anders als die Pathologen sprachen die Assistenten auch mit den Angehörigen des Toten. All dies konnte einer erfahrenen Sektionsassistentin wie Cassie Hinweise auf die wahrscheinliche Todesursache geben.

Dem Professor gegenüber hätte sie Bradleys wächserne Blässe und die fehlende Schwellung des Gesichts angesprochen und gefragt, ob seiner Meinung nach vielleicht der Vagusnerv etwas mit der Todesursache zu tun haben könnte.

Doch Philip Curzon war nicht der Professor. Von Anfang an hatte er Cassie unmissverständlich klargemacht, dass er keinerlei Interesse an den Ansichten niederer Untergebener hatte. Vielleicht konnte er sie auch einfach nicht leiden. Ihr Aussehen missbilligte er eindeutig, und sie vermutete, dass seine Körpergröße – er war knapp eins siebzig, drei oder vier Zentimeter kleiner als sie – wahrscheinlich auch nicht hilfreich war. Nicht lange, nachdem er hier angefangen hatte, hatte sie mit angehört, wie er sie Doug, dem Leiter der Pathologie, gegenüber als »pampiges Weib« bezeichnet hatte.

Als Curzon Bradleys Rückseite untersuchen wollte, drehte er ihn achtlos um, als wäre er eine Rinderhälfte und nicht das innig geliebte Kind eines anderen Menschen. Cassie kochte noch immer innerlich, als er sie stehen ließ und zu Jasons Tisch auf der anderen Seite des Raumes hinüberging.

»Und was haben wir hier, mein Bester?« Curzon schlug einen widerlich kumpelhaften Ton an.

»Hätten Sie vielleicht Appetit auf unsere Grillplatte, Dr. Curzon?«, sagte Jason, und sein lahmer Witz wurde von Curzon mit einem Glucksen belohnt. Jason war niemals so größenwahnsinnig, eine eigene Meinung zu äußern, sondern beschränkte sich auf die grundlegenden Fakten, gewürzt mit einer Reihe kriecherischer Bemerkungen.

Cassie hörte nicht weiter zu, sondern beugte sich zu Bradleys Ohr hinunter. »Wir müssen rausfinden, wie genau du ums Leben gekommen bist, Bradley, deiner Mum und deinem Dad zuliebe«, sagte sie sehr leise.

Mit den Leichen in ihrer Obhut zu sprechen, war ihr immer ganz natürlich vorgekommen. Für Cassie war die Leichenhalle ein Schattenland, in dem ihre Schützlinge in einer Art Schwebezustand zwischen Leben und Tod verharrten. Objektiv betrachtet hatte sie mit dem Übernatürlichen nichts am Hut, und doch gab es da eine irrationale Ecke in ihr, in der sie daran glaubte, dass die Toten ihre Worte hören konnten. Und dass sie hin und wieder sogar antworteten.

»Mir ging's auch mies, als ich so alt war wie du. Fünfzehn zu sein ist scheiße, stimmt's?« Sie betrachtete die Konturen von Bradleys Gesicht. Noch war die künftige Kinnlinie des Erwachsenen nicht unter ihrer Schutzschicht aus Babyspeck hervorgekommen.

Würde Bradley einer von denen sein, die »sprachen«? Könnte er ihr etwas darüber sagen, was er in seinen letzten Minuten empfunden hatte, als er das getan hatte? Doch keine Botschaft kam zwischen Bradleys jugendlichen Lippen hervor, und sie verspürte keinerlei Anzeichen jener entrückten Verträumtheit, die sich normalerweise vor ihren Momenten der Zwiesprache mit den Toten einstellte.

Seit Wochen hatte sie das jetzt nicht mehr erlebt … Tatsächlich hatte es aufgehört, als sie erfahren hatte, wie ihre Mutter wirklich umgekommen war, begriff sie jetzt, wo sie darüber nachdachte. Ihr kam ein entsetzlicher Gedanke: Wenn diese Entdeckung nun für immer das abgetötet hatte, was sie als ihre besondere Gabe betrachtete, das, was ihrem Beruf Bedeutung verlieh?

Komm in die Gänge!, befahl Cassie sich und nahm aus den Reihen der sorgfältig auf dem Arbeitstresen ausgelegten Instrumente ihr PM40, in dessen Griff sie eine brandneue Skalpellklinge geschraubt hatte. Ihre Aufgabe, die sie in den letzten fünf Jahren bestimmt ein paar Tausend Mal ausgeführt hatte, bestand darin, Bradleys Leichnam zu öffnen und seine Organe herauszuholen, und zwar intakt.

Der Umstände von Bradleys Tod wegen setzte sie einen hohen Y-Schnitt an, die Arme des Y reichten zu beiden Seiten des Halses bis direkt unter die Ohren. So würden die Strukturen an der Vorderseite des Halses nicht beschädigt und vor allem das sogenannte Zungenbein geschützt werden, ein knöchernes Gebilde, das beim Erhängen oft brach.

Als Cassies Skalpell auf Bradleys makellose seidige Haut traf, war sie sich des Perspektivwechsels bewusst, den sie in diesem Moment immer erlebte – das Betätigen eines mentalen Schalters, so spürbar, dass sie ihn fast klacken hören konnte. Jetzt sah sie nicht mehr Bradley Appleton vor sich, den geliebten Sohn und den verstörten Fünfzehnjährigen, sondern den Leichnam eines männlichen Jugendlichen, der dekonstruiert werden musste, um die Antworten zu liefern, die die Lebenden benötigten.

Nachdem sich die oberen Schnitte an Bradleys Halsbasis getroffen hatten, setzte sie den langen Schnitt entlang der Körpermitte, über Brust und Bauch. Eifrig durchtrennte die Klinge die zarte Haut. Darunter lag eine Schicht goldenes Fett über Gewebe von exakt derselben Farbe und Textur wie ein Steak. Diese gruselige Ähnlichkeit war der Grund dafür, dass sie vor fünf Jahren aufgehört hatte, Fleisch zu essen, gleich nachdem sie das erste Mal bei einer Eviszeration dabei gewesen war. Sobald sie am Brustbein vorbei war, nahm sie automatisch Druck weg, um keine Organe in der Bauchhöhle zu beschädigen, ehe sie einen geübten Bogen um den Nabel schlug und dicht über dem Schambein anhielt.

Cassie ging nach der Methode von Maurice Letulle vor, bei

der man die gesamten inneren Organe von der Zunge bis zum Rektum in einem Stück entnahm, das dann vom Pathologen seziert wurde. Das ging schnell – Cassie schaffte es inzwischen in etwa zehn Minuten.

Bradleys Jugend machte es ihr leichter: Die Knochenschere durchtrennte die Rippenknorpel – den weichsten Teil, dort, wo die Rippen am Brustbein ansetzten – ohne die Mühe, die nötig war, wenn sie durchs Alter verknöchert waren. Herz und Lunge waren von feuchtem, gesundem Rosa und nirgends mit der Brusthöhle verklebt; mit zwei raschen Schnitten konnte sie beides herauslösen.

Dann wandte sie sich wieder dem Hals zu und klappte den v-förmigen Hautlappen nach oben auf Bradleys Gesicht, um die inneren Strukturen freizulegen. Als sie die Muskeln durchtrennte, an denen das Zungenbein hing, sagte sie halblaut die Eselsbrücke auf, die Professor Arculus sie gelehrt hatte, um sich die Namen der einzelnen Muskeln zu merken: »Tante Olga schuppt Schollen.« Musculus thyrohyoideus, Musculus omohyoideus, Musculus sternothyroideus und Musculus sternohyoideus.

Als sie den linken Omohyoideus, der sich längs an Bradleys Hals hinabzog, näher betrachtete, bemerkte sie eine quer verlaufende Quetschung, die zu dem Striemen passte, den die Schlinge auf der Haut hinterlassen hatte. Teilweise sah er dunkler aus, als sie es bei einer frischen Verletzung erwartet hatte, doch auf dem tiefdunkelroten Muskelgewebe war das schwer genau zu erkennen.

Als Curzon in OP-Kluft zurückkam, warteten Bradleys Organe und sein Gehirn auf seinem Arbeitstresen. Er löste die Organe voneinander und untersuchte sie, bevor Cassie sie mitnahm, um sie zu wiegen.

Während sie zusah, wie er den Zungenbeinbereich sezierte, fragte sie: »Sollen wir eine Probe von dem gequetschten

Muskelgewebe nehmen, Dr. Curzon?« Aus Erfahrung wusste sie, dass er sie wahrscheinlich abblitzen lassen würde, wenn sie die Muskeln bei ihrem korrekten anatomischen Namen nannte. Sie wollte, dass Bradleys Autopsiebericht so vollständig wie möglich war, damit seine Eltern wussten, dass auch wirklich alles genau überprüft worden war.

»Zeitverschwendung«, blaffte Curzon, ohne sich auch nur umzudrehen.

Er sprach seinen Befund in sein Handy, das in sicherer Entfernung von Blut und Gedärm lag. »Minimale Schäden an Zungenbein und Knorpelstrukturen. Kein Anzeichen für einen venösen Rückstau. Auffallende Gesichtsblässe. Ein klarer Fall von vagaler Inhibition.«

Mit genau diesem Befund hatte Cassie von dem Moment an gerechnet, als sie Bradley zum ersten Mal gesehen hatte. Die Leute dachten immer, Erhängen sei eine ganz klare Sache: Man schnürt die Luftröhre zu und die Lunge bekommt keinen Sauerstoff mehr. Tatsächlich wurde der Tod meistens durch die Kompression der Halsvenen und der Schlagader verursacht, wodurch die Blutversorgung des Gehirns unterbunden wurde und das Gesicht wegen des Blutstaus dunkel anlief.

Bradleys Blässe jedoch war ein eindeutiges Zeichen für vagale Inhibition – eine noch weniger bekannte Todesart.

Als Kind hatte Cassie, die Nase in *Gray's Anatomy Atlas*, über die merkwürdige, wunderbare Reise des Nervus vagus gestaunt: Vom Gehirn aus zog er sich bis zu den Eingeweiden hinab und verzweigte sich dabei zu mehreren Organen hin. Später, als sie für ihren Abschluss in klassischer Literatur gelernt hatte, war sie ganz hin und weg gewesen, herauszufinden, dass »vagus« auf Lateinisch »wandernd« hieß – eine linguistische Wurzel, die er mit »Vagrant« und »Vagabund« gemein hatte. Eine der Schlüsselrollen des Nervus vagus bestand darin, den Blutdruck zu regulieren. Es war ein vagaler Reflex, der manche Leute beim Anblick von Blut in Ohnmacht fallen ließ.

Als Bradley das Kabel um seinen Hals festgezogen hatte, hatte er, ohne es zu wissen, Druck auf den Sinus caroticus ausgeübt, die Stelle, wo die Halsschlagader – die Arteria carotis – sich an der Schädelbasis verzweigte und sich ein sehr wichtiges Nervenbündel befand. Das hatte ein Signal an sein Gehirn gesandt, das daraufhin den Nervus vagus angewiesen hatte, den Blutdruck zu senken. Der fortdauernde Druck hatte dazu geführt, dass Bradleys Blutdruck extrem abgefallen war, und dadurch sein Herz innerhalb von nur zwei Minuten zum Stillstand gebracht.

Cassie dachte daran, dass Kim sich mit dem Bild gequält hatte, wie Bradley langsam erstickt war, während sie und Steve unten Wein getrunken hatten.

»Nun, wenigstens können wir seiner Mum und seinem Dad sagen, dass es schnell gegangen ist – dass sie keine Zeit gehabt hätten, ihn zu retten«, sagte sie zu Curzons Rücken.

Er fuhr zu ihr herum. »Dieser egoistische Idiot hatte keinen schnellen Tod verdient.«

Verdutzt über Curzons jähe Feindseligkeit, schob Cassie Bradleys Organe in einen blauen Plastiksack und ging zu dem Leichnam zurück. Nachdem sie den Sack in die Körperhöhle gewuchtet hatte, machte sie sich daran, den Inhalt wieder in seinen Besitzer hineinzukneten. Das war ein bisschen so, als versuche man, einen Schlafsack wieder in seinen Beutel zu stopfen. Bei der Sektion schienen die Organe immer auf doppelte Größe anzuwachsen.

Als sie fertig war, legte sie Bradley die blutige, behandschuhte Hand auf die Schulter. »Jetzt muss ich dich nur noch zumachen und waschen, Schätzchen, dann bist du wieder wie neu.«

Gerade griff sie nach einer der großen gebogenen Nadeln, die sie bereitgelegt und in die sie bereits starkes weißes Garn gefädelt hatte, als etwas sie innehalten ließ. Bradleys Kopf drehte sich langsam zu ihr hin. Seine Augen waren halb offen.

Ihr war klar, dass sich lediglich das Gewicht des Schädels auf der Kopfstütze verlagert hatte, doch es erschreckte sie trotzdem.

Als sie die Hand ausstreckte, um ihm die Augen zu schließen, spürte sie ein statisches Knistern an den Fingerspitzen, bei dem ihr ganzer Körper kribbelte, gefolgt von einem vertrauten Gefühl. Sie glitt in einen Zustand des Andersseins hinüber, die Deckenbeleuchtung flammte grell auf ihrer Netzhaut, und der Eisenspangeschmack von Blut waberte ganz hinten im Rachen.

Ihr Blickfeld verdunkelte sich von den Rändern her, verbunden mit einem Schwindelgefühl, das sie fast schon als angenehm empfand. Ein bisschen wie der Kick nach einem Zug an einem Joint mit megastarkem Gras. Die Luft knisterte vor Spannung, und aus dem Knistern hörte sie eine junge Männerstimme.

»Voll der krasse Trip!«

3. KAPITEL

»Du tust da zu viel Salzlake rein!«

Mit einer übermenschlichen Anstrengung schaffte Cassie es, nicht laut zu werden. »Hör zu, Babica, warum setzt du dich nicht hin und schaust fern und überlässt das Abendessen mir?« Sie machte gerade einen polnischen Salat zu den Piroggen, die auf dem Herd köchelten. Doch in diesen paar Wochen des Kochens für ihre Großmutter, die langsam wieder auf die Beine kam, hatte sie sämtliche Reserven an Selbstbeherrschung aufbieten müssen.

»Ich sage nur, mehr von dem Zeug kann man ja immer reintun, aber raus kriegt man es nicht wieder.«

Weronika, immer so unverwüstlich, schien nach ihrem leichten Schlaganfall weniger geworden zu sein, nicht nur körperlich, sondern auch in ihrer Persönlichkeit. Bevor das – glücklicherweise winzige – Stückchen arterielle Plaque in ihr Gehirn geschwemmt worden war, war sie selbst mit neunundsiebzig stets scharfsinnig und entschlossen gewesen. Jetzt jedoch war sie oft reizbar oder missmutig und kam nur schwer zur Ruhe.

»Könntest du vielleicht schon mal den Tisch decken?« Mit dem Kopf deutete Cassie auf ein Tablett mit Besteck und Gewürzen.

Weronika bedachte ihre Enkelin mit einem durchdringenden Blick, der schon eher ihrem früheren Selbst entsprach. »Glaubst du etwa, ich bin zu alt und zu dumm, um zu merken, was du treibst, *tygrysek?* ›Gib der Alten das Gefühl, dass sie gebraucht wird.‹« Mit einem Nicken nahm sie das Tablett. »Ich weiß schon, wann ich in meiner eigenen Küche nicht erwünscht bin.« Doch Cassie hatte gesehen, wie einer ihrer Mundwinkel aufwärts zuckte. Jedes Mal, wenn sie diese kleinen Anzeichen dafür sah, dass ihre Großmutter, der unerschütterliche Fels in der Brandung ihres Lebens, sich allmählich wieder erholte, verspürte sie ein kleines Aufwallen der Erleichterung.

Nachdem Cassies Vater für den Mord an ihrer Mutter vor über zwanzig Jahren ins Gefängnis gekommen war, hatte Weronika es zusammen mit ihrem Mann übernommen, die vierjährige Tochter ihres einzigen geliebten Kindes großzuziehen. Der »Autounfall«, bei dem ihre Eltern beide umgekommen waren, war eine Fiktion gewesen, um Cassie zu schützen, doch Weronikas Schlaganfall hatte der alten Frau klargemacht, dass sie die Wahrheit nicht mit ins Grab nehmen durfte. Auch wenn Callum Raven niemals versucht hatte, Kontakt zu seiner Tochter aufzunehmen, musste Cassie vorbereitet sein, falls er jemals aus heiterem Himmel bei ihr auftauchte.

Bis zu der Eröffnung ihrer Großmutter hatte Cassie nie viel über den Tod ihrer Eltern nachgedacht. Der Vorteil daran, sie so jung zu verlieren – zu früh, um bleibende Erinnerungen an sie zu haben oder den Verlust richtig zu begreifen –, war, dass ihr die emotionalen Spätfolgen erspart geblieben waren, hatte sie sich immer eingeredet. Doch die Wahrheit zu erfahren, hatte sie völlig aus der Bahn geworfen, vor allem weil es kurz nach dem Mord an ihrer geliebten Lehrerin Geraldine Edwards geschehen war, der Ersatzmutter, die Cassie überredet hatte, wieder zur Schule zu gehen, und sie in der Abendschule bis zum Abschluss gebracht hatte.

Einundzwanzig Jahre, nachdem sie ihre Eltern verloren hatte, war Cassie etwas klar geworden: Sie fing gerade erst an, sich mit einer Wunde zu befassen, die ihr ganzes Leben lang nicht verheilt war. Ein Vermächtnis, das vielleicht erklären könnte, warum es ihr so schwerfiel, dauerhafte Beziehungen einzugehen.

Unbewältigte Trauer. So nannten die Seelenklempner so etwas.

Seit ihre Großmutter aus dem Krankenhaus gekommen war, hatte Cassie bei ihr gewohnt, um zu kochen, zu putzen und dafür zu sorgen, dass sie täglich ihre Tabletten nahm. Doch in der überheizten Alte-Damen-Wohnung zu leben, die für sie als Jugendliche ein Gefängnis gewesen war, hatte alte Teenagergefühle geweckt. Das Gefühl, in der Falle zu sitzen, und die verzweifelte Sehnsucht nach Erwachsenenfreiheit. Jedes Mal, wenn sie nach dem Essen ausging und spät heimkam – manchmal betrunken, bekifft oder beides –, las Weronika ihr die Leviten. Genau wie damals.

»Zu viel Salzlake im Salat«, stellte die alte Dame fest, als sie aßen. »Aber die Piroggen sind schön leicht.«

Cassies Blick fiel auf das, was sie insgeheim immer die Kaminsims-Ikone genannt hatte, das mittlerweile verblasste Foto von ihrer Mutter mit achtzehn. Eine Andeutung von Aufsässigkeit im Blick verlieh ihrer Hübschheit ein bisschen Würze, ihr langes, in der Mitte gescheiteltes Haar fiel über den Kragen einer Rüschenbluse. Offenbar hatte Katherine Psychologie studieren wollen, bevor Ehe und Baby diesen Plan zunichtegemacht hatten.

Es war bittere Ironie, dass Cassie sich bis auf ein paar flüchtige Bilder – ein Kleid mit riesigen Mohnblüten darauf, ihr Parfum, das ein bisschen nach Wassermelonen roch – kaum an ihre Mutter erinnerte, dafür aber viel deutlicher an ihren Dad. Sie hatte ihn als engagierten, liebevollen Vater in Erinnerung, der mit einem Löffel Flugzeug spielte, um sie zum Essen zu überreden, sie im Park auf seine Schultern hob oder so tat, als sei er ein Monster, das hinter ihr her sei. Erinnerungen, die durch das Wissen, was er dann getan hatte, grauenvoll kontaminiert waren.

»Wie kommst du mit den Neuen bei der Arbeit zurecht?« Ihre Großmutter sah sie scharf an.

»Ganz okay.« Cassie legte ihre Gabel hin und schob ihren Teller mit den nur zur Hälfte gegessenen Piroggen weg. »Carl fehlt mir – und der Professor auch. Aber ich werde mich schon dran gewöhnen.«

Cassie konnte den Groll in ihrer Stimme hören. In letzter Zeit ertappte sie sich oft dabei, wie sie ohne erkennbaren Grund wütend wurde. Es half auch nicht, zu wissen, dass sie einfach nur die wohlbekannten Stadien der Trauer durchlebte – und sei es auch nur eine nach zwei Jahrzehnten wiedererweckte Trauer. Nach dem Verdrängen konnte man sich auf das »Hätte ich doch«-Stadium freuen – darauf, sich Fantasievorstellungen zusammenzubasteln, wie sie den Tod ihrer Mutter hätte verhindern können –, alles gekrönt von Wut und einer ordentlichen Dosis Depression. Das angeblich letzte Stadium der »Akzeptanz« erschien ihr im Moment wie ein fernes Märchen. Wie dem auch sei, theoretisch über diesen ganzen Scheiß Bescheid zu wissen, war eine Sache, ihn zu durchleben eine ganz andere.

»Was ist denn mit diesem jungen Doktor? Der, mit dem du dich angefreundet hast, nachdem du ihn erst für einen eingebildeten Fatzke gehalten hattest?«

Cassie verbiss sich ein Lächeln, als sie an Archie Cuff dachte, den jungen Pathologen, der gelegentlich bei den Routine-Autopsien aushalf. Es stimmte, am Anfang hatte sie ihn als unerträglich arroganten Sohn aus gutem Hause abgetan – ein künftiger Dr. Curzon –, doch nachdem sie ihm bei seiner ersten Autopsie aus der Klemme geholfen hatte, war er so rührend dankbar gewesen, dass sie – widerstrebend – gezwungen gewesen war, ihre Ansicht über ihn zu ändern. Sie waren sogar ein paar Mal zusammen etwas trinken gewesen, nur so als Freunde, doch das Herumgeplänkel war schön gewesen, und sie hatte auf beiden Seiten einen Funken des Interesses bemerkt.

Da sie den lauernden Blick ihrer Großmutter durchaus zu deuten wusste, beschloss sie, alle weiteren Verhöre abzubiegen. »Du hast gesagt, du fühlst dich so viel besser, dass du über einen kleinen Ausflug nachdenkst? Mit Barbara?«

»*Tak.* Wenn es mir morgen gut genug geht, gehen wir spazieren, vielleicht sogar einen Kaffee trinken.«

Zu sehen, wie die Miene ihrer Großmutter sich aufhellte, hob Cassies Stimmung ein bisschen: Es ging ihr definitiv besser. Doch wie lange würde es noch dauern, bis sie gefahrlos anfangen konnte, die Fragen zu stellen, die sie über ihre Mutter und ihren Vater hatte?

Als sie mit einer zweiten Flasche Bier vom Kühlschrank zurückkam, sagte ihre Großmutter zunächst nichts. Doch nach einem angespannten Schweigen legte sie ihr Messer weg und umfasste Cassies Hand mit warmem, schwieligem Griff. »Wenn ich ein bisschen mehr bei Kräften bin, unterhalten wir uns richtig über alles, ich versprech's. Ich weiß, wie schrecklich es für dich war, *tygrysek*, zu erfahren, was mit deiner Mama passiert ist, Gott gebe ihrer Seele Frieden.« Sie bekreuzigte sich, und ihre Stimme klang heiser. »Aber … du weißt, dass die Antwort nicht da drin ist, nicht wahr?« Sie neigte den vogelähnlichen Kopf in Richtung der Flasche.

Cassie drückte ihre Hand. Es war richtig unheimlich, wie Weronika stets zu wissen schien, was ihr im Kopf herumging.

Vor ihrem Schlaganfall hatte ihre Großmutter niemals freiwillig über ihren Schwiegersohn gesprochen und ihre Abneigung ihm gegenüber auch nie wirklich erklärt, außer dass sie ihn als arbeitsscheu und ungehobelt beschrieben hatte. Cassie hatte sich immer gefragt, wieso sie nie auch nur ein einziges Foto von ihrem Dad zu Gesicht bekommen hatte, jetzt jedoch verstand sie: Nach dem Mord hatte Weronika bestimmt sämtliche Andenken an ihn vernichtet.

Cassie wusste nur die grundlegenden Fakten. Callum war ein Trinker gewesen, der Katherine mit Fäusten traktiert und sie umgebracht hatte, nachdem er sich in den Kopf gesetzt hatte, sie hätte eine Affäre. Trotz seiner Unschuldsbeteuerungen hatten die Geschworenen ihn für schuldig befunden, und er hatte siebzehn Jahre einer lebenslänglichen Freiheitsstrafe abgesessen, bevor er auf Bewährung entlassen worden war. Danach war er in seine Heimatstadt irgendwo in Nordirland zurückgekehrt.

Die Frage, die nicht aufhören wollte, in Dauerschleife in Cassies Kopf abzulaufen, war: *Warum hatte er ihr in all den Jahren nie auch nur eine Geburtstagskarte geschickt?*

Sie kam nicht von der bitteren Ironie los, dass sie ihren Vater nach einundzwanzig Jahren als Vollwaise zurückbekommen hatte – und sein Verbrechen trotzdem bedeutete, dass er vollkommen unerreichbar blieb.

Als sie das Geschirr in die Spülmaschine räumte, überlegte sie, was Kim und Steve Appleton wohl gerade taten, während sie damit begannen, ihr Leben lang um ihr einziges Kind zu trauern. Und das in dem Wissen, dass Bradley sich selbst das Leben genommen hatte – viel schlimmer, als wenn sie ihn durch einen Unfall oder eine tödliche Krankheit verloren hätten. Was hatte sie ihn vorhin noch mal sagen hören?

»Voll der krasse Trip!«

Diese Augenblicke der Zwiesprache mit den Toten bedeuteten ihr viel, doch sie widerstand stets der Versuchung, sie zu analysieren, falls sie sich einfach in Luft auflösten, wenn man sie dem Sonnenlicht aussetzte. Schließlich glaubte sie doch nicht an Geister oder ein Leben nach dem Tod. Und wenn es sich manchmal herausstellte, dass diese »Botschaften« Hinweise auf die Todesursache enthielten, dann lag das wahrscheinlich einfach nur an ihrer Fähigkeit, Dinge zu bemerken, die andere übersahen.

Bradleys Mutter hatte etwas davon gesagt, dass er gekifft hätte; die Idee, dass er vielleicht einmal etwas Riskanteres versucht hatte, war also gar nicht so weit hergeholt. Hatte er sich umgebracht, während er auf einem schlechten Trip gewesen war? Camden wurde geradezu überschwemmt von üblen psychogenen Substanzen, die nach Rezepten aus dem Dark Web zusammengepanscht waren, und eine einzige fragwürdige Pille konnte ein noch nicht voll entwickeltes Gehirn in einen psychotischen Zustand kippen lassen. Um Kims und Steves willen hoffte sie, dass das Labor in seinem Blut oder seinem Urin irgendetwas finden würde, das seinen Zugriff auf die Wirklichkeit beeinträchtigt haben könnte.

Zugedröhnt oder nicht, vielleicht hatte Bradley ja auch nur mit der Idee *gespielt,* sich umzubringen – der Tod war für Goths schließlich ein ziemlich wichtiges Thema –, und gar nicht wirklich den Wunsch gehabt, Selbstmord zu begehen.

Oder vielleicht klammerte sie sich auch nur an Strohhalme. Die Tatsache blieb bestehen, dass Bradley sich ein Kabel um den Hals gelegt und sich an einer Wandlampe erhängt hatte. Der Gedanke, dass jemand, den man liebte, sich einem mit Absicht entzog, musste unerträglich sein.

So wie ihr Vater es getan hatte, nachdem er aus dem Gefängnis gekommen war.

Archie Cuffs SMS hätte zu keinem besseren Zeitpunkt eintreffen können. Er sei »gerade in der Gegend«, schrieb er und fragte, ob sie Zeit hätte.

Cassie zog ihre Lederjacke an und wich dem Blick ihrer Großmutter aus. »Vergiss deine Medikamente nicht, Babica, ich gehe nur schnell was trinken.«

Weronika schien ganz und gar in einen Cowboyfilm vertieft zu sein, ihr Lieblingsgenre, und kam Cassie nicht mit ihrem üblichen Vortrag, dass sie nicht zu viel trinken solle, oder sogar mit Fragen, mit wem sie sich treffen wolle. Doch als Cassie sich zum Gehen anschickte, sagte sie: »Bedank dich doch bitte für mich bei Dr. Cuff, ja, *tygrysek?*«

Dieses gerissene alte Luder.

»Ähm, wofür denn?«

»Er erinnert dich daran, wie man lächelt.«

4. KAPITEL

Es war Freitagabend, und trotz der kalten Januarluft war das Wochenende in vollem Gange. Menschen quollen in endloser Schlange aus dem U-Bahnhof Camden Town, um sich in Bars, Clubs und Konzerte zu stürzen, Döner- und Grasgeruch hingen schwer in der Luft. Archie, der draußen stand, war inmitten der Punkfrisuren, der Ketten, Lederklamotten, Piercings und Tattoos von Camdens bunt zusammengewürfelten Nachtschwärmern leicht auszumachen – eins neunzig groß, makellose blaue Wachsjacke, anscheinend tatsächlich mit einem Rugby-Fanschal um den Hals und in glänzenden braunen Halbschuhen unter Jeans, die verdächtig gebügelt aussahen.

Als sie an den beiden jungen Männern vorbeikamen, die Posten an der Mauer bezogen hatten, hob einer der beiden fragend das Kinn. Cassie antwortete mit einem kaum sichtbaren Kopfschütteln – sie kiffte in letzter Zeit sehr viel mehr, aber sie würde doch vor Archie kein Gras kaufen. Ihr fiel auf, dass die Dealer nicht an ihrem üblichen Platz standen, und nahm an, dass sie sich so weit wie möglich von Archie fernhielten. Eigentlich ja bescheuert. Ein Cop in Zivil würde im Clownskostüm weniger Aufmerksamkeit erregen.

»Hallo.« Das Aufleuchten in Archies Augen, als er ihr ins Gesicht sah, ging ihr durch und durch. Und das trotz des kurzen rötlichen Bartes, den er sich hatte wachsen lassen und mit dem er Prinz Harry sogar noch ähnlicher sah als sowieso schon. *Großer Gott.* War's nicht schon schlimm genug, auf einen Typen aus einer Privatschule zu stehen – und dann auch noch auf einen, der aussah wie ein Mitglied der königlichen Familie?

»Hier ganz in der Nähe gibt's ein ziemlich gutes Weinlokal«, meinte sie und stampfte der Kälte wegen mit den Füßen.

»Von wegen!«, wehrte er ab. »Weinlokale gibt's in Guildford jede Menge. Nein, ich erwarte die komplette Camden-Tour.«

Ein paar Minuten später streckte Archie ritterlich einen langen Arm über sie hinweg, um die Tür des Black Heart aufzuziehen, einer Kneipe in einem alten Lagerhaus aus rußigem Backstein. Das Innere war zwar mit Massen von Lichterketten anheimelnd erleuchtet, doch über alldem lag ein düsterer Glamour: Über der Bar ragte ein orangerotes Neonkreuz empor, und in einer Glasvitrine an der einen Wand standen eine kitschige Jesusfigur aus Gips sowie diverser Goth-Nippes, darunter auch der obligatorische Totenschädel. Cassie kam hierher, seit sie sich einen gefälschten Ausweis hatte beschaffen können, und sie mochte diesen Laden noch immer, wo ihr Job als cool galt und nicht als abartig.

Trotz einiger eingehender Blicke von ein paar Stammkunden an der Bar schien Archie nicht irritiert zu sein.

»Alles klar, Cass?«, erkundigte sich Zed, ein Typ mit rasiertem Schädel, den sie kannte, und zog angesichts ihres Dates eine gepiercte Augenbraue hoch wie die Skinhead-Version einer anspruchsvollen Brautmutter.

Nachdem sie sich jeder ein Bier bestellt hatten – zwei Flaschen Rogue Dead Guy schienen angebracht –, gelang es ihnen, einen Tisch zu ergattern.

Während Archie sich in der Kneipe umsah, fiel ihr nicht zum ersten Mal auf, dass die Jungenhaftigkeit seiner Züge durch eine gebrochene Nase ausgeglichen wurde, wahrscheinlich ein Rugby-Vermächtnis. »Das ist also das echte Camden«, stellte er mit anthropologischem Genuss fest.

»Ich weiß gar nicht mehr, was das *echte* Camden eigentlich ist. Es ist nicht mehr so wie früher, da gab's hier noch mehr besetzte Häuser als Starbucks-Filialen. Jetzt machen sie aus jedem leer stehenden Gebäude Wohnungen für Leute, die mal eben eine halbe Million übrig haben.« Sie grinste. »Jetzt hör sich einer das an – fünfundzwanzig, und ich lasse mich schon über die guten alten Zeiten aus.«

»Demnächst fangen Sie noch damit an, dass der Liter Milch zehn Schilling kostet.« Er trank einen Schluck aus seiner Flasche und sah ihr dabei ganz entspannt in die Augen. »Sie haben früher selbst mal in einem besetzten Haus gewohnt, stimmt's?«

»Nur ein Jahr oder so, mit siebzehn.«

»*Siebzehn!* Ist ja irre! Das war bestimmt ... nicht leicht.«

Cassie sah die Wohnung vor sich, die sie am liebsten gemocht hatte, die in dem aufgegebenen Pub, und dachte an die Wintermorgen, an denen sie beim Aufwachen Raureif auf ihrem Schlafsack gefunden hatte. An das Kochen auf einem Campingkocher, an die Krankenwagensirene, wenn jemand eine Überdosis erwischt hatte, an den unvermeidlichen Rausschmiss ... aber auch an die magischen Zeiten, wenn sie im Garten um ein Lagerfeuer gesessen und die Sterne betrachtet hatten.

»In mancher Hinsicht schon, ja. Aber ich war auch nie glücklicher. Dieses Gefühl von Freiheit – und der Zusammenhalt. Dass wir alle zusammen da drinstecken. Ist schwer zu erklären.«

Archie nickte mit gefurchter Stirn. »So war's in meinem Rugbyteam in Harrow.«

Cassie war schon schwer in Versuchung, sich über ihn lustig zu machen, als ihr ihr neuer Vorsatz einfiel, nicht so schnell über Leute wie Archie zu urteilen. Schließlich hatte er nie auch nur ein Wort über ihre Piercings und ihre Tattoos verloren – und Professor Arculus übrigens auch nicht. Vielleicht bedeutete ja die Selbstsicherheit wirklich vornehmer Menschen – im Gegensatz zu denen, die einfach nur massig Kohle hatten –, dass sie es nicht nötig hatten, den Stab über andere zu brechen.

»Also, was für Leute kommen hier so her?« Die sandfarbenen Brauen verschwörerisch zusammengezogen, beugte er sich zu ihr herüber.

»Ach, ganz verschiedene Typen. Goths, Emos, Skins, Punks, ab und an mal ein Greaser …«

Ihr Blick fiel auf einen Tisch mit jungen Möchtegern-Goths. Die meisten hatten noch richtige Kindergesichter. Sowohl die Mädchen als auch die Jungen hatten wirres schwarzes Haar und trugen weißes Make-up und blauen oder violetten Lippenstift – ein Look, bei dem sie unwillkürlich an den armen toten Bradley Appleton denken musste, der einen Kilometer entfernt auf seinem Stahlbett lag. Eines der jungen Mädchen hatte sich türkisfarbene Strähnen ins Haar gefärbt, genau wie Cassie früher. Die Kids hielten sich rund um eine schwarze Kerze auf dem Tisch an den Händen und sahen alle total deprimiert aus. Angeblich sollte das die Standardstimmung bei Goths sein, nur wusste sie es besser: Nur weil man auf der dunklen Seite stand, war man nicht rund um die Uhr mies drauf. Als zorniger, depressiver Teenager war ihre kleine Goth-Horde für sie eine Rettungsinsel gewesen.

»Wieso sind Sie eigentlich Sektionsassistentin geworden?«, wollte Archie wissen. »Ich meine, wann sind Sie das erste Mal auf diese Idee gekommen?«

»Als ich ungefähr vier war, habe ich immer tote Tiere mit nach Hause geschleppt. Meine Gran hat ständig tote Tauben unter meinem Bett gefunden. Dann habe ich mit dreizehn oder so mal eine Autopsie im Fernsehen gesehen, in einem amerikanischen Krimi. Die Vorstellung, dass ein Toter wie ein Rätsel ist, das man lösen kann, indem man ihn auseinandernimmt, das muss wohl bei mir hängen geblieben sein.«

»Und warum haben Sie dann nie daran gedacht, Medizin zu studieren? Ich weiß noch, wie Sie mir die Halswirbelfraktur gezeigt haben, die ich bei meiner ersten Autopsie übersehen hatte.« Er neigte seine Bierflasche in ihre Richtung. »Ihnen fällt so was auf.«

Cassie lächelte ihn an. Sie wollte nicht sagen, dass es ein klassischer Anfängerfehler war, dergleichen zu übersehen. Woher sollte sie die Worte nehmen, um jemandem wie Archie zu erklären, dass jemand wie sie – ein Mädchen, das in einem Wohnblock in einer Sozialwohnung aufgewachsen war und ihre Schulzeit ab der fünften Klasse damit zugebracht hatte, die Lehrer in den Wahnsinn zu treiben – ein Medizinstudium nicht einmal ansatzweise auf dem Schirm gehabt hatte. Selbst nachdem sie auf der Abendschule ein gutes Abitur gemacht hatte, war ihr klar gewesen, dass sie niemals zu all diesen hyper-selbstbewussten Söhnen und Töchtern aus gutem Hause passen würde, die Medizin studierten.

Und außerdem liebte sie ihren Job – sich um Tote zu kümmern war für sie eine heilige Berufung. »Es ist so, Typen wie Sie kommen reingefegt, sezieren und verschwinden wieder«, erläuterte sie ihm. »Ich kann viel Zeit mit unseren Gästen verbringen – und ich betreue ihre Angehörigen.« Sie trank einen Schluck Bier. »Und was ist mit Ihnen? Warum Medizin?«

Er fuhr sich mit der Hand durch die rotblonden Locken. »Mein Vater war Herzchirurg, also war ich wohl schon immer fürs Medizinstudium prädestiniert. Und Pathologie schien ein guter Weg zu sein, um mit fünfunddreißig meinen Facharzt zu haben. Aber anders als Ihnen macht es mir *nicht wirklich* Spaß, morgens um sieben in einem eiskalten Sektionssaal Leichen zu zerlegen.« Er mimte ein Schaudern. »Wenn ich die zwei Pflichtjahre hinter mir habe, konzentriere ich mich auf diagnostische Pathologie. Ich kann mir gut vorstellen, in einem schönen warmen Labor zu hocken, mir unterm Mikroskop Gewebeproben von irgendwelchen seltenen Krebsarten anzuschauen und ab und zu mal zu einer internationalen Konferenz in einem Nobelhotel zu reisen.«

Archies jungenhaftes Grinsen nahm jeglichem Zynismus an diesem Plan die Schärfe. »Hätten Sie Lust, mal mit mir in ein Fünf-Sterne-Hotel zu fahren, wenn's so weit ist? Oder sind Sie für so eine Lamestream-Nummer *viel* zu alternativ?«

Sie lachte. Die Art und Weise, wie Archie sie verarschte, gefiel ihr, und auch dass er sie – oder das Leben – nicht allzu ernst nahm. Das machte es so entspannend, mit ihm zusammen zu sein. *Nicht wie Phyllida Flyte.* Aus heiterem Himmel sah Cassie Flytes blasse Schönheit vor sich, diese ausgeprägten Wangenknochen, die ernsten, eisblauen Augen. Während der Ermittlungen zum Tod ihrer früheren Lehrerin war sie ein unerwartetes … wie sollte sie es nennen – Bündnis? – mit der stockkonservativen Polizeibeamtin eingegangen. Eine Beziehung, die sich manchmal anfühlte, als stünde sie am Rand von gefährlicherem Terrain. Gefährlich, weil sie sich beim besten Willen nicht vorstellen konnte, etwas mit einer Polizistin anzufangen, egal wie scharf sie war.

Später, als Cassie zur Toilette ging, traf sie das Mädchen mit den türkisblauen Strähnen, das gerade aus einer der Kabinen kam und sich mit einem Stück Klopapier die Nase putzte. Sie wollte sie ja nicht anstarren, aber das Mädchen hatte eindeutig geweint – und zwar heftig; ihre Augen waren blutunterlaufen, und zwei Eyeliner-Rinnsale hatten rußschwarze Spuren auf ihrem blassen Make-up hinterlassen. *Arme Kleine.*

Als Cassie wieder zum Tisch zurückkam, waren die Goth-Kids weg. Zwischen den schmutzigen Gläsern stand der Stummel der Kerze in einer Pfütze aus schwarzem Wachs; der Docht rauchte noch. Einen Moment lang starrte sie die Kerze an, dann ging sie zu Zed hinüber, der noch immer auf seinem Barhocker thronte. »Weißt du, was bei den Baby-Bats dahinten abgegangen ist?« Mit dem Kopf deutete sie dorthin, wo die Jugendlichen gesessen hatten.

Er schüttelte bedächtig den Kopf, und Cassie sah verblüfft, wie er mehrmals rasch blinzelte. »Einer von ihren Freunden hat sich umgebracht.«

Ein Teil von ihr hatte die ganze Zeit gewusst, dass das Bradleys Freunde sein mussten, wurde ihr jetzt klar. War das Mädchen, das auf dem Klo geweint hatte, seine Freundin? »Das ist ja schrecklich.«

»Ja, er war erst fünfzehn.«

Später lehnte sie Archies wiederholte Angebote ab, sie zur Wohnung ihrer Großmutter zurückzubringen: Bei dem Gedanken, die beiden könnten sich begegnen, bekam sie eine Gänsehaut. Auf dem Weg zur U-Bahn nahm er ihre Hand und zog sie um die Ecke in eine ruhige Gasse. Dort fasste er sie an den Schultern und beugte sich herab, um sie zu küssen. Seine Lippen berührten die ihren kaum. Dann sagte er ihr leise ins Ohr: »Stell dich mal auf meine Füße, Erdnuckel.« Sie wollte schon protestieren, dass sie *eigentlich* eins vierundsiebzig sei, ertappte sich jedoch dabei, wie sie seiner Aufforderung nachkam. Auf seinen Füßen ging es dann rückwärts, bis sie mit dem Rücken an der Wand stand, während er ihr unverwandt in die Augen sah. Dann küsste er sie wieder, diesmal richtig, und sein Körper presste sich lang und hart gegen ihren. Cassie spürte, wie ihre Augenbrauen emporschnellten.

Für einen rothaarigen Spießer konnte Archie echt verdammt gut *küssen.*

Es war richtig kalt geworden, also nahm sie den kürzesten Weg nach Hause, am Kanal entlang, und ließ dabei den Kuss noch einmal im Kopf ablaufen. Wahrscheinlich war das der Grund dafür, dass sie ihre Umgebung nicht so gründlich scannte, wie sie es nachts für gewöhnlich tat.

Auf dem letzten Wegstück vor der Treppe, die zur Sicherheit der Straße hinaufführte, veranlasste irgendetwas sie dazu, einen Blick über die Schulter zu werfen. Hier, weit von der Hauptstraße entfernt, war der Uferpfad verwaist … bis auf eine Gestalt dreißig oder vierzig Meter hinter ihr, die sich vor dem Schein der Laternen abhob. Ein hochgewachsener, dünner Mann in schäbigen Klamotten, wahrscheinlich obdachlos, was ihrer Erfahrung nach normalerweise harmlos bedeutete. Doch irgendetwas am Gang des Mannes gefiel ihr nicht. Zu zielstrebig für einen betrunkenen Penner – fast so, als versuche er, sie einzuholen.

Wahrscheinlich wollte er ein bisschen Kohle schnorren. Die übliche Nummer, von wegen Geld für einen Übernachtungsplatz. Doch sie wollte es nicht darauf ankommen lassen. Während sie im Eilschritt auf die Treppe zustrebte, blickte sie sich abermals um. Als sie sah, dass er ebenfalls schneller geworden war, wurde ihr kalt bis in die Fingerspitzen.

Sie rannte los. Er rief ihr etwas zu; ein raues Japsen, doch sie hatte nicht vor, zu warten, um herauszufinden, was er gesagt hatte. Jetzt hatte sie wirklich Angst, beschleunigte noch etwas und sagte sich, dass sie einen alten Säufer ja wohl abhängen konnte.

Sie erreichte die Treppe und versuchte, die ersten beiden Stufen auf einmal zu nehmen. Doch sie rutschte ab und fühlte, wie ihr Knöchel wegknickte. Im Fallen streckte sie eine Hand aus, wollte sich abstützen, und drehte sich gleichzeitig herum, um sich dem zu stellen, was da kam.

Der Mann war ein kleines Stück entfernt stehen geblieben und rang vornübergebeugt nach Luft.

Dann hob er den Kopf. »Catkin …« Seine Stimme war ein heiseres Krächzen. »Ich war's nicht.«

Nur ein einziger Mensch hatte sie jemals so genannt.

5. KAPITEL

Wenn Cassie auf der Straße an ihm vorbeigegangen wäre, hätte sie kein zweites Mal hingeschaut, doch nachdem sie diese dunkelblauen Augen gesehen hatte, so sehr wie die ihren, zweifelte sie nicht daran, wer er war.

Seit er wieder zu Atem gekommen war, hatte ihr Vater sie ununterbrochen angestarrt.

Sie lehnte sich mit dem Rücken an die Balustrade der Treppe und verschränkte die Arme vor der Brust. »Würdest du aufhören, mich anzuglotzen?« Obwohl ihr Herz noch immer wie wild schlug, fühlte sie sich zugleich seltsam taub. Als hätte ihr jemand gerade mit der Faust voll ins Gesicht geschlagen, doch der Endorphinschwall würde den unvermeidlichen Schmerz ausbremsen.

»Entschuldige.« Er senkte den Blick, wühlte in seiner Tasche und zog eine Packung Papiertaschentücher hervor. »Hier, du blutest.«

Das Blut ihrer aufgeschürften Handfläche war überall auf ihrem T-Shirt verschmiert, doch sie schlang die Arme nur noch fester um den Oberkörper und schüttelte den Kopf.

»Es tut mir leid, dass ich dir Angst gemacht habe, Liebes.«

»Nenn mich nicht so.« Cassie bemühte sich noch immer, damit klarzukommen, wie er aussah. Seine Jeansjacke hing ihm von den ausgemergelten Schultern, und seine Billigjeans schlabberte um besenstieldünne Schenkel. Am Kiefer hing die Haut herunter wie ein Paar geraffte Vorhänge. Zusammen mit seinem rasselnden Atem, der sich anhörte wie ein kaputtes Akkordeon, wirkte er locker zehn Jahre älter als achtundvierzig – und Lichtjahre von dem starken, gut aussehenden Dad entfernt, der sie immer auf seine Schultern gehoben hatte.

Anscheinend erriet er, was sie dachte. »Ich weiß, ich sehe scheiße aus, Catkin.«

»Und nenn mich auch nicht *so!*«

Er bekam einen Hustenanfall und krümmte sich vornüber. Es dauerte eine Minute oder mehr, bis er wieder etwas sagte. »Ich hab chronische Bronchitis, weil ich neun Jahre lang mit 'nem Kettenraucher in einer Zelle gesessen habe, der sechzig Stück am Tag weggequalmt hat.« Ein verbittertes Lächeln. »Irgendwie ironisch, wo ich selbst doch nie geraucht habe.«

Sie schauderte in der Kälte, wollte nicht sprechen und drängte ihn trotzdem stumm dazu, zu erklären, was er eben gesagt hatte.

Ich war's nicht.

Eine verräterische kleine Stimme in ihrem Kopf sagte: *Überzeuge mich.*

»Nimmst du wenigstens meine Jacke?« Seine Stimme war tiefer – rauer – und sein nordirischer Akzent ausgeprägter als in ihrer Erinnerung, andererseits hatte er laut ihrer Großmutter ja seit seiner Entlassung dort gelebt.

Sie schüttelte den Kopf.

»Hör zu, Cat … Cassie, ich musste dich sehen. Um dir die Wahrheit zu sagen.« Er legte sich die flache Hand auf die Brust. »Ich schwöre dir bei allem, was heilig ist, ich habe deine Mum nicht umgebracht.«

Und warum hast du dann all die Jahre gewartet, bis du mich suchen gekommen bist? Der Drang, diese Frage zu stellen, stieg von irgendwo ganz tief in ihrem Inneren empor, doch sie kämpfte ihn nieder, war nicht gewillt, diesem … Fremden ihre Gefühle zu offenbaren.

»Sie ist die einzige Frau, die ich je geliebt habe«, fuhr er fort. »An dem Abend, als ich sie bei einem Gig zum ersten Mal im

Publikum gesehen habe?« Ruckartig öffnete er die Hand, mimte einen explodierenden Feuerwerkskörper. »Peng. Erwischt. Ich war erledigt.« Ein schiefes Lächeln stahl sich auf sein langes Gesicht und zeigte ihr ganz kurz den attraktiven Dad, an den sie sich erinnerte. Ihr war, als habe ihr jemand die Rippen durchtrennt und presse ihr Herz zusammen.

»Ich schwör's dir, Cassie, als deine Mum überfallen worden ist, war ich bei meinem Kumpel Barney und hab mit ihm Fußball geschaut und mich besoffen.«

»Die Geschworenen waren sich einig«, fauchte sie. Ihr war wieder eingefallen, was ihre Großmutter ihr erzählt hatte.

»Aber doch nur, weil der Anwalt Barney wie einen Lügner hat aussehen lassen! Du musst mir glauben, ich hab Kath nicht umgebracht!« Die letzten Worte drosch er sich mit der flachen Hand aus der Brust. Die Hiebe machten ein hohles Geräusch.

»Dann streitest du wohl auch ab, dass du sie geschlagen hast?«

Er trat von einem Fuß auf den anderen. »Hör zu, ich sage ja gar nicht, dass ich damals nicht echt jähzornig war. Aber Kath hätte ich nie angerührt. Sie war mein Leben.«

Er klang aufrichtig, doch er blickte beim Sprechen zu Boden.

Jäh sah Cassie ihre Mutter vor sich, eine schöne Frau mit langem rotbraunem Haar, ihr offenes, ein klein wenig herausforderndes Lächeln. Scheiße, wie kam sie dazu, hier zu stehen und dem Mann zuzuhören, der sie ermordet hatte?

Jäh kam ihr noch ein Gedanke.

»Wie hast du mich gefunden? Bist du mir etwa gefolgt?« Vielleicht kannte er ja ihre Adresse nicht, aber er würde noch wissen, wo ihre Großmutter wohnte. Bestimmt hatte er unten vor dem Wohnblock gelauert und darauf gewartet, dass sie herauskam.

Mit beschämter Miene spreizte er beide Hände. »Ich konnte ja wohl schlecht bei deiner Gran an die Tür klopfen, oder?«

Cassie begann vor Wut zu zittern. In Wahrheit nicht wegen ihrer Mutter, sondern weil dieser erbärmliche Schwächling es all diese Jahre lang nicht geschafft hatte, sie besuchen zu kommen, sein einziges Kind. Ein Schwall Schuldgefühle folgte der Wut dichtauf.

Abrupt wandte sie sich um und griff nach dem Treppengeländer.

»Cassie. Glaubst du mir?« Er wühlte in der Tasche seiner Jacke. »Kann ich dich wiedersehen? Ich wohne in einem Bed & Breakfast in Kentish Town, The Bay Leaf.«

Sie beachtete die Visitenkarte nicht, die er ihr hinhielt. Seine betretene, aber dennoch hoffnungsvolle Miene machte sie nur noch wütender.

»Nein. Und nein. Bleib ja weg von mir, sonst rufe ich die Bullen.«

6. KAPITEL

»Nicht weinen!«

Cassie hörte sich selbst halblaut diese Worte sagen, als sie am nächsten Morgen erwachte.

Sie versuchte, ihren Traum festzuhalten, nicht aufzuwachen, merkte jedoch, wie er ihr entglitt, und je mehr sie sich abmühte, desto schneller verging er. Alles, was ihr blieb, war der lebhafte Eindruck ihrer untröstlich weinenden Mutter.

Ob der Traum von einer echten Kindheitserinnerung herrührte oder ihr schlafendes Hirn bloß die Umrisse einer unglücklichen, von Gewalt geprägten Ehe ausgemalt hatte, konnte sie unmöglich sagen. Selbst nachdem der Traum vollständig verblasst war, war sie noch immer verstört – und verwirrt. Wieso hatte sie von ihrer Mutter geträumt, wenn sie nach einundzwanzig Jahren der Abwesenheit ihren Vater zu Gesicht bekommen hatte?

Dann dämmerte es ihr: Sie hatte ein schlechtes Gewissen. Weil das Treffen mit ihrem Dad eine kleine Verräterstimme in ihrem Kopf ausgelöst hatte, die nicht verstummen wollte: *Und wenn er nun die Wahrheit gesagt hat?*

Dann tauchte noch etwas aus ihrem Traum empor: Sie hatte etwas Beißendes gerochen. Etwas *Brennendes.* Doch sosehr sie sich auch bemühte, sie wusste nicht, was, und konnte sich auch keinen Reim darauf machen.

War die Erinnerung echt? Es wäre ja nicht überraschend, wenn ihr Unterbewusstsein einen nächtlichen Ausflug in ihre frühe Kindheit unternommen hätte. Die Rumpelkammer war ihr Zimmer gewesen, von ihrem vierten Lebensjahr an bis zum Tag nach ihrem siebzehnten Geburtstag, als sie von zu Hause weggegangen war, um in einem besetzten Haus in Camden Freiheit und Abenteuer zu suchen. Ihr zerfleddertes Nine-Inch-Nails-Poster hing noch immer an der Wand, und das Vogelmuster der Tapete schimmerte geisterhaft durch die dunkelblaue Farbe, mit der sie als Teenager das Zimmer gestrichen hatte. Sogar die Decke hatte sie in dem intensiven Blau gestrichen, hier und da mit ein paar Vincent-van-Gogh-Sternen gesprenkelt.

Callums plötzliches Auftauchen hatte ihren innigen Wunsch noch verstärkt, zu verstehen, warum die Ehe ihrer Eltern gescheitert war, was zu der Abwärtsspirale mörderischer Gewalt geführt hatte. Wenigstens war heute Samstag, und da sie keine Rufbereitschaft hatte, brauchte sie nicht zur Arbeit zu hasten.

Dem Geruch nach backendem Brot zufolge war Babica früh aufgestanden – wie üblich. Dann war das leise Klicken der zufallenden Wohnungstür zu hören. Als sie nachsehen ging, fand sie einen Zettel auf dem Küchentresen, an einen noch heißen Laib Sauerteig-Roggenbrot gelehnt. *»Ich treffe mich mit Barbara. Bin in ungefähr einer Stunde wieder da«*, stand darauf, gefolgt von *»Lass das Brot ein bisschen abkühlen, sonst bekommst du Bauchweh«*. Cassie lächelte über die Zeichnung darunter – ein Strichmännchen aus zwei Beinen und zwei Kreisen, ein kleiner Kopf über einem aufgeblähten Bauch.

Sie nahm ein Brotmesser aus der Schublade und wollte gerade eine Magenverstimmung riskieren, als sich ein Gedanke in ihren Kopf schlich. Es war noch zu früh, um ihre Großmutter zu bedrängen, über die Ehe ihrer Tochter zu sprechen – das würde warten müssen, bis sie wieder völlig gesund war. Aber sie musste irgendetwas tun, um all die Fragen in ihrem Kopf zum Schweigen zu bringen.

Augenblicke später öffnete sie die kunstvoll geschnitzte

Tür des zweiten Kleiderschranks ihrer Großmutter. Den, in dem sie die Kleider aufbewahrte, die gerade nicht zur Jahreszeit passten, und außerdem – wie Cassie wusste – auch ihre Andenken an Katherine Liliana Raven, ihr einziges Kind. Der Geruch, der ihr entgegenschlug, war ein Gemenge aus Altkleidermief und dem Lieblingsparfum ihrer Großmutter: *L'Air du Temps.* Als junge Studentin im Polen der Fünfzigerjahre hatte sie genug verbotene ausländische Devisen zusammengekratzt, um sich das Zeug vom Hausmeister ihrer Uni zu kaufen, der nebenbei heimlich Westwaren vertickte. Doch nachdem die Polizei sie dabei erwischt hatte, wie sie Flugblätter für eine Demo gegen das kommunistische Regime aufhängte, hatten sie ihr Zimmer durchsucht und das Parfum konfisziert. Es amüsierte Cassie, dass Weronika das schlimmer fand als die sechs Monate in einer ungeheizten Gefängniszelle im Warschauer Winter, zu denen sie verurteilt worden war.

Sie erblickte den verblichenen blauen Samteinband von Babicas Fotoalbum, das auf einer Pappschachtel lag, holte es heraus und blätterte es durch, bis sie das Foto von ihrer Mutter fand, an das sie sich erinnerte.

Es war am Kanal am Ende des Camden Market aufgenommen worden: Im Hintergrund konnte man die Decks der Kanalboote in der Schleuse erkennen. Heutzutage wimmelte es dort vor Touristen, Leuten von außerhalb und Auslandsstudenten, die sich Camdens Subkultur ansehen wollten. Damals jedoch war dort anscheinend weniger los gewesen; nur eine Handvoll Menschen durchstöberte die Stände mit Secondhandklamotten im Hintergrund. Dem Licht, das Hitze suggerierte, sowie Katherines abgeschnittenen Jeans nach – die beneidenswert lange und schlanke Beine enthüllten – war es Hochsommer gewesen. Das wellige rotbraune Haar fiel ihr bis über den Rücken; sie sah aus, als wäre sie ungefähr zwanzig, also bevor Cassie geboren war. Obgleich Cassie ihr dunkles Haar und die blauen Augen eindeutig von ihrem Vater hatte, durchzuckte es sie jedes Mal, wenn sie die breite Stirn und die zarte Nase ihrer Mutter sah, beide genau wie ihre eigenen.

Doch es war der Gesichtsausdruck ihrer Mutter gewesen, der Cassie im Gedächtnis geblieben war – ein scheues Halblachen in die Kamera, mit einer Andeutung von Komplizenschaft, die man nur einem Geliebten zeigen würde. Mit anderen Worten, Cassies Dad.

Als sie die Pappschachtel aus dem Schrank holte, auf der das Album gelegen hatte, fand sie darin einen hübscheren, kleineren Kasten. Es war eine Schatztruhe aus der Kindheit ihrer Mutter, und darin war auch ein Stapel Zeugnisse. Cassie unterdrückte ihre Gewissensbisse mit dem Argument, dass Babica im Laufe der Jahre doch viele Male versucht hatte, ihr diese Andenken zu zeigen – Versuche, denen sie sich, als die Erinnerung an ihre Mutter allmählich verblasste, immer heftiger widersetzt hatte.

Als sie Katherines Zeugnisse aus der Oberschule überflog, sah sie mit Interesse, dass die anfangs begeisterten Beurteilungen ihrer Lehrer immer weniger schmeichelhaft klangen; Worte wie »trotzig« und »unaufmerksam« tauchten hier und dort auf, und die Jahresendnoten rutschten auf Drei und Vier ab. *Na, sieh mal einer an.* Das klang doch sehr viel mehr nach Cassies eigenen Teenager-Schulzeugnissen, und doch hatte ihre Großmutter ihre Mutter stets als leuchtendes Beispiel hingestellt: von freundlichem Wesen, eine fleißige Schülerin, die stets Ordnung in ihrem Zimmer gehalten hatte … und so weiter, *ad infinitum.* Das war eindeutig Propaganda gewesen – wenngleich zum Scheitern verurteilt –, damit Cassie sich besser benahm.

In dem Kasten waren auch Reliquien aus Katherines

Schulzeit: ein Bild von einem Regenbogen, ein Armband aus leuchtend bunten Plastikperlen und eine handgemalte Geburtstagskarte, auf der in krakeliger rosafarbener Wachsmalkreideschrift *Für Mama von Katerina* stand. Obwohl sie ihre Tochter formell Katherine getauft hatte, hatte Weronika sie stets Katerina genannt, die polnische Variante. Dann war da noch eine Postkarte aus späterer Zeit, mit unverwechselbar englischen Hügeln darauf, ohne Datum und mit der Adresse der Wohnung versehen. Eine kurze Nachricht: *Liebe Ma, lieber Pa, es ist wunderschön hier, und mir geht es gut, also macht euch bitte keine Sorgen um mich! Alles Liebe, Katherine.*

Ganz unten in dem Kasten fand sie einen vergilbten Zeitungsausschnitt, in dem es um irgendein Musikfestival ging, und einen mit Pappe verstärkten Briefumschlag. Darin war ein Foto, das ihr den Atem verschlug. Ihre Mutter stand vor einem amtlich aussehenden Torbogen, Arm in Arm mit Cassies Vater. Die Hochzeit ihrer Eltern.

Dies war der Vater ihrer frühen Kindheit, nicht der gebrochene alte Mann, den sie gestern Abend gesehen hatte. Unglaublich gut aussehend, mit langem, schmalem Gesicht, einem schiefen Lächeln, das trotzdem sehr sexy war, und dunkelblauen Augen von fast derselben Farbe wie ihre. Das beinahe schwarze Haar, das ihm in die Augen fiel, war ebenfalls wie ihres – ein Phänotypus, der anscheinend das Vermächtnis mediterraner Seeleute war, die jahrtausendelang die Handelsrouten nach Irland befahren hatten. Es war komisch, ein Gesicht zu sehen, das so vertraut und zugleich so *fremd* war – als sähe man irgendeinen Promi aus den Neunzigern vor sich.

Katherine trug das Haar inzwischen kürzer; die rotbraunen Locken streiften gerade eben die Schultern eines cremefarbenen Spitzenkleides im Stil der Zwanzigerjahre. Sie hielt einen dürftigen Blumenstrauß in der Hand, wie man ihn im

Notfall an einer Tankstelle kaufen würde. Die beiden waren ein hübsches Paar, doch Cassie fiel etwas Neues an ihr auf – eine Art lädierte Schönheit, eine ängstliche Spannung um die Augen. Die Kamera hatte sie dabei erwischt, wie sie gerade in entgegengesetzte Richtungen schauten – wahrscheinlich nur zufälliges schlechtes Timing, doch das Wissen, wie die Geschichte enden würde, ließ Cassie erschauern.

Sie drehte das Foto um und starrte einen Moment lang auf das Datum, das dort in der kaum leserlichen Handschrift ihrer Großmutter notiert war. *Oktober 1992.* Sechs Monate bevor Cassie geboren worden war. Also war Katherine schwanger gewesen, als die beiden geheiratet hatten – eine Tatsache, die ihre streng katholische Großmutter für sich behalten hatte: Wahrscheinlich hatte ihr bei dem Gedanken gegraut, dass ihre Tochter ein außerehelich gezeugtes Kind zur Welt gebracht hatte.

Hatte Weronika Callum Druck gemacht, ihre Tochter zu einer »ehrbaren Frau« zu machen? Hatte die schreckliche Tragödie, die mit einem Mord enden würde, mit einer erzwungenen Heirat begonnen?

Als Cassie alles in der hoffentlich richtigen Reihenfolge wieder in den Kasten legte, stieß sie abermals auf den Zeitungsausschnitt. Aus dem *Camden Journal,* im Juni 1992. Die Band *Poitín* aus Camden, hieß es dort, sollte in High Wycombe bei einem Benefizkonzert für die »Save The Oakwood Common«-Kampagne spielen. Sie versuchte noch immer, dahinterzukommen, was das hier zu suchen hatte, als sie hörte, wie sich der Schlüssel ihrer Großmutter in der Wohnungstür drehte.

7. KAPITEL

Cassie hatte es geschafft, den Kasten und seinen Inhalt wieder in den Schrank zu stellen und aus dem Schlafzimmer zu flitzen, ohne erwischt zu werden. Jetzt ging sie mit großen Schritten den Uferweg am Kanal hinunter – der kürzeste Weg ins Zentrum von Camden, egal ob von der Wohnung ihrer Gran aus oder von ihrer eigenen, die zwanzig Gehminuten in die andere Richtung entfernt war.

Hier draußen, anderthalb Kilometer westlich vom Camden Market, herrschten Ruhe und Frieden, nur das Paddeln der Enten und der gelegentliche Ruf eines Moorhuhns störten die Stille des Kanals. Normalerweise war dies ihre Zuflucht, eine beruhigende Nische, in der sie sich auf den kommenden Tag vorbereiten konnte, doch seit der Begegnung mit ihrem Vater hörten die Gedanken nicht auf, sich in ihrem Kopf zu drehen wie schmutzige Wäsche in einem niemals endenden Waschprogramm.

Ständig schaute sie sich um, rechnete halb damit, Callums hagere Gestalt auf dem Uferweg zu erblicken oder auf einer der Brücken über den Kanal.

Und hoffte es auch halb. Rasch verdrängte sie diesen Gedanken.

Nachdem sie das Hochzeitsfoto gesehen hatte, hatte sich eine neue, unwillkommene Vorstellung in Cassies Bewusstsein gedrängt. *Ihre Mutter hatte sie nicht gewollt.* Die jüngere Katherine, die die Kamera auf dem Camden Market eingefangen hatte, hatte so glücklich ausgesehen – hatte sich darauf gefreut, auf die Uni zu gehen, hatte eine aufregende Zukunft vor sich gehabt –, bevor sie gemerkt hatte, dass sie schwanger war. Das hatte ihren Horizont auf einen einzigen schmalen Weg verengt: eine Hochzeit aus Notwendigkeit und eine Ehe, die den Bach hinuntergegangen war. Nahm man dann noch Cassies immer wiederkehrenden Traum hinzu, in dem ihre Mutter weinte, war es unmöglich, nicht zu dem auf der Hand liegenden Schluss zu kommen, nämlich dass ihre unerwünschte Ankunft die Beziehung ihrer Eltern ruiniert hatte.

Die Sonne war hervorgekommen, vertrieb den Morgennebel und machte die Winterkälte erträglicher. Cassie ging kurz langsamer und schaute nach, wie sie am besten zur Holbourne Library käme.

Der Ausschnitt aus der Lokalzeitung, den sie gestern im Andenkenkasten ihrer Großmutter gefunden hatte, hatte sie auf eine Idee gebracht. Sie hatte schon online nach Details zu dem Mord an ihrer Mutter und dem Prozess gegen ihren Vater gesucht – vergeblich; die überregionalen Zeitungen hatten ihre Altausgaben zwar digitalisiert, doch anscheinend war ein weiterer Mord an einer Frau durch ihren Ehemann nicht wichtig genug, um es überhaupt in so ein Blatt zu schaffen. Doch sie hatte herausgefunden, dass Ausgaben des *Camden Journal* seit den Neunzigern in der Holbourne Library archiviert worden waren, und die hatte am Samstag geöffnet.

Der Straßenlärm nahm zu, als sie die Fußgängerüberführung kurz vor der Schleuse erreichte. In der Mitte der Brücke blieb sie stehen, schaute zum Markt zurück und versuchte, die Stelle zu finden, wo ihre Mutter auf dem Foto gestanden hatte, doch jetzt drängten sich dort Fressbuden, von denen Wolken indischer, koreanischer und marokkanischer Aromen aufstiegen. In ein paar Stunden würde es in den Gängen zwischen den Ständen vor Menschen wimmeln. Anwohner, die etwas auf sich hielten, mieden den Markt – die ursprünglichen Händler, die eine eklektische Mischung aus Antiquitäten, guten Ledersachen, handgefertigtem Schmuck und klassischen gebrauchten Klamotten verkauft hatten, wurden inzwischen von Buden verdrängt, die massenproduzierten Ramsch aus China vertickten, den man genauso gut bei Amazon bestellen konnte. Und was noch schlimmer war, nur eine Handvoll der ursprünglichen Clubs und Musikkneipen in den viktorianischen Lagerhäusern rund um den Markt hatten überlebt.

Großer Gott, Tusse, hör sich einer dich an. Jammerst hier schon wieder um eine verlorene goldene Ära.

Als sie an einem Straßenmusikanten vorbeikam, der gerade »Another Day in Paradise« meuchelte, fiel Cassie die Band wieder ein, die in dem Zeitungsausschnitt erwähnt wurde. Etwas, das ihre Großmutter vor Jahren bei einer ihrer seltenen Bemerkungen über Callum gesagt hatte, kam ihr in den Sinn: »Singen war doch kein anständiger Job für einen Ehemann und Vater.«

Natürlich! Bestimmt war *Poitín* die Band ihres Vaters gewesen. Er war nordirischer Katholik, und der Name sah aus wie so ein gälisches Wort, dass niemand aussprechen konnte. Der Zeitungsausschnitt war ein Souvenir einer stolzen Freundin, die in den Frontman einer Rockband verliebt war.

Ein Schild in der Eingangshalle der schäbigen Bibliothek aus den Sechzigerjahren wies ihr den Weg zum Archiv im ersten Stock, dort jedoch fand sie die Tür verschlossen vor. Nachdem sie an die Scheibe aus Sicherheitsglas geklopft hatte, sah sie eine junge Frau vom Schreibtisch am Empfang aufstehen und zur Tür kommen.

»Tut mir leid, wir machen gerade Inventur«, sagte sie. »Das sollte eigentlich auch auf der Website stehen.«

Cassie wirkte wohl abgrundtief enttäuscht, denn die Frau machte die Tür nicht wieder zu.

»Was brauchen Sie denn?«

Ein paar Minuten später war sie drin, und die freundliche Bibliothekarin legte ihr einen Stapel aus acht übergroßen Folianten hin, die die Ausgaben des *Camden Journal* von 1997 bis 1998 enthielten. Obgleich der Mord sofort zur Anzeige gebracht worden war, dachte Cassie, dürfte es doch eine Weile gedauert haben, bis der Fall vor Gericht gekommen war.

»Sie haben Glück«, meinte die Bibliothekarin. »Alles Frühere ist auf Mikrofiche gespeichert, und ich habe heute echt keine Zeit, Ihnen zu zeigen, wie das geht.«

Cassie nickte verständnisvoll. *Was in Dreiteufelsnamen war ein Mikrofisch?*

Der Geruch alter Zeitungen war das Erste, was ihr entgegenschlug. Muffig, aber nicht unangenehm; davon wurde ihr richtig … nostalgisch zumute. Zuerst wusste sie nicht, wieso, doch dann fiel es ihr wieder ein. Es roch ein bisschen wie das Zweite-Hand-Exemplar von *Gray's Anatomy,* das ihre Großmutter ihr zum elften Geburtstag geschenkt hatte. Cassie sah sich selbst vor sich, wie sie auf ihrem Bett lag und die kunstvollen Illustrationen betrachtete, die Organe und die Muskeln, und sich deren Namen einprägte. Sie lächelte. Wie viele andere Großmütter wären wohl so pragmatisch damit umgegangen, dass ein Kind von allem Toten fasziniert war?

Obwohl Cassie das Grab ihrer Mutter besucht hatte, konnte sie sich nicht mehr an das genaue Datum ihres Todes erinnern. Sie wusste nur noch, dass sie im Herbst 1997 umgekommen war, also begann sie mit den Ausgaben vom September '97. In das Camden von vor zwanzig Jahren einzutreten fühlte sich an, wie in einer Tauchglocke in eine verlorene Welt hinabzusinken.

Im Parkway Cinema – jetzt ein Odeon – waren damals

Trainspotting und *Dead Man Walking* gelaufen, zwei ihrer Lieblingsfilme. Und dann *Toy Story*. Ja! Sie erinnerte sich daran, wie ihr Vater mit ihr dort gewesen war. Als der kleine Junge sein Lieblingsspielzeug eingemottet hatte, den Cowboy Woody, war sie untröstlich gewesen. Hatte ihr Dad sie nicht mit ein paar Süßigkeiten getröstet?

Brause-Colaflaschen. Noch immer erinnerte sie sich an den verbotenen Genuss, wenn die auf der Zunge landeten. Warum war ihre Mum nicht dabei gewesen?

Auf den Musikseiten waren legendäre Bands wie Roadside und Electric Ballroom noch gut im Geschäft, doch sie war enttäuscht, festzustellen, dass es dort vor allem um Metal-, Indy-, Funk- und Jazzgigs ging – und um Raves. Dämlicherweise hatte sie damit gerechnet, ihre persönlichen Helden dort zu sehen, The Clash, The Cure, Siouxie, The Ramones … dabei war die Punk- und die Post-Punk-Szene doch schon mindestens zehn Jahre früher im Niedergang gewesen.

Selbst in den guten alten Zeiten gab es gute alte Zeiten.

Als sie an Verkaufsanzeigen für Wohnungen für 90 000 Pfund vorbeiblätterte – die heute das Fünffache kosten würden –, fand sie amüsiert eine tatsächliche »Lonely Hearts«-Seite. *Attraktive Lady, 39, sucht Gentleman für Theaterbesuche und mögliche Heirat.* Einfach swipen ging damals nicht; man hatte an eine Chiffre schreiben müssen. Irgendwie hörte sich das ein bisschen dreckig an.

Die Berichte über Verbrechen wurden von Drogendeals dominiert, doch von den Messerstechereien mit Drogenbezug, die nur allzu oft auf ihrem Tisch in der Leichenhalle endeten, war nichts zu lesen. Der einzige Bericht über etwas dergleichen – ohne tödlichen Ausgang – handelte von zwei Typen, die vor einem Pub wegen eines Mädchens aneinandergeraten waren.

Die größte Story war ein Bericht über einen Korruptionsfall innerhalb der Polizei von Camden – ein Detective, der fünfundzwanzig Riesen dafür eingesackt hatte, bei organisierten Verbrechen nicht so genau hinzusehen, und von einer Anti-Korruptions-Einheit auf frischer Tat ertappt worden war.

Cassie machte Pause und reckte sich. Sie war am Ende des Septembers angekommen, ohne dass der Mord an ihrer Mutter erwähnt worden war.

Auf halbem Weg durch den vierten Folianten gelangte sie zur Titelseite vom 6. Oktober 1997 – und blickte in die vertrauensvollen Augen ihrer Mutter.

BRUTALER MORD AN MUTTER (26) AUS CAMDEN

Plötzlich wusste sie, was der Begriff Schlagzeile bedeutete. Die Blockbuchstaben droschen mit voller Wucht auf sie ein. Dann fiel ihr Blick auf das Schwarzweißfoto weiter unten auf der Seite – eine Kopfsteinpflasterstraße unter einer Eisenbahnbrücke und so ein weißes Zelt, mit dem die Polizei Leichen vor neugierigen Blicken und dem Wetter schützte. Mit einem kreischenden Scharren schob sie ihren Stuhl vom Tisch zurück.

Das Nächste, woran sie sich erinnerte, war, dass jemand ihr sagte, sie solle tief durchatmen. Sie öffnete die Augen und sah die gekreuzten Schnürsenkel ihrer eigenen Doc Martens vor sich. Vorsichtig hob sie den Kopf und blickte in die weit aufgerissenen Augen der Bibliothekarin.

»Es geht schon wieder. Entschuldigen Sie.« Sie brachte ein schwaches Lächeln zustande. »Hab nicht gefrühstückt.«

»Sind Sie sicher?« Nachdem sie einen Blick auf die Schlagzeile geworfen hatte, zog sich die junge Frau zurück.

Meine Fresse! Einfach so aus den Latschen zu kippen! Leute aufsammeln, die ohnmächtig geworden waren, war doch normalerweise ihr Job.

Nachdem der anfängliche Schock sich gelegt hatte, war

Cassie imstande, den Artikel mit kühlerem Kopf zu lesen, als wäre das zwei Dekaden alte Verbrechen jemand anderem passiert.

Katherine Raven (26) aus Camden, Mutter einer kleinen Tochter, wurde am frühen Sonntagmorgen tot im Prowse Place aufgefunden. Die Polizei geht von einem Mord aus. »Dies war ein brutales Verbrechen, und die Polizei von Camden spricht Katherines Angehörigen ihr tiefempfundenes Mitgefühl aus«, sagte DCI Stanley Neville dem Camden Journal. *»Wir werden nicht ruhen, bis der Täter zur Rechenschaft gezogen worden ist.« Er appellierte an alle, die Katherine am Samstagabend in der Umgegend des U-Bahnhofs Camden Road gesehen hätten oder über weitere Informationen verfügten, sich direkt bei ihm oder DS Gerald Hobbs zu melden.*

Die Cops machten keine Angaben dazu, wie Katherine ums Leben gekommen war – was, wie Cassie wusste, im Frühstadium einer Ermittlung üblich war.

Kaum drei Wochen später prangte die Schlagzeile ***TRAGISCHER FALL KATHERINE: EHEMANN WEGEN MORDES ANGEKLAGT*** über einer Nahaufnahme eines lächelnden Callum, die aussah, als sei sie aus einem Publicity-Foto seiner Band herausgeschnitten worden. Der Artikel, der nur drei Absätze lang war, wiederholte nur die grundlegenden Fakten, vermutlich hatte die Zeitung vor dem Gerichtsverfahren nicht mehr schreiben dürfen.

Der erste Tag von Callum Ravens Prozess war der 13. April 1998. Die Verhandlung hatte im Snaresbrook Crown Court stattgefunden, von wo aus der Gerichtsreporter der Zeitung ausführliche Berichte lieferte.

Als Erster wurde DS Hobbs in den Zeugenstand gerufen. Er beschrieb, wie er im Prowse Place eingetroffen war, nachdem ein Notruf von einem Mann eingegangen war, der frühmorgens seinen Hund ausgeführt hatte. Er hatte Katherine erschlagen vorgefunden – offenbar war das viele Stunden zuvor geschehen – und die mutmaßliche Tatwaffe sichergestellt, einen blutverschmierten Ziegelstein, der ganz in der Nähe lag. Als er und DCI Stanley Neville später am selben Tag Callum Raven vernommen hatten, hatten sie seine Schilderung des Geschehens Hobbs zufolge als »wirr und defensiv« empfunden.

Der Sachverhalt, den die Staatsanwaltschaft im Laufe der nächsten zehn Tage darlegte, war folgender: Callum und Katherine waren ausnahmsweise abends ausgegangen und hatten ihre vierjährige Tochter über Nacht bei ihren Großeltern untergebracht – ein Detail, bei dem Cassie stutzte. Callum sagte, das Paar hätte bis kurz vor 21 Uhr im Pub The Hawley Arms getrunken und dann hätte er seine Frau dort zurückgelassen, um bei einem Freund Fußball zu gucken – und sei unterwegs »auf ein schnelles Bierchen« in einem anderen Pub eingekehrt. Doch als der Staatsanwalt den Barkeeper des Hawley Arms als Zeuge aufrief, berichtete dieser, er hätte Callum rausschmeißen müssen, als dieser angefangen hatte, Katherine anzubrüllen. Verstört und in Tränen aufgelöst wäre sie noch auf einen weiteren Drink geblieben, ehe sie gegen 22 Uhr ebenfalls gegangen sei.

Angesichts der Uhrzeit, zu der sie beim Verlassen des Pubs zum letzten Mal lebendig gesehen worden war, sowie nach den Berechnungen des Pathologen wurde der Tatzeitpunkt zwischen 22 Uhr und Mitternacht vermutet. Ein Schlüsselzeuge der Anklage war ein Mann mittleren Alters, der angab, kurz vor Mitternacht aus seinem Fenster geschaut und einen Mann die Prowse Place entlangrennen gesehen zu haben – einen Mann, den er später bei einer Gegenüberstellung als Callum identifizierte.

Es sprach gegen Callum, dass er die Polizei nicht verständigt hatte, als seine Frau nicht nach Hause gekommen war; er behauptete, er sei davon ausgegangen, sie wäre zu ihrer Mutter gegangen.

Der Name der letzten Zeugin der Anklage war unerwartet. Weronika Janek. Cassies Großmutter wurde aufgerufen, um die Ehe der beiden zu beschreiben, und war schnell dabei, ihren Schwiegersohn als arbeitsscheuen Säufer darzustellen, der zu Wutanfällen neigte, ehe sie schilderte, wie sie einmal unangemeldet in der Wohnung des Paares aufgetaucht war und ihre Tochter mit einem blauen Auge vorgefunden hatte. Kath hatte behauptet, sie sei gestürzt und mit dem Gesicht auf den Rand der Badewanne geknallt. »Und was haben Sie von dieser Schilderung gehalten?«, wollte der Anwalt wissen. »Das stimmte nicht«, antwortete sie. »Meine Tochter war schon immer eine schlechte Lügnerin, schon als ganz kleines Mädchen.« Der Verteidiger konnte dies nicht auf sich beruhen und die Geschworenen zum offenkundigen Schluss kommen lassen, also fragte er beim Kreuzverhör, ob Katherine Weronika irgendeinen Anlass dafür gegeben habe, zu glauben, dass Callum sie geschlagen hätte. Ihre Antwort war kurz, aber wirkungsvoll gewesen: »Das war nicht nötig.«

Cassie hörte ein Echo ihres Traumes – das ferne Schluchzen ihrer Mutter – und spürte, wie sie vor Wut am ganzen Leib zitterte. Ohne Zweifel hatte sie als Kind ihre Mutter nach einer solchen Tracht Prügel weinen hören.

»Tut mir leid, dass ich störe …«

Cassie zuckte auf ihrem Stuhl zusammen. Es war die Bibliothekarin.

»Oh, Entschuldigung! Aber ich muss jetzt runter in den Keller, und ich darf hier niemanden unbeaufsichtigt lassen.« Ihr freundliches Gesicht wirkte beklommen.

Sie ließ Cassie die relevanten Artikel kopieren, einschließlich derer, die sie noch nicht hatte lesen können, und gab ihr ein paar Gummibänder, um die Blätter zu einer handlichen

Rolle zusammenzudrehen. Dann wehrte sie Cassies Angebot, für die Kopien zu bezahlen, mit einer kleinen »Kein Problem«-Geste ab, ehe sie ihr die Tür aufschloss. »Viel Glück bei Ihren Recherchen.« Ihr behutsames Lächeln erkannte an, dass Cassies Suche etwas Persönliches und Wichtiges war.

8. KAPITEL

Zurück in Camden nahm Cassie ihre kostbare Rolle aus Kopien mit in ihren Lieblings-Coffeeshop in einer ruhigen Nebenstraße.

Die Berichte über das Gerichtsverfahren gegen ihren Vater zu lesen war beklemmend. Obgleich sie ja wusste, wie es ausging, war sie seltsam hin und her gerissen: Sie wollte, dass er bestraft wurde, während sie gleichzeitig die irrationale Hoffnung hegte, dass er Marke Hollywood in allerletzter Minute durch irgendetwas entlastet werden würde. Es war ein bisschen wie eine jener Pseudo-Alternativen, eins der »Was wäre wenn«-Narrative, die Hinterbliebene quälten, die gerade einen geliebten Menschen verloren hatten.

Vom Staatsanwalt gedrängt, die Prellungen im Gesicht seiner Frau zu erklären, wiederholte Callum das, was er ihrer Mutter erzählt hatte – dass sie gestürzt sei. Als er mit dem Bericht des Pathologen konfrontiert wurde, der auch auf Katherines Armen blaue Flecke gefunden hatte, behauptete er, diese weder jemals gesehen noch eine Erklärung dafür zu haben. Außerdem legte die Anklage einen Polizeibericht zu einem häuslichen Streit vor – ein lautstarker Krach in der Wohnung von Katherine und Callum, den Nachbarn nur wenige Tage vor dem Mord gemeldet hatten.

Callum gab zu, dass sie Streit gehabt hatten, weil er glaubte, dass Katherine etwas mit einem anderen Mann hätte. Sie hatte das abgestritten, und als Callum aufgefordert wurde, dem Gericht Beweise für eine Affäre zu liefern, war alles, was er vorbringen konnte, dass sie sich »verdächtig verhalten« habe. Seine Aussage endete damit, dass er die Nerven verlor und brüllte, die Polizei sollte lieber versuchen, den geheimnisvollen Liebhaber seiner Frau zu finden – den Mann, der sie seiner Meinung nach umgebracht hatte. Es war nicht schwer, sich vorzustellen, wie Callum auf die Geschworenen gewirkt hatte: ein unbeherrschter junger Mann, der bei der leisesten Provokation ausrastete.

Cassie dachte an seine Beteuerungen von gestern Abend, dass er ihrer Mutter niemals etwas angetan hätte. Er hatte zwar aufrichtig geklungen, aber er war ihrem Blick ausgewichen, als verberge er etwas.

Ironischerweise war es ein Zeuge der Verteidigung, der dabei half, den letzten Nagel in den Sarg ihres Vaters zu hämmern. Barney Cotter war Callums bester Freund, anscheinend aber außerdem sowohl *Poitíns* Manager als auch der Schlagzeuger der Band gewesen. Zu ihm war Callum gegangen, nachdem er aus dem Pub geflogen war, und Barney sagte, sie hätten sich den Schluss des Arsenal-Spiels angesehen und dann getrunken und gequatscht. Entscheidend war, dass er sagte, Callum sei »bis nach Mitternacht« geblieben, womit er nicht genug Zeit gehabt hätte, die Prowse Place zu erreichen und auf seine Frau loszugehen. Doch als der Staatsanwalt ihn ins Kreuzverhör nahm, widersprach sich Barney, als es darum ging, wann genau Callum gegangen sei. Der Anwalt setzte ihm immer weiter zu, hielt ihm vor, wie ungenau seine Zeitangaben waren, und brachte ihn schließlich zu einem fatalen Geständnis: »Ich hatte 'ne Menge intus.«

Barney musste zugeben, dass er nicht hundertprozentig sicher war, ob Callum um Mitternacht noch bei ihm gewesen war – sodass sein Kumpel genug Zeit gehabt haben könnte, Kath abzufangen und den Mord zu begehen.

In seinem Schlussplädoyer zerpflückte der Staatsanwalt Callums Alibi in Rekordzeit und stellte ihn als schweren Trinker hin, der zu Wutausbrüchen und Gewalt neigte. Der

Glaube des Angeklagten an die Untreue seiner Frau, wenngleich »vollkommen abwegig«, sei zu einer Obsession geworden, behauptete er. Nach dem Streit im Pub hätte Callum seine »junge, schöne und unschuldige junge Ehefrau« auf dem Heimweg abgepasst, bevor er sie in rasender Eifersucht zu Tode geprügelt hatte und dann gesehen worden war, als er vom Tatort davonrannte. Anstatt zu gestehen, hatte Callum sein Verbrechen noch schlimmer gemacht, indem er Katherines Namen in einem letzten verzweifelten Versuch, die Schuld einem fiktiven Geliebten aufzubürden, in den Dreck gezogen hatte.

Auf ein Klopfen hin blickte Cassie auf und grinste, als sie Kieran, ihren alten Kumpel aus Hausbesetzertagen, durch das Fenster des Coffeeshops winken sah. Kieran war das, was für sie einem besten Freund am nächsten kam. Sie hatte ihn angerufen, gleich nachdem sie die Bibliothek verlassen hatte. Cassie fiel es immer schwer, sich anderen Menschen anzuvertrauen: Die Lebenden waren so viel komplizierter als die Toten. Ausnahmsweise jedoch hatte ihr Bedürfnis, das Ganze mit jemandem zu besprechen, ihre Zurückhaltung überwogen.

Er kam zu ihr herüber. Sein leichtes Hinken war das Vermächtnis eines schlimmen – völlig zugedröhnten – Sturzes vor ein paar Jahren, bei dem er sich das Knie ramponiert hatte. »Danke, dass du gekommen bist, Kieran«, sagte sie. »Echt schön, dich zu sehen.« Lächelnd betrachtete sie ihn. »Wow, du siehst …«

»Voll normal aus, stimmt's?« Kieran warf sich in Modelpose und deutete mit beiden Händen auf sein Outfit.

Als sie sich vor ein paar Wochen das letzte Mal gesehen hatten, hatte er noch auf der Straße gelebt und sich seinen beiden Hobbys gewidmet, Alkohol und Ketamin. Jetzt trug er anstelle seines üblichen fleckigen und zerfledderten Jogginganzugs neue Jeans und Turnschuhe und eine brandneue schwarze Daunenjacke. Die Schrunden in seinem Gesicht waren abgeheilt, und sein rötlich-blondes Haar war zu einem Bürstenschnitt gestutzt worden. Allerdings zeigte sein breites Lächeln Zahnlücken vom jahrelangen Leben auf der Straße.

Nachdem sie ihm eine heiße Schokolade bestellt hatte, brachte Kieran sie auf den neuesten Stand. Er war seit einem Monat clean und hatte einen Dauerplatz in einem Obdachlosen-Wohnheim, das von einer Wohltätigkeitsorganisation geführt wurde. Die hatten ihm nicht nur Geld für neue Klamotten gegeben, sondern ihn auch in eine Weiterbildungsmaßnahme in Buchhaltung und Marketing vermittelt.

»Das ist ja super«, meinte sie. »Wie hast du's denn geschafft, den Absprung zu wagen?«

»Um ehrlich zu sein, der Alk und das Ket haben mich allmählich kirre in der Birne gemacht. Und ich werd ja auch nicht jünger. Noch einen Winter draußen pennen, das hätte mich wahrscheinlich umgebracht.« Sein Dauergrinsen wurde noch breiter, als er über sein eigenes Ableben nachsann. Wahrscheinlich hatte er recht: Als sie Kieran das letzte Mal begegnet war, hatte er ausgesehen wie ein Vierzigjähriger mit zu vielen Kilometern auf dem Tacho, jetzt jedoch kam er vom Äußeren her seinem wahren Alter von neunundzwanzig um einiges näher. »Wenn ich's schaffe, clean zu bleiben und den Kurs durchzuziehen, werde ich Teilhaber an einem Stand auf dem Markt.«

»Was willst du denn verkaufen?«

»Ich habe mit einem Händler geredet, der diese neuen Gummienten vertreibt.« Er lachte über Cassies verdattertes Gesicht. »Hast du die noch nie gesehen? Die sehen aus wie Batman oder wie die Queen. Die Touristen fahren da bestimmt voll drauf ab.«

Cassie hätte Kieran niemals als Entrepreneur bezeichnet,

doch sie konnte sich vorstellen, dass solche Gummientchen sich auf dem Markt gut verkauften. Und wenn es ihm gelang, clean zu bleiben, könnte er es mit seinem ewigen Optimismus bestimmt weit bringen, dachte sie.

»Der Letzte aus der Generation der Hausbesetzer fängt ein bürgerliches Leben an, wie?«

Sie lächelten sich wehmütig an. Früher hatte Camden ihnen genug geschlossene Pubs, halbverfallene Büros und kleine Industriehallen zu bieten gehabt, die nur darum bettelten, von denen in Beschlag genommen zu werden, die sich nicht mit einem Mietvertrag binden oder sich keine Miete leisten konnten. Jetzt jedoch, da Camdens Immobilienpreise bis in die Stratosphäre gestiegen waren, hatten die Baufirmen es unglaublich eilig, ihre Investitionen wieder hereinzuholen, und tolerierten keine Besetzer mehr, nicht einmal vorübergehend.

Ihre eigene Bleibe – eine nur schwer zu vermietende Wohnung in einem baufälligen Hochhaus – sollte demnächst abgerissen und durch eine schicke neue Wohnsiedlung ersetzt werden. Die Gemeindeverwaltung würde ihr eine Ersatzwohnung stellen müssen, doch es war unwahrscheinlich, dass die mitten in Camden liegen würde. Wenn sie Glück hatte, bekam sie etwas im finstersten Gospel Oak, und wenn nicht, würde sie aus ihrem geliebten Camden in irgendeinen grauenvollen Vorort verbannt werden.

Mit dem Kopf deutete er auf das Papierbündel unter ihrem Ellenbogen. »Und was ist das alles, Cassie Raven?«

Wenn er nicht vollkommen breit war, war Kieran schon immer klug gewesen, und außerdem ein guter Zuhörer. Nachdem sie ihm erzählt hatte, was ihrer Mutter zugestoßen war, verzog er mitfühlend das Gesicht. »Ist ja echt krass.«

Sie reichte ihm die Artikel über den entscheidenden Moment im Mordprozess gegen ihren Vater.

Nachdem er sich alles schweigend durchgelesen hatte, lehnte er sich zurück und sah ihr in die Augen. »Also, glaubst du, er war's?«

Da wurde es ihr endgültig klar. Sie interessierte sich nicht allein deshalb für die Prozessberichte, weil sie das Bedürfnis hatte zu verstehen, was zum Tod ihrer Mutter geführt hatte. Von dem Moment an, als ihr Vater aufgetaucht war und seine Unschuld beteuert hatte, hatte sie den unbewussten Wunsch gehegt, eine Schwachstelle in dem Verfahren zu finden. Warum, war offenkundig – sollte Callum Raven wirklich zu Unrecht angeklagt worden sein, bekam sie ihren Vater zurück. Doch ihrer Mutter zuliebe musste sie objektiv bleiben.

»Na ja, auf jeden Fall haben die Geschworenen das geglaubt«, antwortete sie. »Die haben nicht mal eine Stunde gebraucht, um ihn für schuldig zu befinden.«

»Deine Mum hat aber nie gesagt, dass er es war, der sie geschlagen hat, oder?« Stirnrunzelnd blickte Kieran auf einen der Artikel. »Das sind alles Unterstellungen.«

Bei der Zusammenfassung hatte der Richter die Geschworenen daran erinnert, dass es keinerlei Beweise dafür gab, dass Callum für die blauen Flecken seiner Frau verantwortlich war, doch die Andeutung ihrer Großmutter hatte eindeutig gesessen.

»Und es gab auch keine forensischen Beweise, die gegen ihn gesprochen haben, nicht wahr?«, fuhr Kieran fort.

Sie schüttelte den Kopf. Das Polizeilabor hatte zwar festgestellt, dass das Blut an dem Ziegelstein das ihrer Mutter war, doch bei den Tests war keinerlei verwendbare DNA gefunden worden, anhand derer der Täter hätte identifiziert werden können.

»Nein, aber jemand hat ihn zur richtigen Zeit vom Tatort weglaufen sehen.«

»Zeugen sind immer scheiße darin, irgendwen zu identifizieren.« Wieder runzelte Kieran die Stirn. »Vor ein paar Jahren hat mal jemand bei den Bullen geschworen, er hätte gesehen, wie ich im White Lion die Handtasche von so 'ner Lady unter ihrem Tisch rausgezogen habe. War pures Glück, dass ich beweisen konnte, dass ich zu der Zeit bei 'nem Termin auf dem Sozialamt war.«

»Vielleicht. Dann war da der Krach, den die beiden hatten, so schlimm, dass die Nachbarn die Polizei gerufen haben, und der im Pub – und ihre mysteriösen blauen Flecken. Wenn ich einer von den Geschworenen gewesen wäre, ich denke, ich hätte auch geglaubt, dass er gewalttätig war.«

Mit zusammengezogenen Brauen starrte Kieran auf die fotokopierten Zeitungsartikel hinab. »Du hast gesagt, du warst vier oder so, als deine Mum umgekommen ist? Erinnerst du dich daran, dass er aggressiv war? Hattest du Angst vor ihm?«

Cassie schüttelte den Kopf. »Nie. Er ist sogar derjenige von den beiden, an den ich mich am besten erinnern kann, und er war toll – lustig, lieb, geduldig …« Sie zuckte die Schultern. »Aber er könnte ja zu mir lieb und zu ihr brutal gewesen sein, nicht wahr?«

Kierans Lächeln verrutschte ein wenig. »Also, nach meiner Erfahrung kriegen die Kids immer auch ihren Teil ab, wenn Dad seine Frau vermöbelt.« Als Cassie sein Gesicht betrachtete, ging ihr auf, dass sie Kieran nie gefragt hatte, wie es dazu gekommen war, dass er ausgestiegen war und schließlich mit schweren Alkohol- und Drogenproblemen dagesessen hatte: So etwas fragte man in der Hausbesetzerszene nicht. Und außerdem konnte sie ja auch nicht erklären, warum sie mit siebzehn ausgestiegen war und ein liebevolles Zuhause gegen Camdens alternative Subkultur eingetauscht hatte, auch wenn ihr eigenes Intermezzo als Hausbesetzerin mit einem Haufen drogenabhängiger Herumtreiber nicht allzu lange gedauert hatte.

»Es tut mir leid, Kieran«, sagte sie halblaut.

Er zuckte die Achseln und nahm dann eine der Fotokopien zur Hand. »Hört sich für mich an, als hätten die Cops von Anfang an entschieden, dass dein Dad der Täter war. Weißt du, was ihm meiner Meinung nach wirklich das Genick gebrochen hat?«

»Was denn?«

»Das Alibi von seinem Kumpel Barney, das vor Gericht nicht gehalten hat. Ich glaube, so was ist schlimmer, als überhaupt keins zu haben. Wenn ich Geschworener gewesen wäre, hätte ich angenommen, dass dein Dad seinen Freund überredet hat, ihn zu decken, aber der hat's dann versaut.«

Cassie runzelte die Stirn. »Vielleicht war's ja auch so.«

Kieran legte den Kopf schief, gab ihr darin recht.

»Du hattest es doch immer ziemlich mit Musik«, sagte sie. »Ich weiß noch, du wusstest immer ganz genau, was für Gigs hier in der Gegend abgegangen sind. Hast du mal von einer Band gehört, wie heißt sie noch gleich? Poi-tin?«

»Poi …? Ach, *Puuh-chin.* Das ist Gälisch und heißt Mondschein.« Kierans Hundert-Watt-Lächeln war wieder da. »Nein, kann ich nicht behaupten. Aber in den Neunzigern haben hier bestimmt so an die fünfzig irische Rockbands in den Pubs und Clubs gespielt. Ich kann ja mal rumfragen, wenn du möchtest.«

Als sie den Coffeeshop verließen, deutete Kieran mit einem Nicken auf die Rolle aus Kopien, die sie in der Hand hielt. »Das ist 'ne ganz schön heftige Nummer, auf die du dich da einlässt, Cassie Raven. Es steht mir ja vielleicht nicht zu, aber … bist du sicher, dass es nicht besser wäre, wenn du die Vergangenheit ruhen lässt?«

Sie dachte einen Moment lang darüber nach.

»Also, für mich fühlt es sich eher an, als ob die Vergangenheit mich nicht ruhen lässt, Kieran.«

9. KAPITEL

Es war ungefähr Viertel vor acht am Montagmorgen, und der Himmel wurde gerade erst allmählich heller, als Cassie auf dem Weg zur Leichenhalle mit zusammengekniffenen Augen in den Morgennebel spähte, der den Kanal einhüllte. Ihr gefiel dieses unheimliche Gefühl, das Wasser gegen die Ufer plätschern zu hören, während die dunkle Oberfläche durch den Dunst nur hin und wieder ganz kurz sichtbar wurde.

Andere mochten es hier ungemütlich finden, auf diesem mit dem Fast-Food-Müll des Wochenendes übersäten Uferweg, mit den Graffiti, die von den Wänden der Unterführungen schrien, doch seit sie sich erinnern konnte, war der Kanal für sie etwas Geheimnisvolles, Faszinierendes gewesen – so sehr, dass er fast schon zu einem Teil von ihr geworden war. In letzter Zeit verspürte sie immer einen Anflug von Panik, wenn sie daran dachte, dass sie an den Stadtrand würde ziehen müssen und nicht mehr jeden Tag das dunkle Wasser sehen und seinen erdigen Geruch riechen könnte.

Den Rest des Wochenendes hatte sie mit dem Versuch verbracht, Kierans Rat zu beherzigen. Doch die einzige Möglichkeit, nicht die ganze Zeit über den Mord an ihrer Mutter und den Gerichtsprozess gegen ihren Vater nachzudenken, hatte darin bestanden, ihre Gedanken in Wodka zu ertränken, wie unerwünschte Hundewelpen. Bis zu einem gewissen Grad hatte das auch funktioniert und ihr zumindest zwei Nächte traumlosen Schlafs beschert, jetzt jedoch bezahlte sie dafür mit einem Kater von epischen Ausmaßen.

Als sie auf den Eingang der Leichenhalle zustrebte und in ihrer Tasche nach ihrer Schlüsselkarte suchte, hörte sie, wie jemand ihren Namen rief.

»Lange nicht gesehen.« Phyllida Flyte zog eine makellos gezupfte Braue hoch. Wie immer war ihr Tonfall trocken, fast schon sarkastisch. War das etwas, was Polizeianwärter während der Ausbildung beigebracht bekamen?

»DS Flyte«, sagte Cassie stumpfsinnig und spürte das Flattern in der Magengrube. Wahrscheinlich nur die Nachwirkungen von zu viel Wodka.

»Ach, und ich dachte, wir sind inzwischen beim Vornamen«, sagte die Polizistin, legte den Kopf zur Seite und lächelte verkniffen. Sie hatte eine neue Frisur – der straffe Nackenknoten, aus dem kein einziges Haar zu entwischen gewagt hatte, war verschwunden. Jetzt hing das weizenblonde Haar in einem schrägen, kinnlangen Bob herab, natürlich vollendet geschnitten. Das betonte die geometrischen Flächen ihres Gesichts – die weit auseinanderliegenden Wangenknochen und die klare Kinnlinie. So würde ein Kubist eine schöne Frau malen, dachte Cassie unwillkürlich.

»Dann also Phyllida.« Cassie zog ihre Karte durch das Lesegerät und drückte die Tür auf. »Was bringt Sie hierher?«

»Ich wollte ein paar Details zu einem jungen Suizid überprüfen, der letzte Woche reingekommen ist. Ich bin für die Familie zuständig.«

Also war Flyte bestimmt die Polizistin, die Kim Appleton erwähnt hatte. *Ist ja mal wieder typisch,* dachte Cassie.

Sie gingen den Flur hinunter zur Kühlkammer.

Auf der Schwelle blieb Flyte stehen und blickte stirnrunzelnd an ihrem eleganten schwarzen Hosenanzug hinunter, ehe sie einen unsichtbaren Fusel vom Revers zupfte und ihn wegwarf.

Cassie betrachtete ihr Outfit: Ein Hosenanzug aus schwarzem Wollkrepp, unbestreitbar gut geschnitten, aber zu konservativ, zu *alt* für jemanden Mitte dreißig – vor allem mit diesen Brautmutter-Pumps. »Sonderaktion bei Marks & Spencer?«, erkundigte sie sich und deutete mit einem Kopfnicken auf den Anzug.

Flytes Augen wurden schmal. »Woher wissen Sie das?«

Cassie zuckte die Achseln. »Weiß nicht, es ist doch Januar. War nur geraten.«

Als sie beide sich vor ein paar Monaten zum ersten Mal begegnet waren, hätten die Vorzeichen nicht schlechter sein können. Cassies instinktives Misstrauen Cops gegenüber war bestätigt worden, als Flyte sie im Fall eines aus der Leichenhalle gestohlenen Leichnams verdächtigt hatte. Und dann hatte Cassie, nachdem sie von jeglicher Beteiligung daran entlastet worden war, Flyte überredet – okay, *genötigt* wäre vielleicht ein passenderes Wort –, den angeblich natürlichen Tod ihrer ehemaligen Lehrerin Geraldine Edwards zu untersuchen. Als deren Mörder schließlich angeklagt worden war, hatte sich das gegenseitige Misstrauen der beiden in vorsichtige Achtung voreinander verwandelt.

Sei ehrlich. Es war mehr als das.

Okay, Cassie hatte also auch von Anfang an eine gewisse erotische Spannung zwischen ihnen gespürt, doch als die einen Kipppunkt erreicht hatte, hatte sie einen Rückzieher gemacht. Nicht weil Flyte eine Frau war – Cassie hatte seit ihrer Teenagerzeit sowohl mit Jungs als auch mit Mädchen Beziehungen gehabt –, sondern weil sie Polizistin war. Diese Abneigung ging auf eine besonders hässliche Räumung eines besetzten Hauses zurück, bei der ein Polizist sie brutal begrabscht hatte. Und schlimmer noch, später war sie einmal wegen eines winzigen Tütchens Speed verhaftet worden – eine Anzeige, die ihr ihre Bewerbung als Sektionsassistentin hätte versauen können.

Cassie reichte Flyte den Obduktionsbericht und die Zusammenfassung von Bradleys Krankenakte, ehe sie seine Lade aufzog und den Reißverschluss des Leichensacks bis zu seiner Taille öffnete. Im Laufe des Wochenendes hatte seine Haut einen bläulichen Farbton angenommen.

»Wieso kriegen sie diese Farbe?«, wollte Flyte wissen.

»Die rosige Hautfarbe kommt vom Sauerstoff im Blut. Sauerstoffarmes Blut ist dunkel, deswegen wirkt die Haut blau.«

Flyte deutete auf violette Verfärbungen, wie heftige blaue Flecken, die an der Rückseite von Bradleys Leichnam gerade eben noch zu erkennen waren. »Das ist nur das Blut, das im Körper nach unten sackt, stimmt's?«

»Jep. Das nennt man Hypostase.« Das Handbuch zum menschlichen Körper hatte lateinische und griechische Begriffe verwendet, und Cassies Abendschul-Abiturkurs in klassischer Literatur hatte ihr geholfen, sich Tausende anatomische Begriffe einzuprägen. Hypostase zum Beispiel konnte man sich leicht merken, weil es von dem griechischen Wort für Sediment abstammte – *Materie, die sich absetzt.*

Mit kritischem Blick betrachtete Cassie den vernähten Y-Schnitt, denn ihr war klar, dass Bradleys Mutter den Leichnam noch einmal würde sehen wollen, bevor er ins Bestattungsinstitut gebracht wurde. Da sie seinen Hals an beiden Seiten hatte aufschneiden müssen, ließ sich die Reparatur unmöglich verbergen, doch sie war mit dem Resultat so zufrieden, wie sie nur sein konnte: Die Stiche waren sauber und gleichmäßig, ohne dass die Haut sich wölbte oder gezerrt wurde.

»Warum wollten Sie ihn denn noch mal sehen?«, erkundigte sie sich.

Sie deutete Flytes Miene als seltenes Eingeständnis, dass die Polizistin keine gute Antwort auf diese Frage hatte.

»Mir tun einfach die Eltern leid«, sagte sie, während ein rosiger Hauch ihre blassen Wangen überzog, und Cassie musste an die mitfühlende Seite denken, die gelegentlich unter Flytes kühler Beherrschung zum Vorschein kam. »Sie haben bei der Obduktion wohl nichts gefunden, was darauf hindeuten würde, dass er eigentlich nicht vorgehabt hat, sich umzubringen?«

Cassie schüttelte den Kopf. »Die Frage, ob Absicht oder nicht, ist nicht gerade unsere Stärke, fürchte ich. Zuerst habe ich mich ja schon gefragt, ob's vielleicht ein autoerotisches Experiment war, aber ich habe gehört, dass vor Ort nichts darauf hingewiesen hat?« Im Laufe der Jahre hatte sie eine Handvoll solcher Fälle gesehen – alles Männer. Durch Selbststrangulation konnte anscheinend die Intensität eines Orgasmus gesteigert werden – allerdings riskierte man dabei ein größeres Finale als ursprünglich geplant.

Flyte schüttelte den Kopf. »Nein. Er war vollständig angezogen, und in der Chronik auf seinem Laptop wurden keinerlei Pornoseiten gefunden.«

Cassie zuckte die Achseln. »Ich hoffe ja, dass sie bei der toxikologischen Untersuchung irgendetwas finden, das ihn ein bisschen irre gemacht hat, sodass ihm nicht ganz klar war, was er tat.«

»Unwahrscheinlich«, meinte Flyte. »Wir haben keinerlei Hinweise auf Drogen oder irgendwelches Zubehör in seinem Zimmer gefunden, und als ich seine Freunde befragt habe, haben die alle geschworen, dass er höchstens mal ein bisschen Cannabis geraucht hat.«

Als Cassie sah, wie Flyte bei dem Wort Cannabis den Mund verzog, stellte sie sich unwillkürlich vor, wie sie in ihrem Marks-&-Spencer-Hosenanzug die Aussagen von Bradleys Goth-Kumpels zu Protokoll nahm. Als ob die einem Cop – geschweige denn einer wie Flyte – eher irgendetwas sagen würden, als sie es in dem Alter getan hätte. Das Bild des tränenüberströmten Mädchens mit den türkisblauen Strähnen im Haar tauchte vor ihrem geistigen Auge auf.

»Und was ist mit seiner Freundin?«

Flyte sah Cassie durchdringend an. »Was für eine Freundin?«

Ein Achselzucken, um Zeit zu gewinnen. »Ich bin wohl einfach davon ausgegangen, dass er eine hatte.«

Flytes ungewöhnlich helle blaue Augen – die Iriden waren wie herabgestürzte Scheiben eines Winterhimmels – starrten Cassie weiter an, die den Blick ohne zu blinzeln erwiderte.

»Sonst noch was?«, wollte die Polizistin nach einem Moment des Schweigens wissen.

Cassie drehte Bradleys Arm so, dass man die Rasierklingennarben sehen konnte, die er sich in die weiche Haut geritzt hatte.

»Alles klar«, seufzte Flyte. »Wahrscheinlich vergeude ich bloß meine Zeit.« Mit einer resignierten Geste klappte sie ihr Notizbuch zu. »Den Studien zufolge verletzen sich ein Drittel aller jugendlichen Goths selbst, und die Wahrscheinlichkeit, dass sie Selbstmord begehen, ist sechsmal höher als bei normalen Jugendlichen.«

Normale Jugendliche … Cassie spürte, wie ihr ein zorniger Schauer über den Nacken lief. »Also, ehrlich gesagt sind diese Narben schon ein paar Monate alt, die stammen also aus der Zeit, bevor Bradley in die Goth-Szene eingestiegen ist. Ist Ihnen schon mal der Gedanke gekommen, dass er vielleicht *aufgehört* hat, sich zu ritzen, weil er Leute gefunden hat, die ihn verstanden haben?« Sie konnte hören, wie ihre Stimme einen hitzigen Ton annahm. »Und was die Studien angeht, die habe ich auch gelesen, und mir scheint, die Autoren verwechseln hier Ursache und Wirkung. Goths fühlen sich wahrscheinlich zum Düsteren hingezogen, weil sie ohnehin schon traurig sind und ihnen die normale Welt null Möglichkeiten bietet, diese Gefühle auszuleben.«

Ein langes Schweigen herrschte, während Flyte Cassies Gesicht betrachtete. »Wie dem auch sei. Danke, dass ich ihn sehen durfte.«

Als Cassie Flyte hinausbegleitete, sagte sie zu dem glänzend blonden Hinterkopf: »Ach übrigens, angenommen, ich würde mehr über einen Mordfall aus den Neunzigern herausfinden wollen, wie müsste ich das anstellen?«

Flyte schickte ihr über die Schulter hinweg ein Lächeln. »Wieso? Ich hoffe doch, Sie haben nicht vor, mal wieder als Freelancer einen Mord zu untersuchen.«

Wenn sie lächelte, wurden ihre sonst so strengen Züge weicher und heller. Cop oder nicht, sie war auf jeden Fall ein Hingucker.

»Nein, überhaupt nicht, ich interessiere mich nur für einen alten Fall hier aus der Gegend.« Als sie die Tür vor Flytes neugieriger Miene schloss, setzte Cassie dabei ein Lächeln auf, von dem sie hoffte, dass es unschuldig wirkte.

Erst da wurde es ihr klar. Den Mord an ihrer Mutter zu untersuchen war genau das, was sie vorhatte.

FLYTE

Flyte nippte an ihrem Earl-Grey-Tee – wässrig und für drei Pfund fünfzig kriminell überteuert. Leider erstreckten sich ihre Polizeibefugnisse nicht auf die dreiste Preispolitik der Hipster-Cafés von Shoreditch.

Ihr Ex-Mann Matt hatte den Treffpunkt vorgeschlagen, weil er in der Nähe seines Büros in der City lag. Eigentlich ja noch nicht ganz Ex, erst wenn die Scheidung sich durch das quälende Labyrinth der Justiz geschlängelt hatte. Was – natürlich – alles an ihr hängen geblieben war. Weil Matts Job als Manager auf der mittleren Führungsebene eines Finanzunternehmens – über dessen Belastungen er sich seit seiner Ankunft hier ununterbrochen ausgelassen hatte – ja offensichtlich viel wichtiger und anstrengender war als der eines Detective bei der Londoner Polizei.

Die Scheidung war so unkompliziert, wie so etwas nur sein konnte – sie hatten sich darauf geeinigt, den Verkaufserlös für ihr kleines Haus in Winchester eins zu eins zu teilen –, hatte jedoch trotzdem einen Blizzard aus Formularen und Unterlagen ausgelöst.

Und auf fast jedem Formular lauerte die Frage, vor der sie sich fürchtete.

Kinder?

Keine.

Erst ganz allmählich konnte sie sich dieser Tatsache stellen, wenn auch noch nicht ganz. Mehr als zwei Jahre lang war es ihr gelungen, sich das alles vom Leib zu halten, einfach nur, um im Alltag funktionieren zu können. Diese Notwendigkeit war sogar noch größer geworden, nachdem sie vor vier Monaten die neue Stelle in Camden angetreten hatte – als Neuanfang gedacht, weit weg von allen Erinnerungen an ihr altes Leben.

Nach drei Jahren Ehe und nur achtundzwanzig Schwangerschaftswochen hatte Flyte ein kleines Mädchen zur Welt gebracht.

Tot geboren. *Aber trotzdem geboren.*

»Phyllida?«

Bestimmt hatte sie den letzten Satz halblaut vor sich hingesagt.

Als er seinen Monolog dort fortsetzte, wo er ihn unterbrochen hatte – irgendetwas von einer Beförderung, die ihm zustand –, fühlte sie die alte Wut wieder in sich emporsteigen. Doch sie legte sich fast genauso schnell wieder. Sie wusste, dass Matt redete, um die Kluft zu füllen, die der Tod ihrer Tochter zwischen ihnen aufgerissen hatte. So tief und breit wie der Marianengraben.

Und trotzdem.

Sie fand diese gelegentlichen Treffen beklemmend, und das nicht nur, weil Matt es sorgfältig vermied, Poppy auch nur zu erwähnen. Sondern weil ihr früheres Leben – ihre frühere Liebe – immer wieder ganz am Rande ihres Gesichtsfeldes auftauchte. Eben war Matt nur ein übergewichtiger City-Fremder im Nadelstreifenanzug – mit den sechs Kilo und dem zusätzlichen Kinn, die er sich seit ihrer Trennung zugelegt hatte, sah er älter aus als siebenunddreißig –, doch dann lächelte er, und sie sah den trocken-witzigen und grundsätzlich liebenswerten Mann vor sich, in den sie sich verliebt hatte. Immer wieder kamen Bilder von ihm aus ihrem alten Leben an die Oberfläche: der alberne Strohhut, den er beim Rasenmähen immer getragen hatte, oder wie er immer »Yammas!« gesagt hatte, wenn er eine Flasche entkorkte, etwas, das er sich bei einem Urlaub auf Santorini angewöhnt hatte. Und die Erinnerung, von der sie sich am meisten wünschte, sie loswerden zu können – wie er auf einer Trittleiter balancierte und die Arme nach oben reckte, um ein Mobile an der Decke des Kinderzimmers zu befestigen, und unter ihm Kaninchen wie wild im Kreis sausten …

Wenn sie ihn nicht zum Schweigen brachte, würde er bis in alle Ewigkeit weiterreden, und jetzt, da er den letzten Satz Scheidungspapiere unterschrieben hatte, war sie sehr darauf erpicht, das Thema anzusprechen, über das sie eigentlich sprechen wollte.

»Matt.« Als er ihren Ton hörte, verstummte er und bedachte sie mit einem argwöhnischen Blick. »Ich muss dich etwas fragen, etwas wegen Poppy.«

»Ich habe nie einem Namen zugestimmt.« Seine Lippen verzogen sich zu der vertrauten trotzigen Flunsch.

»Du wolltest keine Zeremonie – oder irgendetwas, das angezeigt hätte, dass sie gelebt hat. Das Mindeste, was ich tun konnte, war, ihr einen Namen zu geben.« Sie gab sich alle Mühe, nicht laut zu werden, nicht anzuklagen. Verkniff es sich, ihn zu fragen, was zum Teufel er sich eigentlich dabei gedacht hatte, als er sie nur Tage nach dem Tod ihrer Tochter dazu überredet hatte, ihren kleinen Leichnam ohne jegliche Zeremonie einäschern zu lassen, zusammen mit zwei anderen totgeborenen Babys, und ihre miteinander vermengte Asche im Garten des Krematoriums verstreuen zu lassen. Und sich zum tausendsten Mal zu fragen, wieso sie zugestimmt hatte.

»Matt, du weißt doch noch, der Bericht des Krankenhauses, wo drinstand, dass wir sie verloren hatten? Ich war damals halb wahnsinnig und hab's einfach nicht geschafft, ihn zu lesen – aber jetzt möchte ich ihn lesen, wirklich, und ich kann ihn nirgends finden. Ich könnte es in der Klinik versuchen, aber das würde wahrscheinlich eine Ewigkeit dauern. Du hast den doch bestimmt noch?«

PNH, hatten sie gesagt – Pränatale Hämorrhagie, vorgeburtliche Blutung. Einfach gesagt hieß das, dass ihr kleines Mädchen während der Geburt verblutet war. Nachdem sie sie gesäubert hatten, hatte sie vollkommen und perfekt ausgesehen, jedoch so weiß wie eine Marmorputte.

Flyte erinnerte sich undeutlich, wie ein Arzt irgendetwas davon gesagt hatte, dass die Nabelschnur an der falschen Stelle angewachsen gewesen sei. Das Einzige, was sich ihr sonst noch ins Gedächtnis eingebrannt hatte, war, dass er gesagt hatte, wenn das früher festgestellt worden wäre, hätte ein Kaiserschnitt die Kleine retten können. *Wenn.*

Matt wandte mit finsterer Miene den Blick ab. »Das ist doch so lange her, Phyll.«

»Ich wollte bloß fragen. Ich hatte damals keine komischen Symptome, oder? Ich meine, bevor sie mich nachts eingeliefert haben. Erinnerst du dich, ob ich am Anfang der Schwangerschaft irgendetwas von Blutungen gesagt habe?« Während dieser letzten paar Monate, seit sie sich gestattet hatte, über die Schwangerschaft nachzudenken, über Poppys Tod, hatte die Furcht an ihr genagt. Hatte sie irgendetwas übersehen, irgendeinen Schmerz oder ein Zeichen, von dem sie ihrem Arzt hätte erzählen sollen, wodurch ihre Tochter vielleicht hätte gerettet werden können? Ihrer beider Tochter.

Nach kurzem Schweigen schob sie etwas über den Tisch. »Ich habe damals ein Foto von ihr gemacht, bevor die Schwester sie mitgenommen hat. Ich habe eins für dich ausdrucken lassen. Bis vor Kurzem habe ich's mir nicht ansehen können, aber … Na ja, wenn du so weit bist, ist es vielleicht ein Trost für dich.«

Matt blickte auf den Tisch hinunter – wahrscheinlich gab er sich Mühe, nicht zu weinen. Doch als er den Kopf hob, standen keine Tränen in seinen Augen, sondern Hitze und Zorn; seine Lippen waren zu einem bitteren Strich verkniffen. »Was soll es denn bringen, das alles wieder aufzurühren?«, fragte er heftig. »Etwas Schlimmes ist passiert, das war ein unfassbar seltenes Syndrom. Es war einfach ein Wahnsinnspech, das hat doch auch der Arzt gesagt.«

Er schob den Ärmel zurück und sah auf die Uhr. »Ich muss los.« Sein Stuhl scharrte über den Boden, ein brutales Geräusch. »Das ist jetzt zwei Jahre her, Phyllida. So langsam solltest du wirklich mal darüber weg sein, so wie ich. Das klingt jetzt vielleicht hart, aber es muss mal gesagt werden. Ich bezahle gleich noch, wenn ich gehe.« Und er schritt davon und ließ das Foto unberührt auf dem Tisch zurück.

Zwei Jahre, zwei Monate und neun Tage, um genau zu sein, hätte sie am liebsten erwidert. Den größten Teil dieser Zeit hatte sie im selben Zustand verbracht wie Matt – hatte sich geweigert zu akzeptieren, was geschehen war, und war wütend auf die ganze Welt gewesen. Und auf sich selbst. Er war nicht »darüber weg«, so viel war ganz sicher. Als könnte man jemals über so etwas »hinwegkommen.«

Sie nahm das Foto und drückte ihre Wange gegen Poppys. Alles, worauf man hoffen konnte, war, Frieden mit diesem Nicht-da-Sein zu schließen, es den Rest des Lebens neben sich hergehen zu lassen und durchzuhalten.

10. KAPITEL

Cassie hielt sich bei der Arbeit den ganzen Tag zurück, fest entschlossen, sämtlichen Auseinandersetzungen mit Jason oder dem grauenvollen Dr. Curzon aus dem Weg zu gehen.

Der erste Fall auf ihrer Obduktionsliste war Mrs Perlman, eine sechsundachtzigjährige verwitwete Jüdin, die nach einem Sturz in ihrer Küche gestorben war, kurz nachdem ihr ein neues Kniegelenk eingesetzt worden war. Die Obduktion war notwendig, um zu sehen, ob ihr Tod Folge eines Schlaganfalls oder eines Herzinfarkts gewesen war oder ob sie an den Folgen des Sturzes gestorben war.

Als Cassie den Reißverschluss des Leichensacks aufzog, musste sie die Hand ausstrecken und sich abstützen. Unter Mrs Perlmans blau gespültem Pony war ihr linkes Auge zu Golfballgröße geschwollen, und ein dunkelblaues Hämatom bedeckte den größten Teil ihrer linken Gesichtshälfte von der Augenhöhle fast bis zum Unterkiefer.

Ohne Vorwarnung war sie wieder bei der Schilderung, die ihre Großmutter im Zeugenstand von ihrem Vater abgegeben hatte: Ein zorniger Mann mit einem Alkoholproblem, der seine Frau in aller Öffentlichkeit anbrüllte und sie hinter verschlossener Tür verprügelte. Als sie sich das liebe, vertrauensvolle Gesicht ihrer Mutter geschwollen und von blauen Flecken gezeichnet vorstellte, ballte sie so fest die Fäuste, dass sich ihre Nägel in die Handflächen gruben. Warum hatte sie zugelassen, dass ihr Vater Zweifel an seiner Schuld säte, wo doch ihre arme Mutter nicht mehr da war, um selbst das Wort zu ergreifen?

Reiß dich zusammen. »Hallo, Mrs Perlman.« Ihre Stimme

war sehr leise, und sie legte der Toten die Hand auf die Schulter. Die Knochen dort waren so zerbrechlich wie die eines Vogels. Sie plauderte weiter, erklärte Mrs Perlman, wer sie war und warum sie untersucht werden musste, doch trotzdem fühlte es sich an, als läge ihr ein Felsblock im Magen. Ließ ihre übliche professionelle Distanziertheit sie im Stich? Würde sie jetzt bei jedem Leichensack, den sie öffnete, riskieren, Salz in eine offene Wunde zu streuen?

Zehn Minuten später, als Cassie Mrs Ps Schädeldecke abhob, war die Todesursache eindeutig klar: eine letale subarachnoidale Blutung. Arachnoid, von dem griechischen Wort für Spinne abgeleitet. Der deutlich sichtbare Blutklumpen, der die spinnennetzartigen Gefäße auf der Oberseite von Mrs Ps Gehirn verzerrte, war typisch für einen solchen cerebrovaskulären Insult. Diesmal jedoch war sie klug genug, ihren Fund Dr. Curzon gegenüber nicht anzusprechen.

Als sie zur Mittagszeit nach draußen ging, um sich ein Sandwich zu holen, sah sie ganz kurz eine Gestalt in Schwarz, die in Richtung Hauptstraße um die Ecke der Leichenhalle verschwand. Jemand hatte dort gestanden und sich eilig vom Acker gemacht, als er gesehen hatte, wie Cassie die Tür öffnete.

Sie dachte an die Gang, die vor ein paar Monaten einen Leichnam aus dem Kühlraum gestohlen hatte, und joggte los – die schmale Gasse, die zur Hauptstraße führte, war lang genug, dass sie die Gestalt einholen konnte, wer immer sie auch war. Doch als sie die Gasse erreichte: *nada*. Die Gestalt hätte den ganzen Weg zur Straße sprinten müssen, um so schnell dort anzukommen. Cassie rief ihr Bild von Neuem in ihrem Kopf auf und legte noch einen Zahn zu.

Als sie auf die Hauptstraße herauskam, war der Gehsteig in beiden Richtungen verwaist. Sie ging nach Norden, zur ersten Querstraße, die, wie sie wusste, eine Sackgasse war.

Und dort fand sie sie, an die hohe Backsteinwand eines alten Lagerhauses gelehnt.

Das Goth-Mädchen von Bradleys Gedenkfeier. Der lange schwarze Mantel und das blaue Aufblitzen in ihrem Haar hatten sie verraten. Keuchend, die Hand auf die Seite gepresst, hob sie den Kopf, und Cassie war verblüfft über die Angst in ihren Augen.

Sie lehnte sich neben dem Mädchen an die Wand, um ihrerseits wieder zu Atem zu kommen, und ließ ihr einen Moment Zeit, um sich wieder zu fangen.

»Alles okay?«

Das Mädchen starrte auf das Pflaster und nickte argwöhnisch. Unter dem schwarzen Mantel trug sie ein langes, wallendes schwarzes Spitzenkleid, und um den Hals hatte sie einen schwarzweißen Schal mit einem gruseligen Muster aus geflügelten Insekten. Ihr Make-up war klassisch Goth: weiße Grundierung, der Mund ein violetter Riss mit einem Stecker durch die Oberlippe. Ein Look, den viele Leute als provokativ deuten würden, dazu gedacht, zu schockieren oder herauszufordern. Doch Cassie wusste es besser. Das war Camouflage. Ein Look, den man sich zulegte, um sich vor der feindlichen Welt zurückzuziehen, um die eigene Angst und Verwirrung zu verbergen. Und ein Zeichen der Solidarität mit einer anderen Gruppe – mit Menschen, die einen verstanden.

»Wie heißt du?«, fragte sie.

»Naenia, mit ›ae‹.«

Cassie musste sich ein Lächeln verkneifen.

»Ganz schön düster«, meinte sie anerkennend. »Die Göttin der Bestattungen, stimmt's?«

»Und der Bestattungsklagen.« Jetzt betrachtete Naenia Cassie vorsichtig näher. Ihr Blick verweilte auf ihren Piercings.

»Hör zu, Naenia, du hast doch nichts Verbotenes getan.

Wenn ein Freund von mir gestorben wäre, würde ich mich auch da rumtreiben, wo er liegt.«

Einen Moment lang sah Naenia verwirrt aus, dann hob sie das Kinn. »Ich will ihn sehen.«

Heikel.

»Wie alt bist du?«

»Siebzehn.«

Cassie ließ die Zahl in der Luft hängen.

»Fünfzehn.«

»Das macht's schwierig. Wäre es deinen Eltern recht, dass du Bradley siehst?«

Ein höhnisches kleines Pusten. »Ich hab nur meine Mutter, und der wär's scheißegal.«

Cassie, ehemalige Trägerin des Schwarzen Gürtels in Vorgetäuschter Teenager-Großspurigkeit, ahnte den Schmerz des Mädchens hinter den coolen Sprüchen. »Das tut mir leid, Naenia. Außerdem würdest du die Erlaubnis von seinem Vater und seiner Mutter brauchen. Kennst du sie?«

Ein leichtes Kopfschütteln. »Bradleys Dad war echt gemein zu ihm und seinen Freunden.« Naenias Finger wanderten zu ihrem Haaransatz, wo sie ein Haar ausriss und es fallen ließ. Dann zerrte sie in einer Seitwärtsbewegung an dem Schal um ihren Hals. Eine reflexartige Geste, scheinbar vollkommen unbewusst.

Cassie hatte schon öfter Angehörigen die Bitten anderer übermittelt, den Verstorbenen sehen zu dürfen, doch als sie an Kim und Steve Appleton dachte, zögerte sie: Wäre es richtig, sie in ihrer furchtbaren Trauer zu bedrängen?

»Ich nehme mal an, du warst seine Freundin?«

»Nein. Ja. Also, so irgendwie.« Das Mädchen sah aus, als wäre sie ganz durcheinander. »Wir haben … uns geküsst, aber es war noch nicht offiziell.« Sie errötete so heftig, dass rosa Flecken durch ihr Make-up schimmerten.

»Hast du ihn schon lange gekannt?«

»Seit dem Herbst. Fast drei Monate.«

Cassie musste fragen. »Naenia, hast du eine Ahnung, warum …?«

»Nein«, fiel Naenia ihr ins Wort.

»War er wegen irgendetwas unglücklich?«, bohrte Cassie nach.

»Nein! Er war voll gut drauf. Im April wollten wir zum Goth Weekend in Whitby.«

Bram Stokers *Dracula* spielte in Whitby, und das Festival war das Goth-Äquivalent eines muslimischen Haddsch. Ganz gleich, was für Kräche Bradley mit seinem Dad gehabt hatte, mit einer scharfen Freundin und einem coolen Event, auf das er sich freuen konnte, warum sollte er sich da umbringen wollen? Das war doch nicht logisch.

»Weil, weißt du, es würde seiner Mum und seinem Dad echt helfen, wenn sie irgendeine Vorstellung hätten, warum er's getan hat.« Ganz kurz sah Cassie Kim Appleton vor sich, wie sie ihrem Sohn das Stofftier in die Halsbeuge schob. Und fasste einen Entschluss. Sie konnte Naenias Bitte, Bradley sehen zu dürfen, nicht weiterleiten. Die brutale Wahrheit war, der Verlust ihres einzigen Kindes würde Kim und Steve bis zu ihrem Todestag verfolgen, während es durchaus möglich war, dass Naenia innerhalb von sechs Wochen einen neuen Freund hatte.

Die Jungen lebten weiter. Und das war auch gut so. Sie konnte ja immer noch zur Beerdigung gehen.

Sie hörte Naenia nach Luft schnappen und sah, wie ihr Tränen übers Gesicht strömten.

»Es tut mir ja so leid«, sagte sie zu dem Mädchen. »Was Bradley passiert ist, ist echt schlimm. Es war nicht deine Schuld.« Ihr fiel wieder ein, dass bei einem der Kurse, die sie absolviert hatte, ein Psychiater mal gesagt hatte, die Hinterbliebenen würden sich oft selbst die Schuld geben, so irrational das auch sein mochte.

Doch ihre Worte machten es für Naenia anscheinend nur noch schlimmer.

»Sie verstehen das nicht!« Ihre Hand zuckte hoch, um noch ein Haar auszureißen, und griff dann wieder nach dem Schal und zerrte. Eine automatische Geste, die anscheinend spiegelte, wie Bradley umgekommen war. Cassie sah, dass sie vom ständigen Ausreißen lauter rote Punkte entlang des Haaransatzes hatte.

Hatte Naenia Bradley, ohne es zu wissen, eine gepanschte Pille gegeben? War es das?

Ehe sie sich überlegen konnte, wie sie sie danach fragen konnte, ohne dass sie es rundweg leugnete, drückte Naenia sich von der Mauer weg. »Ich muss los.«

»Hör zu, Naenia, ruf mich gern jederzeit in der Leichenhalle an, wenn du reden willst. Frag nach Cassie Raven.«

Doch als Antwort bekam sie nur ein halbes Nicken über die Schulter hinweg, als Naenia davonhastete. Der schwarze Mantel wehte hinter ihr her wie der Umhang eines Schurken in einer Pantomime.

11. KAPITEL

Als Cassie gegen fünf Uhr die Wohnung ihrer Großmutter betrat, erblickte sie etwas, das sie abrupt stehen bleiben ließ: ihren Rucksack, der gepackt neben der Wohnungstür stand. Sie nahm ihn mit in die Küche, wo ihre Gran am Küchentresen stand und mit demselben Elan wie früher irgendetwas zusammenrührte.

»Was soll denn das?«, fragte Cassie grinsend. »Ich weiß ja, mein Salatka entspricht nicht deinen Vorstellungen, aber rechtfertigt das einen Rausschmiss?« Der Schießpulver-Geruch in der Luft verriet ihr, dass das da in der Schüssel *piernik*-Teig war – polnische Lebkuchen, zum Nachtisch.

»Ich habe deine Sachen gewaschen und eingepackt. Es wird Zeit, dass du nach Hause gehst«, antwortete die alte Dame entschieden und wandte sich zu ihr um. »Du hast dein eigenes Leben, und ich will nicht, dass du es hier vergeudest. Mir geht's jetzt wieder gut – bin munter wie ein Fisch im Wasser.«

»Aber Babica …« Überraschenderweise war Cassie geknickt. Sicher, diese Wochen in der Wohnung, in der sie ihre Kindheit verbracht hatte, waren manchmal schwer gewesen, aber irgendwie auch tröstlich.

Weronika nahm ihre Hände in die ihren. »Das Leben ist zu kurz, um es mit den Alten zu verschwenden, *tygrysek*. Du musst wieder in deine eigene Wohnung« – sie zog eine Braue hoch –, »wo du deine Freunde einladen kannst.«

Mit anderen Worten, Archie Cuff.

»Aber ich weiß, ehe du gehst, willst du über deine Mama reden, und … und über deinen Vater. Lass uns erst essen.«

Während des ganzen Essens wurde Cassies Blick immer wieder vom Gesicht ihrer Mutter auf dem Kaminsims-Foto angezogen. Zum tausendsten Mal versuchte sie, sich an sie zu erinnern, doch alles, was sie fand, waren dieselben alten Erinnerungen, wie von den Gezeiten glattgeschliffene Kieselsteine: das Parfum mit dem Wassermelonenduft, die orangeroten Mohnblüten auf einem Kleid. Und alldem konnte sie jetzt das untröstliche Schluchzen aus ihrem Traum hinzufügen.

Nachdem sie aufgeräumt hatten, fragte Weronika: »Möchtest du meine Andenken an deine Mama sehen?«

Als sie ins Schlafzimmer voranging und den Schrank öffnete, hoffte Cassie inständig, dass man ihr das schlechte Gewissen nicht ansah.

Zum Glück war Weronika ganz in ihre eigenen Gedanken vertieft. »Wo ist sie denn …?« Sie schob ein paar Kleiderbügel zur Seite, hakte einen Kleidersack aus Kunststoff von der Stange und zog den Reißverschluss auf. »Das hier war ihre Lieblingsbluse.« Ein langes Baumwollhemd, so dünn, dass der Stoff fast wie Musselin war. Blasses Taubengrau, mit kleinen rosa Rosen drauf. Nicht Cassies Stil, aber irgendwie süß – das Teil musste selbst in den Neunzigern schon Vintage gewesen sein.

Weronika drückte die Bluse an ihr Gesicht und atmete tief ein, ehe sie sich mit der Achtsamkeit des Alters bückte, um den Andenkenkasten aus dem Schrank zu holen. Sie drückte ihn ihrer Enkelin in die Hände.

Als Erstes holte Cassie das Kinderbild mit dem Regenbogen und die handgemalte Geburtstagskarte heraus und war sich verlegen bewusst, dass sie beides schon einmal gesehen hatte. »Die sind ja süß. Sie muss dich sehr liebgehabt haben, Babica.«

»Oh, als sie klein war, waren wir unzertrennlich. Damals

war sie ein scheues kleines Ding, das Angst vor ihrem eigenen Schatten hatte – nicht so wie du. Du bist mit geballten Fäusten zur Welt gekommen.«

Das Armband aus Perlen war ein Geschenk zu Katherines fünftem Geburtstag gewesen; anscheinend hatte sie es jeden Tag getragen und wollte es nicht abnehmen, »nicht mal zur Schlafenszeit.«

Nachdem sie den Geschichten ihrer Großmutter aus Katherines Kindheit gelauscht hatte, fischte Cassie das letzte Schulzeugnis ihrer Mutter aus dem Kasten. Einen Absatz las sie laut vor – *»Ich bedauere, sagen zu müssen, dass sich Katherines Aufmerksamkeit sowie ihre allgemeine Einstellung in diesem Schuljahr dramatisch verschlechtert haben …«* –, bevor sie ihre Gran fragend ansah.

»Lass mal sehen …« Weronika zog ihre Lesebrille aus der Tasche und las sich dann das ganze Zeugnis durch, während sich ihre Miene verfinsterte. Es war eindeutig, dass sich hier eine eingeschliffene Erinnerung, über viele Jahrzehnte auf Hochglanz poliert, schwer damit tat, angesichts objektiver Fakten zu bestehen. Gleich darauf ließ sie das Zeugnis sinken und sah Cassie an. »Das stimmt. Sie war immer gut in der Schule, aber mit fünfzehn oder so ist sie … rebellisch geworden. Wie die meisten Teenager.«

Cassie wusste, dass ihre Mutter die Realschule abgeschlossen hatte und eigentlich das Abitur hatte machen wollen, um Psychologie zu studieren – ein Plan, aus dem nichts geworden war. Doch wie lange sie auf der Oberschule gewesen war und wann genau sie Callum kennengelernt hatte, war nicht ganz klar. »Dann hat sie also das Abitur geschmissen, als sie Dad kennengelernt hat?«

Bei der Erwähnung ihres Schwiegersohns senkte Weronika die Lider. »Nein, der kam später. Ich habe sie angefleht, mit der Schule weiterzumachen, aber damals ist sie jeden

Abend ausgegangen und wollte lieber gleich Geld verdienen.« Sie hob die Hand, ließ sie wieder fallen. »Ich … bin nicht mehr an sie rangekommen. Sie hat die Oberschule nach einem Jahr oder so abgebrochen und sich eine Arbeit in einem Laden für gebrauchte Schallplatten gesucht.« Dem Tonfall ihrer Großmutter nach hätte sie genauso gut »Bordell« sagen können. Sie sah Cassie scharf an. »Du machst dich vielleicht über mich lustig, aber sie war klug. Nicht so klug wie du vielleicht, aber viel zu gut, um in einem Laden zu arbeiten.«

Der Inbegriff der Tugend hatte also in einem Laden gejobbt und Second-Hand-Platten vertickt! Cassie sagte es nicht laut, aber sie fand das unheimlich cool.

Ihr Blick fiel auf die Postkarte mit der typisch englischen Landschaft drauf, und sie nahm sie aus dem Kasten. »Von wo hat sie die hier geschickt? Und warum schreibt sie, ihr sollt euch keine Sorgen um sie machen, du und Grandpa?« Cassies Großvater – eine reservierte, aber freundliche Präsenz in ihrer Kindheit – war kein Jahr nach dem Mord an seiner Tochter gestorben.

Weronika nahm die Karte und las den Text auf der Rückseite. Dann ließ sie die Hand, die die Karte hielt, in den Schoß sinken.

»Babica, wenn du nicht …«

»Ist schon gut. Du verdienst es, alles zu erfahren. Wie meine Katerina an einen Mann wie deinen Vater geraten ist.«

Nachdem Katherine ein Jahr oder so in dem Plattenladen gearbeitet hatte, erzählte sie, hatte sie verkündet, dass sie von zu Hause ausziehen wolle, um bei einer Protestaktion gegen den Bau einer Straße in den Chilterns mitzumachen. »Wir konnten sie nicht davon abhalten – sie war zwanzig Jahre alt. Sie hat einen Rucksack und einen Schlafsack mitgenommen und gesagt, sie würde im Wald schlafen, in einem Zelt! Seit sie klein war, hatte sie so eine *fantazja* davon, aufs Land zu ziehen und auf einem Bauernhof zu leben.«

Wow. Die äußerlich so sittsame Katherine Janek hatte also die Schule geschmissen, um in einem Plattenladen zu arbeiten, und war dann zur Umweltaktivistin geworden! Sie erinnerte sich daran, wie einer der Älteren in ihrer Hausbesetzerzeit, ein Kerl namens Enzo, sich wehmütig über die Straßenbau-Protestaktionen in den Neunzigern ausgelassen hatte. Anscheinend war das eine Riesenbewegung gewesen, die versucht hatte, zu verhindern, dass die Regierung draußen auf dem Land alles zubetonierte. Deren Aushängeschild war irgend so ein Typ namens Swampy gewesen.

»Jeden Abend haben wir's in den Nachrichten gesehen«, fuhr ihre Großmutter fort und starrte ins Leere. »So fürchterliche Hippies mit langem, verfilztem Haar oder rasierten Köpfen, die draußen geschlafen haben und sich nirgends waschen oder auf die Toilette gehen konnten.«

Save Oakwood Common. Der Benefiz-Gig der Band ihres Vaters in dem Artikel, den sie im Andenkenkasten ihrer Großmutter gefunden hatte.

»Das war bestimmt echt schwer für dich.« Cassie verspürte heftige Gewissensbisse, als ihr jäh etwas klar wurde: Als sie am Tag nach ihrem siebzehnten Geburtstag von zu Hause weggegangen war, musste sich das für ihre Gran angefühlt haben, als ginge alles wieder von vorne los.

Der Blick ihrer Großmutter war nach innen gerichtet. »Damals gab es noch keine tragbaren Telefone, deshalb haben wir nur ab und zu mal einen Anruf aus einer Telefonzelle bekommen. Fast ein Jahr war sie weg. Eine Zeitlang dachten wir, wir hätten sie für immer verloren.«

»Und in dem Protestcamp hat sie Dad kennengelernt?«

Ein grimmiges Nicken. »Als sie endlich nach Camden zurückgekommen ist, hat sie diesen *Callum* mitgebracht« – sie spie den Namen förmlich aus –, »diesen langhaarigen *gbur.*«

Cassie, die wusste, dass *gbur* Rowdy hieß, musste gegen das jähe Bedürfnis ankämpfen, den lächelnden Dad zu verteidigen, an den sie sich erinnerte. Den, der mit ihr schwimmen gegangen war, der sie im Park auf den Schultern getragen hatte – und der in der Handvoll Erinnerungen aus ihrem Leben vor ihrem vierten Geburtstag viel deutlicher war als ihre Mutter.

Okay, sagte sie sich. *Wer zieht hier jetzt rosarote Erinnerungen objektiven Fakten vor?*

»Sie war nicht mehr dieselbe, nachdem sie ihm begegnet war, meine Katerina«, erzählte ihre Großmutter weiter. »Vorher hatte sie auch manchmal Probleme, aber ihre schlechte Laune war wie ein Sommergewitter – immer gleich wieder weg. Sie war ein fröhliches, aufgeschlossenes Kind. Aber nachdem sie mit ihm angefangen hat …« Geistesabwesend tätschelte Weronikas Hand den Bettüberwurf.

»Manchmal hat sie einfach nur auf dem Sofa gesessen und zu ihm aufgeschaut, während er die ganze Zeit geredet hat. Angegeben hat er. Hatte jede Menge Pläne, aber aus denen ist nie was geworden. Ein Popstar würde er werden!« Sie schnaubte abfällig. »Das einzige Geld, was der jemals verdient hat, kam vom Arbeiten auf irgendwelchen Baustellen und vom Gemüseverkaufen auf dem Markt. Und wenn man dem was zu trinken gegeben hat, hat er …« Sie kippte sich den Inhalt eines imaginären Glases in den Mund.

»Dann warst du wohl nicht damit einverstanden, dass die beiden geheiratet haben?« Cassie fragte sich, ob ihre Großmutter wohl zugeben würde, dass Katherine schwanger gewesen war.

Stattdessen wich sie der Frage aus. »Das ließ sich nicht vermeiden. Sie war völlig vernarrt in ihn. Und dann bist du gekommen.« Ihre Miene hellte sich schlagartig auf. »Sie haben eine kleine Sozialwohnung bekommen, und eine Weile schien deine Mama ganz glücklich zu sein. Aber das hat nicht lange gehalten. Ständig hat dein Vater seine Jobs verloren, also habe ich Katerina Geld für die Miete gegeben. Manchmal bin ich nach meiner Arbeit im Supermarkt noch zu ihr gefahren, um beim Putzen zu helfen und auf dich aufzupassen, damit deine Mama sich mal ausruhen konnte.«

Der Brandgeruch aus ihrem Traum fiel Cassie wieder ein. »Gab's in ihrer Wohnung ein offenes Feuer?«

»Einen Gaskamin, meinst du? Großer Gott, nein. Nur elektrische Heizkörper. Jedenfalls, eines Tages habe ich zwei leere Wodkaflaschen gefunden, als ich den Müll rausgebracht habe.« Ihre Hand krallte sich in den Überwurf. »Sie hat versucht, ihn zu schützen, aber als ich ihn allein zur Rede gestellt habe, hat er die Beherrschung verloren und gestanden, dass er viel zu viel trank.«

Mrs Perlmans armes, von Hämatomen gezeichnetes Gesicht blitzte vor Cassies innerem Auge auf. »Und er war … gewalttätig?«

Sie sah, wie ihre Großmutter die Unterlippe spannte, damit sie nicht zitterte. »Einmal bin ich in der Mittagspause bei ihnen aufgekreuzt, als Überraschung, mit ein paar Filzstiften, die ich auf dem Markt für dich besorgt hatte. Katerina hatte sich nicht geschminkt, und sie hatte einen blauen Fleck, hier« – sie berührte ihren Wangenknochen, so behutsam, als wäre es der ihrer Tochter. »Und sie hatte sich am Handgelenk wehgetan. Sie sei gestolpert und hätte sich das Gesicht an der Badewanne angeschlagen, hat sie gesagt. Aber die Kleine konnte noch nie gut lügen. Es stand ihr ins Gesicht geschrieben, dass er's gewesen war.«

»Hast du irgendetwas zu Callum gesagt? Oder Grandpa?«

Weronikas Gesicht verzerrte sich zu einer Grimasse des

Selbsthasses, die Cassie das Herz zerriss. »Ich musste ihr schwören, ihm nichts zu sagen. Dein *dziadek* und ich waren völlig verzweifelt, *naturalnie.* Wir wussten nicht, was wir machen sollten.« Sie starrte Cassie an, doch es war Katherine, die sie vor sich sah. »Ein paar Tage später war sie tot. Möge Gott mir vergeben, dass ich das nicht verhindert habe, dass ich euch beide nicht von diesem Mann weggeholt habe.«

Hätte ich doch.

Cassie merkte, wie ihre Ausbildung die Regie übernahm. Sie nahm die Hand ihrer Großmutter. »Du hast doch nur versucht, die Wünsche deiner Tochter zu respektieren. Weil du sie geliebt hast. Was passiert ist – was er getan hat –, dafür ist zu hundert Prozent er verantwortlich. Deine Schuld war es nicht.«

Lange saßen sie so da.

»Weißt du, die Polizei war wirklich großartig«, sagte Weronika schließlich. »Der junge Polizist – Dzerek Irgendwas? –, der ist uns ein halbes Dutzend Mal besuchen gekommen!« Dzerek klang wie eine polnische Version des Namens Gerry, daher nahm Cassie an, dass sie DS Gerald Hobbs meinte, den Leiter der Ermittlungen. Dann umfasste Weronika Cassies Knie; ihr war etwas eingefallen. »Weißt du noch, wie er dir mal eine Barbiepuppe mitgebracht hat?«

»Die war von einem Detective?« Hobbs sah Cassie nicht vor sich, wohl aber die Puppe. Tatsächlich hatte sie an Barbie ihre allererste Eviszeration vorgenommen, allerdings war das Innere der Puppe eine Riesenenttäuschung gewesen – alles genauso aus Plastik und nichtssagend wie ihr Äußeres.

»Dein Großvater und ich haben auf dem Revier auch seinen Vorgesetzten kennengelernt. Mr Neville? Ein reizender Mann. Weißt du, was der zu mir gesagt hat? ›Mrs Janek, ich kann Ihnen Ihre entzückende Tochter nicht zurückbringen, aber das verspreche ich Ihnen, wir werden keine Ruhe geben, bis wir diesen Drecksack hinter Gitter gebracht haben, für das, was er ihr angetan hat.‹« Sie hatte sich diese kleine Ansprache eindeutig Wort für Wort eingeprägt – wie einen Katechismus.

»Und im Vertrauen haben sie mir noch etwas gesagt.« Sie beugte sich zu Cassie vor. »Du weißt doch, dass dein Vater Ire war? Also, Dzerek hat mir erzählt, dass er mit der IRA zu tun gehabt hatte.«

»Echt?« Für Cassie war die IRA eine verschwommene historische Episode; alles, was sie wusste, war, dass die gern Bomben gelegt hatten, die dann Zivilisten getötet hatten.

»Er hat gesagt, es bringt nichts, das vor Gericht anzusprechen. Aber es hat alles bestätigt, was ich immer über ihn gedacht habe.«

Cassie hätte nur allzu gern noch mehr Fragen über ihren Dad gestellt – am allerliebsten die, ob er jemals versucht hätte, Kontakt zu Weronika aufzunehmen, um sich nach ihr zu erkundigen, entweder vom Gefängnis aus oder nach seiner Entlassung. Doch ein rascher Blick in Babicas verhärmtes Gesicht brachte sie davon ab. Dieser Ausflug in die Welt der Erinnerungen hatte sie offenkundig emotional ausgelaugt.

»Trinken wir eine Tasse Tee«, schlug sie vor und erhob sich, um die Röschen-Bluse ihrer Mutter wieder in dem Kleidersack zu verstauen. Gerade wollte sie den Reißverschluss zuziehen – als ob man einen Leichensack schloss –, als Weronika sagte: »Warum nimmst du die Bluse nicht mit? Ihr hattet ungefähr dieselbe Größe. Vielleicht ziehst du sie ja mal an, zu ihrem Andenken.«

»Ich zieh sie gleich an«, verkündete Cassie spontan.

Im Badezimmer betrachtete sie sich in dem hohen Spiegel. Irgendwie funktionierte das: Ihre alte Levi's 501 und die Doc Martens verliehen der mädchenhaften Bluse ein bisschen notwendige Härte. Sie drehte sich um und schaute über die

Schulter, um zu sehen, wie das Ganze von hinten aussah – und blinzelte ein paar Mal.

Wo waren ihre Piercings geblieben?

Was ihr da entgegenblickte, war nicht ihr Gesicht, sondern die weicheren Rundungen und die traurigen braunen Augen ihrer Mutter.

12. KAPITEL

Als Cassie aus der Wohnung ihrer Großmutter auf den Laufgang im achten Stock hinaustrat, hatte sie noch immer das unheimliche Gefühl, in der Haut ihrer Mutter zu stecken. Für einen Januarabend war es ungewöhnlich mild, und als sie unten auf der Straße ankam und die Autos betrachtete, die unter den Laternen geparkt waren, rechnete sie halb damit, dass sie plötzlich die merkwürdigen Farben und Formen angenommen hatten, die sie aus alten Fernsehkrimis kannte.

Wieder ließ sie den Moment vor ihrem inneren Auge ablaufen, als ihr die traurigen, sanften Augen ihrer Mutter aus dem Badezimmerspiegel entgegengeblickt hatten. Der banale Hintergrund aus uralten grünen Kacheln und dem geblümten Duschvorhang hatte das Ganze noch realer erscheinen lassen. Gleich darauf hatte sich das Gesicht ihrer Mutter schnell wieder in ihr eigenes verwandelt, doch sie war immer noch ein bisschen von der Rolle, als hätte man sie von der Realität abgekoppelt.

Dabei versuchte sie immer noch, dieses ganz neue Bild von ihrer Mutter als Umweltaktivistin in den Kopf zu kriegen, die mit irgendwelchen Gruftis im Wald übernachtet und sich Bulldozern in den Weg gelegt hatte. Ihrer Großmutter konnte sie das zwar auf keinen Fall sagen, aber sie fand es toll, dass sie und ihre Mutter etwas gemeinsam hatten, dass sie beide in jungen Jahren aus der Welt der Bürgerlichkeit ausgestiegen waren und einen Abstecher ins Abenteuer unternommen hatten.

Cassie ging oft am Kanal entlang nach Hause – das war die kürzeste Strecke zu ihrer Wohnung am anderen Ende von

Camden –, diesmal jedoch ertappte sie sich dabei, wie sie zu der Fußgängerbrücke über den Kanal hinaufstieg, die zur Hauptstraße führte. Ihre Füße schienen zu wissen, wo sie hinwollte, noch ehe ihr Gehirn begriff.

Minuten später erreichte sie den Eingang zur Prowse Place, der Straße, in der laut der Lokalzeitung der Leichnam ihrer Mutter gefunden worden war. Unsicher blieb sie an dem einen Ende stehen und blickte in die kopfsteingepflasterte Gasse hinein – so schmal, dass es fast nur ein Durchgang war –, die von kleinen alten Cottages gesäumt wurde. Am anderen Ende endeten die Häuser, und die Straße wurde zu einem engen dunklen Tunnel unter den Bahngleisen.

Dort war es passiert.

Sie zog ihren Rucksack höher und marschierte los, auf die Dunkelheit zu. Die Gummisohlen ihrer Schnürstiefel machten so gut wie kein Geräusch auf den Pflastersteinen, und obgleich der Schein von Fernsehern stumm durch die Fenster einiger Häuser schimmerte, drang doch kein Laut durch die Doppelscheiben.

Am Eingang des Tunnels hielt sie inne, damit sich ihre Augen an die Düsternis gewöhnen konnten, und spürte, dass ihr Herz einen Gang höher geschaltet hatte und heftig in ihrer Brust pochte. *Sei doch nicht so ein Vollidiot,* sagte sie sich und zwang sich, sich auf das Bild zu konzentrieren, wie die zapfenförmigen Zellen ihrer Netzhaut – die, die bei hellem Licht am besten funktionierten – ihre Arbeit einstellten, während die stäbchenförmigen, die an Dunkelheit angepasst waren, allmählich aufwachten.

An Dunkelheit angepasst, dachte sie. *Ein bisschen so wie mein Leben.*

Als die Umrisse des Tunnels aus der Finsternis aufgetaucht waren, ging sie weiter. Ihre Ohren schienen empfindlicher geworden zu sein; sie konnte hören, wie der Fahrer eines Autos in der Ferne den Gang wechselte, hörte jemanden auf einem Klavier ein paar Tonleitern spielen, als ein Fenster geöffnet und dann wieder geschlossen wurde, hörte in einer Einkaufstasche eine Straße weiter Flaschen aneinanderklirren.

Als sie neben der Wand des Tunnels stehen blieb, fiel ihr etwas an den dunkelgrauen Ziegelsteinen auf – ein längst verblasstes Graffito von einem Smiley, ein Bild, das sie immer als vage bedrohlich empfunden hatte. Möglicherweise ein Relikt aus den Neunzigern. Ihr Blick fiel auf das Kopfsteinpflaster darunter. War die dunkle Stelle dort ein Blutfleck? Einer von der Sorte, wie sie zurückblieben, nachdem jemandem der Schädel eingeschlagen worden war?

Ja, klar. Nach über zwanzig Jahren …

Plötzlich zuckten ihre Nasenlöcher, als ihr jäh ein stechender Brandgeruch in die Nase stieg, als brenne irgendwo ganz in der Nähe eine Mülltonne. Dann das ferne Weinen einer Frau – genau wie in ihrem Traum. Sie fuhr herum. Niemand zu sehen. Ein Augenblick der Großstadtstille. Dann wurde das Weinen lauter, nur Zentimeter von ihrem Ohr entfernt. Gefolgt von einer Stimme, die sie als die ihrer Mutter erkannte, abgehackt und klagend.

»Es ist alles meine Schuld … Alles meine Schuld!«

Sie stand da und wagte nicht, sich zu rühren, atmete nicht einmal. Und dann, *Peng,* war es vorbei. Das Gefühl, dass da jemand ganz dicht neben ihr stand, war weg. Sie schaute nach unten, versuchte, den Blutfleck zu finden, konnte ihn aber nicht mehr entdecken.

Scheiße! Cassie gab Hackengas und hielt auf das Ende des Tunnels zu; es war ihr egal, ob jemand sie sah.

Selbst zehn Minuten später, unter einer hellen Straßenlaterne und inmitten von Menschen, die kamen und gingen, konnte sie noch immer fühlen, wie ihr Herz einen auf Presslufthammer machte.

Sie erblickte die heimeligen Lichter von The Hawley Arms und trat hinein, dankbar für die dicht gedrängten warmen Leiber, für den alkoholseligen Lärm, den tröstlichen Mief von abgestandenem Bier.

An der Bar war es so laut, dass sie auf die Flasche zeigen musste. Als der Barkeeper fragend zwei Finger hob, reizte sie auf drei hoch. Dann suchte sie sich mit ihrem Wodka eine Ecke, wo sie den Rucksack ablegen und sich an ein freies Stück Wand lehnen konnte.

Ich glaube nicht an Geister, ermahnte sie sich. Ihre Ausbildung und ihre Berufserfahrung hatten sie gelehrt, dass Hinterbliebene anfangs oft die Gegenwart ihrer verstorbenen Liebsten fühlten, und sie selbst hatte ihre ehemalige Lehrerin Mrs Edwards nach deren Tod mehrmals »gesehen« oder gespürt. Diese Erscheinungen hatte sie auf die emotionale Überlastung geschoben, und bei diesem jüngsten Erlebnis musste es genauso sein: Bloß ihr traumatisiertes Unterbewusstsein, das Überstunden machte und versuchte, in all dem, was sie über den Tod ihrer Mutter in Erfahrung brachte, einen Sinn zu erkennen.

»Alles meine Schuld« … Als gäbe ihre Mutter sich selbst die Schuld daran, dass sie ermordet worden war. In welchem finsteren Winkel von Cassies Psyche war denn so eine Idee geboren worden?

Als sie ihren Wodka austrank, kam ihr ein Gedanke.

Sie mochte nicht an Geister glauben – aber was, wenn die Geister an sie glaubten?

13. KAPITEL

Als Cassie nach einer ruhelosen Nacht am nächsten Morgen verschwitzt in ihrem eigenen Bett erwachte, war von ihrem immer wiederkehrenden Traum nur der Brandgeruch geblieben. Erst da fiel es ihr wieder ein: der beißende Gestank gestern Abend in der Prowse Place, den sie für den einer brennenden Mülltonne gehalten hatte, kurz bevor sie ihre Mutter hatte sagen hören, es sei alles ihre Schuld.

Das helle Licht im Zimmer tat ihren Augen weh, aber sie hatte auch weiter Wodka getrunken, nachdem sie nach Hause gekommen war. Dann fiel ihr Blick auf die Vorhänge vor dem Schlafzimmerfenster, und sie setzte sich bolzengerade auf.

Ekliger Geruch. Flammen, die an Vorhängen hinaufkriechen. Schwarze Schneeflocken.

Das Fenster zur Vergangenheit hatte sich einen Spalt breit geöffnet, ehe es wieder zugeknallt war. Doch Cassie war sich sicher: Als sie klein gewesen war, hatte sie miterlebt, wie es bei ihnen zu Hause gebrannt hatte.

Die Stelle aufzusuchen, wo ihre Mutter ums Leben gekommen war, hatte irgendetwas in Cassies Gehirn freigesetzt. Kindheitserinnerungen, die jahrelang in der Tiefe geschlummert hatten, stiegen jetzt an die Oberfläche wie eine schlecht beschwerte Wasserleiche.

Als sie schließlich auf den Beinen und angezogen war, klopfte Cassie bei der Wohnung nebenan, und die Vorfreude machte die Nachwehen der Wodka-Session erträglicher. Ihr Nachbar Desmond hatte sich um ihren Kater Macavity gekümmert, während sie bei ihrer Großmutter gewohnt hatte, und sie freute sich darauf, ihn zurückzubekommen.

»Ach, das ist doch nicht nötig, Schätzchen«, wehrte Desmond ab, als sie ihm eine Flasche Laphroaig – sein Lieblingswhisky – in die suppenschüsselgroßen Hände drückte. »Es war mir 'ne Freude, Seine Hoheit hierzuhaben.«

Cassie sah die äußerste Spitze eines schwarzen Schwanzes in der Küche verschwinden und rief: »Macavity!«

Desmond folgte ihr. Er war erst Mitte fünfzig, trotz seines schlurfenden Gangs und dem fast vollständig ergrauten Haar. Sein Vater stammte aus Monserrat, seine Mutter war eine Irin von hier gewesen, und bis vor zehn Jahren hatte er einen anständigen Job als Wachmann gehabt. Dann war eine Räubergang vor dem Lagerhaus mit Tabakwaren aufgetaucht, das er bewachte, und hatte versucht, mit einer Eisenstange den Zugangscode aus ihm herauszuprügeln. Die Sirene eines vorbeikommenden Polizeiautos hatte ihn wahrscheinlich gerettet, doch seit seine Abfindung aufgebraucht war, war Desmond auf Stütze angewiesen.

Wenn die Geschichte zur Sprache kam, grinste er immer nur und sagte: »Nicht eine einzige Zigarette haben die gekriegt – *nicht eine einzige!*«

Sie fand Macavity unter dem Küchentisch. Bis auf die grün-goldenen Augen schwarz von der Nasen- bis zur Schwanzspitze, musterte er sie gebieterisch und ohne zu blinzeln. Als sie die Hand ausstreckte, um ihn zu streicheln, bog er den Rücken durch, sodass sein Bauch fast den Boden berührte, bevor er zu Desmond hinübertrottete und sich um dessen Beine wand – eine Zurückweisung, die sie blöderweise bis ins Mark traf.

Desmond lachte, doch als er ihr Gesicht sah, meinte er: »Warte nur ab, bis er sein Abendessen wieder von dir kriegt. Dann hat er mich längst vergessen.«

Das machte sie nur noch melancholischer, denn ihr ging gerade eine unumstößliche Wahrheit auf: Konnte man nicht alle ihre Beziehungen – außer der zu ihrer Großmutter – als zufällig bezeichnen, kurzlebig und vorübergehend?

Die längste romantische Beziehung bisher hatte sie mit Rachel gehabt, einer Psychologiestudentin, mit der sie letztes Jahr gerade mal fünf Monate lang zusammengelebt hatte. Rachel hatte Schluss gemacht und gesagt, was Cassies Freunde und Freundinnen am Ende alle sagten: Man käme »so schwer an sie heran«, sie zeige nicht genug Gefühle – oder nicht oft genug –, sie sei mental abwesend, distanziert … *Blablabla.* Ihre Theorie hinsichtlich dieser Mängel hatte Rachel gern vorgetragen: Der Verlust ihrer Eltern hatte die vierjährige Cassie nicht etwa unberührt gelassen, sondern ihr hatte das emotionale Equipment gefehlt, um das alles zu verarbeiten, um richtig zu trauern. Rachel war diejenige, die bei ihr »unbewältigte Trauer« diagnostiziert hatte.

Tja, dachte sie finster, *im Moment bin ich ja gerade so richtig voll am Verarbeiten.*

Sie schaffte es, den zappelnden Macavity in ihre Wohnung zu schleppen, ohne dass er ihr entwischte. Doch als sie ihn im Flur absetzte, schlug er mit ausgefahrenen Krallen fauchend nach ihr und hinterließ eine rote Furche auf ihrem Unterarm.

Cassie hockte sich hin, den Rücken an die Wand gelehnt, und kämpfte gegen das heiße Brennen der Tränen an. Die meiste Zeit war sie ganz zufrieden damit, allein zu sein, manchmal jedoch, wie jetzt gerade, hätte sie gern jemanden hier gehabt. Wäre gern verliebt gewesen. Vermisste die berauschende Versuchung, ganz und gar in einem anderen Menschen zu versinken. Sie dachte an die Knutscherei mit Archie und an das WhatsApp-Geplänkel mit ihm seitdem. An seine letzte Nachricht von heute Morgen, in der er fragte, ob sie diese Woche Zeit hätte.

Nachdem sie den Kratzer mit Desinfektionsmittel betupft

und ihrem undankbaren Mitbewohner – der schmollend unter dem Sofa hockte – Futter hingestellt hatte, holte sie die Wodkaflasche aus dem Eisfach und streckte sich auf dem Sofa aus. Dann griff sie nach ihrem Handy und lächelte, als sie Archies offenes, unkompliziertes Gesicht in seinem Kontaktprofil betrachtete. Nach langem Zögern tippte sie eine Nachricht.

Diese Woche ist ganz schön viel los. Kann ich Dich später anrufen? Cx

Dann klickte sie auf ihre Kontaktliste, um Phyllida Flyte um ein Treffen zu bitten.

Archie würde warten müssen. Erst die Arbeit, dann das Vergnügen.

FLYTE

»Bitte?« Mit einer gewaltigen Anstrengung tauchte Flyte aus ihren Gedanken auf. Was hatte Josh gerade gesagt?

»Ich hab gesagt, das sind vielleicht zwei Gorillas, Sarge.«

»Stimmt.« Sie kochte immer noch vor Wut über das, was sie gerade miterlebt hatten.

Sie und Josh, der hellste Kopf unter den Detective Constables von Camden, fuhren gerade von einer Cannabisplantage oben in Gospel Oak zurück aufs Revier. Die »Gorillas« waren zwei Streifenpolizisten, die dort aufgekreuzt waren, als Passanten gemeldet hatten, dass ein Mann auf der Straße zusammengeschlagen wurde. Der »Mann« hatte sich als Siebzehnjähriger namens Minh erwiesen, der von einer Drogenbande nach England eingeschleust und gezwungen worden war, auf einer Plantage in einer verfallenen Sozialbausiedlung zu schuften. Als einer von der Bande vorbeigeschaut hatte, hatte Minh die Gelegenheit zur Flucht ergriffen, es aber nur bis auf die Straße geschafft. Als Passanten eingeschritten waren, war der Mann, der auf ihn eingeschlagen hatte, verschwunden.

Minh hatte die Beamten durch die Siedlung zu einer Reihe leerstehender Garagen geführt. Dort waren Löcher in die Zwischenwände gebrochen worden, um einen großen Raum zu schaffen, der von einem Wald aus Cannabispflanzen ausgefüllt wurde. Im Plantagenjargon war Minh ein Gärtner, der sich um die Beleuchtung und die Bewässerungssysteme kümmerte und auf einer Luftmatratze schlief, rund um die Uhr eingesperrt, ohne natürliches Licht. Minhs Werdegang war deprimierend vertraut: Seine Eltern hatten sich zehntausend Pfund geborgt, um eine Schlepperbande zu bezahlen, die einen Job auf einer Baustelle in England garantiert hatte. Stattdessen war er der Drogengang übergeben worden, die ihm erklärte, dass er erst einmal die »Extrakosten« seiner Reise abarbeiten müsse.

Josh grinste. »Der Ältere von den beiden vergisst bestimmt nicht so schnell, was Sie zu ihm gesagt haben.«

Sie umklammerte das Lenkrad. »Also, jetzt mal im Ernst, wie konnte der nicht wissen, wie mit einem mutmaßlichen Menschenhandel-Opfer zu verfahren ist? Erstens: Man zieht den Sozialdienst hinzu. Zweitens: Man beurteilt den Fall anhand der Vorgaben des NRM.«

Der National Referral Mechanism war genau für so etwas da, dafür, jene zu identifizieren, die keine Kriminellen, sondern Opfer von Menschenhändlern und Sklavenhaltern waren. Doch das einigen Kollegen von der Streife klarzumachen, war nicht einfach. Normalerweise war Flyte stolz auf ihre Selbstbeherrschung, doch als sie am Ort des Geschehens eingetroffen war und gesehen hatte, wie zwei Uniformierte einen völlig verängstigten dürren Jugendlichen, gerade mal eins sechzig groß, in Handschellen in einen Polizeiwagen drängten, war diese auf eine harte Probe gestellt worden.

»Ich kann es einfach nicht ausstehen, wenn Polizisten die korrekten Abläufe nicht kennen – oder sie absichtlich ignorieren. Die Regeln haben doch einen Grund.«

Wenn die Polizei das nicht respektiert, was bleibt dann für irgendjemanden zu hoffen?

»Was haben Sie noch mal zu ihm gesagt?« Josh gluckste. »›Wenn Sie ihm nicht innerhalb der nächsten zehn Sekunden die Handschellen abnehmen, dann haben Sie bis heute Nachmittag ein Disziplinarverfahren am Hals.‹«

»Okay, das reicht, Josh.«

»'tschuldigung, Sarge.«

Flyte war klar, dass sie während ihrer ersten paar Monate

in Camden für ihre Kollegen eine Art Witzfigur gewesen war – eine unterkühlte Paragrafenreiterin mit einer ernsthaften Zwangsstörung –, doch nachdem ihre Beharrlichkeit im Fall von Cassies toter Lehrerin zu einer Mordanklage geführt hatte, hatte sie in letzter Zeit eine Veränderung festgestellt. Die anderen fanden sie vielleicht immer noch ein bisschen merkwürdig, doch sie bemerkte einen ganz neuen Respekt.

Josh hatte es geschafft, einen Mitarbeiter des Sozialamtes aufzutreiben, der sich um Minh kümmern würde – Flyte hatte beschlossen, dass seine Aussage warten konnte, da er immer noch ziemlich verstört war und seit vierundzwanzig Stunden nichts gegessen hatte.

»Wissen Sie, was ich wirklich gern tun würde?«, grollte sie. »All diese sogenannten Alternativen, die sich rund um den Market ihr Gras kaufen, in diese Garage schleifen und ihnen zeigen, wie Minh die letzten vier Monate gelebt hat, nur damit sie sich die Birne zukiffen können. Wegen eines in Pakistan von Kindern hergestellten T-Shirts machen die auf scheinheilig, aber Drogen-Sklaverei? Solange sie ihren Wochenend-Joint kriegen, sind das doch bloß Kollateralschäden.«

Flyte war keine Spaßbremse – sie gönnte sich durchaus von Zeit zu Zeit mal ein paar Gläser Sauvignon –, aber die Vorstellung, die Kontrolle über das eigene Gehirn an Drogen abzugeben? Das konnte sie einfach nicht nachvollziehen.

Josh nickte lediglich und vermied eine Diskussion, an der sie sich mittlerweile schon reichlich abgearbeitet hatten. Er war der Ansicht, die Legalisierung von Gras würde ihre Arbeitsbelastung reduzieren. Eine Win-win-Situation.

Eine Ansicht, die Cassie Raven zweifellos teilen würde. Sie konsumierte eindeutig regelmäßig Cannabis – oder noch Schlimmeres. Gelegentlicher Drogenkonsum war für diese

Camden-Typen ja praktisch schon ein Muss, zusammen mit den vorgeschriebenen Piercings, Tattoos und merkwürdigen Klamotten sowie der »Du kannst mich mal«-Attitüde.

Trotz alledem hatte sie sich einverstanden erklärt, sich heute Abend mit ihr zu treffen; sie war neugierig, was die junge Frau aus der Leichenhalle zu sagen hatte. Wusste sie irgendetwas über Bradley Appletons Tod, was sie für sich behalten hatte? Oder war es etwas anderes? So oder so, sie konnte nicht leugnen, dass ihr Herz einen Schlag ausgesetzt hatte, als sie gestern Abend die SMS gesehen hatte.

14. KAPITEL

Jason übernahm die einzige für heute anstehende Autopsie, was bedeutete, dass Cassie Verwaltungskram erledigen konnte, angefangen mit der regelmäßigen Inventur aller Gäste in den Kühlfächern. Im Winter war in der Leichenhalle immer Hochsaison. Schlechtes Wetter und dunkle Abende sorgten für mehr Verkehrsunfälle, Viren lösten in hochbetagten Lungen Pneumonien aus, und all das bedeutete einen ständigen Kampf darum, einen Leichenstau zu verhindern.

Bei jeder Lade, die sie aufzog, um die Identitätsmarke am Leichensack des Bewohners zu überprüfen, begrüßte sie diesen mit ein paar leisen Worten. »Guten Morgen, Mr Kahn, Sie werden uns morgen verlassen …« »Hallo, Mrs Perlman, nachher kommt Ihre Tochter Becca Sie besuchen …« Schlichte, menschliche Worte des Trostes. So, wie hoffentlich damals ein Mitarbeiter der Leichenhalle mit ihrer Mutter umgegangen war, als ihr geschundener Leichnam vor einundzwanzig Jahren eingeliefert worden war.

Sie fieberte dem Treffen mit Phyllida Flyte entgegen. Seinem Foto in der Lokalzeitung nach war Gerry Hobbs, der den Mord an ihrer Mutter untersucht hatte, 1997 erst Ende zwanzig gewesen, er könnte also immer noch im Polizeidienst sein – vielleicht sogar in Camden. Wenn sie Flyte dazu überreden konnte, ein gutes Wort für sie einzulegen, könnte er vielleicht ihre Fragen zu dem Mord beantworten und alle hartnäckigen Zweifel hinsichtlich der Schuld ihres Vaters ausräumen.

Sie kam zu dem Fach, auf dem *Bradley Daniel Appleton, geb. 06/07/2003* stand und zog die Lade heraus. »Ich rufe heute mal in der Toxikologie an, Bradley«, sagte sie zu ihm. »Hoffentlich finden wir etwas, was deiner Mum und deinem Dad ein bisschen hilft.« Wieder sah sie Bradleys Freundin Naenia vor sich – ihre Nervosität, das Haare-Ausreißen und das Gezerre an ihrem Schal: das leibhaftige schlechte Gewissen. Wieder rumorte etwas ganz hinten in ihrem Kopf – das Gefühl, dass Bradleys Tod kein echter Selbstmord gewesen war.

Ihre Inventur ergab, dass nur vier von vierundzwanzig Fächern frei waren, und die konnten sich mit der nächsten Einlieferungswelle von jetzt auf gleich füllen. Sie musste in der Rechtsmedizin Bescheid sagen, damit die dafür sorgten, dass die Leichen, die bereits obduziert worden waren, abgeholt wurden. Die von der Rechtsmedizin bezahlten schließlich »Kost und Logis« der Gäste in der Leichenhalle, sprich: die täglichen Lagergebühren.

Nachdem sie die Anrufe erledigt hatte, zog sie sich ihre eigenen Sachen wieder an und ging hinaus, um sich etwas zum Mittagessen zu kaufen. Auf dem Weg ins Zentrum von Camden rief Kieran sie an, ihr alter Hausbesetzerkumpel.

»Cass! Können wir uns treffen?« Er klang so aufgedreht, dass sie sich einen unguten Moment lang fragte, ob er wieder irgendetwas eingeworfen hatte.

»Wie, jetzt gleich?«

»Ja! Ist 'ne Überraschung.«

Er nannte eine Seitenstraße ein gutes Stück abseits der Hauptgeschäftsstraßen, wollte aber nicht mehr sagen, als dass sie sich »in einem Laden« neben einer Anwaltskanzlei treffen würden. Als sie dort ankam, wurde ihr schlagartig klar, warum er sie hierher zitiert hatte. Unter einem Ladenschild mit der Aufschrift HONEST BOB'S VINYL konnte sie ein halbes Dutzend Hipster in dem Geschäft sehen, die mit gesenkten Köpfen Kästen voller alter Schallplatten durchsuchten. Ihre Mienen waren so entrückt wie die betender Mönche. Laut ihrer Großmutter hatte Cassies Mutter eine Zeitlang in einem Second-Hand-Plattenladen gearbeitet, und Kieran wusste, dass sie unbedingt mehr über ihre Mutter herausfinden wollte. *Ipso facto* musste dies der Laden sein, in dem Katherine gejobbt hatte.

Cassie war schon viele Male an Honest Bobs Laden vorbeigekommen; er war eines von den wenigen Geschäften und Bars, die Camdens Kolonisierung durch Ladenketten und teure Wohnblocks überlebt hatten. Bis zu dem Vinyl-Revival vor nicht allzu langer Zeit hatte sich der Laden bestimmt nur dank ein paar Nerds gerade so über Wasser gehalten, jetzt jedoch bemerkte sie die frisch gestrichenen Wände und den neuen Café-Bereich mit einer blanken Espressomaschine im hinteren Teil des Geschäfts.

Hier fand sie Kieran, der bei einem Kaffee mit einem älteren Mann plauderte. Der war groß und hager, trug eine Weste und hatte das lange stahlgraue Haar zum Pferdeschwanz gebunden. Er hatte das zerknautschte Aussehen eines alten Rockers, sein Alter jedoch war schwer zu schätzen. Einer von diesen Typen irgendwo zwischen desillusionierten späten Fünfzigern und gut erhaltenen frühen Siebzigern. Eine Kette aus dicken, bernsteinfarbenen griechischen Betperlen hing locker von seiner rechten Hand herab.

Kieran, Gott segne ihn, wäre nie auf die Idee gekommen, sie einander vorzustellen, also sagte sie: »Hi, ich bin Cassie Raven.« Er stellte sich als Bob vor, und sein Blick zuckte kurz über ihre Brust, ehe er sich mit ihrem Gesicht bekannt machte.

»Honest Bob, nehme ich an?«, hakte sie nach.

Sein Lächeln, das halb eine Grimasse war, entblößte einen Schneidezahn aus Platin. »So nennen die Leute den Laden hier schon seit der Steinzeit.« Seine Stimme klang wie in Jim Beam marinierter Schotter.

Kieran stand auf. »Ich schau mich mal ein bisschen um, dann könnt ihr zwei euch unterhalten.«

Bob wandte sich an die junge Frau hinter dem Tresen. »Mach uns doch mal zwei Kaffee, ja, Schätzchen?«, wodurch Cassie Gelegenheit hatte, ihn näher in Augenschein zu nehmen. Ein repariertes Loch in einem Ohr, wo er mal ein Tunnelpiercing getragen hatte, und an einer Seite seines Halses der Schatten eines weggelaserten Tattoos. War wahrscheinlich nicht der richtige Look gewesen, wenn man versuchte, bei der Bank einen Dispokredit fürs Geschäftskonto auszuhandeln.

»Dann bist du also die Tochter von Kath und Callum? Wer hätte das gedacht?« Er betrachtete sie und ließ die Betperlen über seine Fingerknöchel rollen. *Klack … klack …* »War schrecklich, dass sie so jung gestorben ist – und für dich natürlich ein tragischer Verlust.«

Es klang nicht ehrlich, aber die Leute griffen gern auf solche bis zur Bedeutungslosigkeit abgenutzte Phrasen zurück, weil sie keine Ahnung hatten, was sie zu jemandem sagen sollten, der einen geliebten Menschen verloren hatte.

»Wie lange hat Kath hier gearbeitet?«, versuchte sich Cassie an der Kurzversion des Namens ihrer Mutter.

»Jetzt, wo du fragst … Wahrscheinlich so ein Jahr, immer mal wieder. Sie war 'ne ganz Süße, deine Mum.« Er ließ seinen Platinzahn aufblitzen. »Fast so hübsch wie du.«

Igitt, dachte sie und rang sich etwas ab, von dem sie hoffte, dass es wie ein dankbares Lächeln wirkte.

»Kath hat total auf Musik gestanden – eigentlich auf alles. Das Mädchen hat keine halben Sachen gemacht.« Die Betperlen klackten über seine Hand. »Ich weiß noch, wie Van Morrison in Glastonbury gespielt hat, da wollte sie unbedingt hin, aber das Konzert war ausverkauft. Trotzdem ist sie hingefahren. Als sie zurückgekommen ist, hat sie gesagt, sie hat jemand dazu gebracht, sie im Kofferraum durchs Tor zu schmuggeln. Bei diesem Straßenbauprotest war's dasselbe.«

»Du meinst Oakwood Common?«

»Ja, Oakwood Common. Die meisten Leute sind da immer nur so für einen Tag hin, wenn irgendwas los war. Aber nicht Kath. Hat gesagt, sie will da hin und da bleiben.«

Seine Miene war neutral, doch die reglose Augenpartie ließ Cassie unwillkürlich überlegen, ob er damals sauer gewesen war.

»Hat's dir leidgetan, dass sie gegangen ist? Ich meine, war sie gut in ihrem Job?«

»Die Allerpünktlichste war sie nicht, aber sie hat sich gut ausgekannt – vor allem mit New Folk und Folkrock, das war echt ihr Ding. Und dass sie so hübsch war, ist bei den Kunden auch nicht gerade schlecht angekommen. Aber Kath war ein Freigeist.« Er gab ein rostiges Glucksen von sich. »Mir ist gerade was klar geworden. Wenn ich nicht gewesen wäre, wärst du vielleicht nie geboren worden.«

Cassie starrte ihn an.

»Ein paar Monate, nachdem Kath gekündigt hat, ist sie wieder in den Laden gekommen, mit so 'nem Kerl am Arm. Nicht Callum« – auf ihren fragenden Blick hin schüttelte er den Kopf –, »und sie hat mir überglücklich erzählt, sie wäre zu einer der Organisatoren für die Nummer in Oakwood ernannt worden. Der Typ war ihr Freund, und die beiden waren dafür zuständig, diesen Benefiz-Gig da unten auf die Beine zu stellen.«

Ein weiteres Stückchen der Vergangenheit ihrer Mutter – sie war mit einem Umweltaktivisten zusammen gewesen, bevor sie Callum kennengelernt hatte.

»Sie hat mich um einen Gefallen gebeten – ob ich sie mit Bands hier aus der Gegend in Kontakt bringen könnte, die vielleicht bereit wären, umsonst aufzutreten. Ich hab dem Typen ein paar Telefonnummern gegeben, auch die von dem Manager der Band von deinem Dad.«

»Barney Cotter.«

»Ja, genau. Jedenfalls, deshalb hat also Pointín ein paar Monate später als Vorgruppe bei dem Gig gespielt – und so haben deine Mum und dein Dad sich kennengelernt. Du siehst, wenn ich das nicht eingefädelt hätte, gäb's dich vielleicht gar nicht.«

Bob sah aus, als wäre er hoch erfreut und schien ganz vergessen zu haben, dass seine versehentliche Kuppelei mit einem Mord geendet hatte.

»Und nach Oakwood Common? Hast du sie noch oft gesehen, nachdem sie mit Callum zurückgekommen ist?«

»Eigentlich nicht. Nachdem sie dich gekriegt hatte, habe ich sie nur noch ab und zu mal mit 'nem Kinderwagen auf der Straße gesehen.« Seine Miene zeigte deutlich, dass er das Interesse verloren hatte, nachdem aus dem »Freigeist« Kath die gestresste junge Mutter geworden war.

»Sie war zu jung für ein Baby, meinst du nicht?«

»Na ja, besonders glücklich hat sie auf mich nicht gewirkt. Sie war sehr dünn geworden, und, ich weiß nicht, es war irgendwie, als hätte sie … ihr Leuchten verloren.«

Cassie ließ es zu, dass die Traurigkeit sich in ihr breitmachte. Ihr Verdacht wurde zu einer bitteren Gewissheit: Ein Kind zu bekommen war der größte Fehler in Katherine Ravens Leben gewesen. Sie war glücklich gewesen – freundlich und liebenswert, wenn auch ein bisschen ungebärdig –, bis Cassie gekommen war. Wäre sie nicht schwanger geworden, würde sie heute vielleicht noch leben.

»Wie gut hast du Callum gekannt?«, wollte sie wissen.

»Nur vom Namen her. Leute, deren Meinung ich respektiere, haben gesagt, Callum konnte singen und hat ordentlich

Leadgitarre gespielt. Es war wohl unvermeidlich, dass deine Mutter mal bei einem gutaussehenden Rockmusiker landet.«

Cassie hörte einen Hauch von Eifersucht in Bobs Stimme und sah ihm suchend ins Gesicht, als etwas zwischen ihnen auf dem Tisch landete. »Schaut mal, was ich gefunden habe!«, verkündete Kieran triumphierend.

Es war eine Schallplatte der alten Schule mit einem düsteren Schwarzweißfoto von zwei Männern und einer Frau auf dem Cover. Das Bild war neben dem Kanal aufgenommen worden, der wie Quecksilber im Licht schimmerte. Ihr Vater stand hinter den beiden anderen, die auf einer niedrigen Mauer saßen. Der Mann – das musste Barney Cotter sein – saß im Profil und rauchte eine Zigarette, die junge Frau blickte in die Kamera. Unter dem Bild stand in irisch anmutenden Lettern ein einziges Wort: *Poitín.*

Bob beugte sich vor. »Das ist 'ne Rarität, die haben sie selbst rausgebracht. Sie hatten schon eine ziemlich große Fangemeinde, und ich weiß noch, es war sogar von einem Plattenvertrag die Rede, bis …« Er brauchte den Satz nicht zu vollenden. »Irischer Folkrock war nie so wirklich mein Ding, aber in den Neunzigern war das voll angesagt, wisst ihr?«

»Du hast wohl nicht noch zufällig Barney Cotters Nummer?«

»Nein, ich fürchte nicht.« Dann tippte er mit einem knorrigen Fingernagel auf die junge Frau auf dem Foto, deren dunkle Locken um ein herzförmiges Gesicht wallten. »Der bin ich ein oder zwei Mal begegnet. Sieht echt gut aus. Ich glaube, die singt immer noch hier in der Gegend, Pub-Gigs und so. Maria Irgendwas.«

Cassie drehte das Cover um. »Maria Maguire, Gesang.«

»Genau. Hatte 'ne gute Bluesstimme.«

»Ich würde die Platte gern kaufen.«

»Ich schenk sie dir.« Bob wedelte mit einer großzügigen Hand. »Ist doch das Mindeste, was ich für Kaths Kleine tun kann.«

Während Kieran für ein altes Metallica-Album bezahlte, ging Cassie nach draußen und nahm das *Poitín*-Album aus ihrer Tasche. Als sie das lockige Haar und das lange, hagere Gesicht ihres Vaters betrachtete, fühlte sie, wie es in ihrem Inneren rumorte, so wie immer, wenn eine große Liebesgeschichte erkaltete.

Als Kieran herauskam, bot sie ihm an, ihn als Gegenleistung für seine Detektivarbeit zum Lunch einzuladen.

»Och, tut mir leid, Cass, ich hab in einer halben Stunde ein Webinar über die Nutzung von sozialen Medien für Kleinunternehmer.«

Als Cassie sah, wie er sich ein bisschen aufrichtete, als er das sagte, streckte sie die Hand aus und drückte ihm den Arm. »Das ist super, Kieran. Ich bin so stolz darauf, was du machst ... Also, wie hast du rausgefunden, dass meine Mum hier gearbeitet hat?«

»Das war reines Glück«, antwortete er bescheiden. »Eine Freundin aus dem Hostel hat mich auf Bob gebracht – hat gesagt, der kennt jede Band, die seit den Siebzigern in Camden gespielt hat. Aber als ich was von *Poitín* gesagt habe, hat er gemeint, deine Mum hätte bei ihm gearbeitet und er würde dich gern kennenlernen.«

Sie blickte auf die Schallplatte hinunter. »Ich wünschte, ich könnte die irgendwie abspielen.«

Er furchte die Stirn. »Ich glaube, im Gemeinschaftsraum von meinem Hostel gibt's einen Plattenspieler.«

»Klasse! Könntest du mir das aufnehmen? Ich würde meinen Dad echt gern mal singen hören, und keiner von seinen Songs ist online.«

»Klar, Cass, kein Problem.« Mit dem Kopf deutete er auf Honest Bob's Laden. »Ich hab ein bisschen mit dem Typen an der Kasse gequatscht, und weißt du was?« Er grinste ein bisschen.

Sie schüttelte den Kopf.

»Maria Maguire singt jeden Mittwoch im Dublin Castle – und morgen auch. Hast du Lust, hinzugehen?«

»Ja, supergern!« Doch die Chance, jemandem zu begegnen, der ihren Vater gekannt hatte – und ihre Mutter wahrscheinlich auch –, löste widerstreitende Gefühle aus. Freude, aber mit ein bisschen Panik vermischt, als marschiere sie in Zeitlupe in einen Sumpf hinein, aus dem sie vielleicht nie wieder entkommen konnte.

Kieran musste es ihr angesehen haben, denn sein Dauerlächeln verwandelte sich in einen Ausdruck der Sorge, und er rieb ihr kurz die Schulter. »Alles klar, Cassie Raven? Das Ganze mit deiner armen Mum, das ist echt ziemlich krasse Scheiße, die du da hochquirlst.«

»Ich werd's überleben.« Sie brachte ein Grinsen zustande. »Weißt du noch, wie du mich immer genannt hast, als wir Hausbesetzer waren?«

»Ja.« Er lachte. »Teflon. Du warst die Jüngste da, aber du warst die härteste Nuss von uns allen.«

»Na, siehst du.« Sie lächelte ihn beruhigend an.

Dann kam ihr ein Gedanke: Teflon war unbestreitbar hart – aber es war nur eine äußere Beschichtung.

15. KAPITEL

»Ich dachte, Sie wollen bestimmt so schnell wie möglich wissen, dass die Toxikologie bei Bradley Appleton nichts gefunden hat«, berichtete Cassie Flyte. »Keinerlei Hinweise auf psychoaktive Substanzen oder Narkotika und nicht einmal ansatzweise auf Cannabis.«

Es war fünf Uhr, und sie saßen in demselben Coffeeshop, in dem sie Flyte damals gebeten hatte, den Tod von Geraldine Edwards zu untersuchen. Jetzt arbeitete sie darauf hin, sie um einen weiteren Gefallen zu bitten.

»Wirklich?« Flyte schaute über den Rand ihrer Teetasse hinweg. Dem skeptischen Ausdruck in diesen eisblauen Augen nach war sie Cassie einen Schritt voraus und versuchte, zu ergründen, was sie im Schilde führte.

Tatsächlich erinnerte ihre gesamte Körpersprache – bolzengerade, die Ellenbogen auf dem Tisch – Cassie sehr an die Wachsamkeit ihrer früheren Begegnungen. Verständlicherweise, das musste sie zugeben. Nachdem sie Flyte dazu genötigt hatte, Ermittlungen aufzunehmen, hatte sie sie in die peinliche Lage gebracht, einen Einbruch verschweigen zu müssen, den Cassie begangen hatte. Cops konnten bei so etwas echt komisch sein.

Jegliche Andeutung von romantischem Interesse war anscheinend wieder sicher weggesperrt. Nicht zum ersten Mal fragte Cassie sich, ob sie sich diese Vibes, die sie manchmal zwischen ihnen beiden spürte, nicht bloß einbildete. Wenn ja, dann war das auch gut so. Flyte war interessant und unbestreitbar ein heißer Feger, aber Cassie hatte mit dem emotionalen Malstrom schon genug am Hals, den sie durch das Wühlen in der Vergangenheit ihrer Eltern ausgelöst hatte.

»Normalerweise dauert es doch länger, bis der toxikologische Befund da ist, nicht wahr?« Flyte zog eine perfekt gezupfte Braue hoch.

»Ich kenne jemanden im Labor in Hammersmith, der mir noch einen Gefallen geschuldet hat.« Cassie schlug die Augen nieder und nippte sittsam an ihrem Espresso. Dass *ihr* Gefallen darin bestanden hatte, Marco die Nummer eines Grasdealers in Ealing zu geben, brauchte sie ja nicht zu erwähnen.

Ein Schatten legte sich wie eine jähe Sonnenfinsternis auf Flytes Gesicht. »Das war's dann also. Wir sagen seinen Eltern, dass er stocknüchtern war, als er sich umgebracht hat.«

»Ich fürchte, ja.« Flyte schien emotional mehr in Bradley Appletons Fall involviert zu sein, als man es von einer Polizistin erwarten würde, selbst bei einem Kindessuizid. Doch Cassie war schon vor einiger Zeit klar geworden, dass Flyte jemanden verloren hatte, der ihr sehr nahegestanden hatte, und dass sie gerade erst damit begonnen hatte, das zu verarbeiten. Sie machte eine respektvolle Pause, ehe sie auf ihr Anliegen zu sprechen kam.

»Ach, übrigens, ich wollte fragen, ob Ihnen auf dem Revier mal ein Gerry Hobbs über den Weg gelaufen ist – der war da 1997 Detective Sergeant? Müsste jetzt so Anfang fünfzig sein, würde ich sagen.«

Flyte bedachte sie mit einem amüsierten Blick, der sagte *Also deshalb wollten Sie sich mit mir treffen.*

»Sagt mir nichts, fürchte ich«, antwortete sie. »Bei der Kriminalpolizei ist er nicht, das ist sicher. Aber wenn er in den Neunzigern Sergeant war, dann könnte er bereits in Pension gegangen sein – nach dreißig Dienstjahren kriegt man die vollen Bezüge.« Als sie die Zitronenscheibe von ihrer Untertasse nahm und das Fruchtfleisch mit den Zähnen abriss, erinnerte Cassie sich wieder daran, wie überrascht sie gewesen war, als sie zum ersten Mal diese animalische Geste bei jemandem gesehen hatte, der anscheinend so ungemein beherrscht war. »Warum wollen Sie das wissen?«

Cassie zögerte. Alle ihre Instinkte rebellierten dagegen, sich einem Cop anzuvertrauen, selbst einem, dem sie inzwischen bis zu einem gewissen Grad vertraute. Doch das Wiederauftauchen ihres Vaters, die Erinnerungen an ihre Mutter, die aus der Versenkung emporstiegen, und die Bilder von ihr, die sie vor sich sah, hatten sie aus dem Gleichgewicht gebracht und machten es ihr schwer, sich bei der Arbeit zu konzentrieren. Die einzige Hoffnung, zu irgendeiner Art von Normalität zurückzukehren, bestand darin, sich zu vergewissern, dass der Mord an ihrer Mutter angemessen untersucht und dass ihr Vater nicht zu Unrecht verurteilt worden war.

Rasch und monoton erzählte sie Flyte die ganze Geschichte, den Blick fest auf den Tisch geheftet. Es wurde jedes Mal eher schwerer als leichter, stellte sie fest. Das einzige Detail, das sie wegließ, war das Auftauchen ihres Vaters, nur für den Fall, dass er damit gegen irgendwelche Auflagen verstoßen hatte.

»Das tut mir furchtbar leid«, sagte Flyte, als sie geendet hatte. »Das muss ja absolut grauenvoll für Sie gewesen sein.«

Cassie hatte gesehen, wie Flyte reflexartig die Fäuste auf der Tischplatte geballt hatte, und spürte, dass sie den Impuls unterdrückt hatte, die Hand auszustrecken und ihren Arm zu berühren.

Stattdessen griff die Polizistin in ihre Tasche, holte ihr Handy hervor und wählte eine Nummer.

»Gary? Hier ist Phyllida Flyte. Kann ich Sie kurz etwas fragen?« Ein kurzer Austausch folgte. Dann legte sie auf und sagte: »Okay, also DS Gerald Hobbs ist letztes Jahr in Pension gegangen, ein paar Monate bevor ich nach Camden gekommen bin. Anscheinend hat er eine Stelle als Sicherheitsleiter bei einem Kinderhilfswerk angenommen. Gar nicht schlecht, so zusätzlich zur Pension.«

»Er ist immer noch DS? Hat das was zu sagen, dass er die ganzen Jahre lang Sergeant geblieben ist?«

Flyte schürzte die Lippen – noch immer in diesem Bonbonrosa geschminkt, das Cassie nicht ausstehen konnte – und ließ sich die Frage durch den Kopf gehen. »Heutzutage ist das wahrscheinlich nicht mehr so üblich, wo so viele Detectives von der Uni zur Polizei kommen. Aber damals gab es viele, die gern ihre ganze Dienstzeit lang Sergeant geblieben sind. Je höher man auf der Leiter kommt, desto öfter hat man es mehr mit Politik zu tun als mit Polizeiarbeit.«

»Und was ist mit Ihnen? Wollen Sie die Leiter immer weiter hinaufsteigen?«

»Ich … ich weiß es nicht.« Flyte blinzelte, als hätte sie schon eine ganze Weile nicht mehr darüber nachgedacht. »Früher hatte ich alles genau geplant, DS mit fünfunddreißig, DI mit vierzig und dann so weiter bis zum Commissioner.« Ein schiefes Lächeln. »Aber je länger ich den Job mache, desto mehr denke ich, das berufliche Fortkommen ist weniger wichtig, als Spaß an der täglichen Polizeiarbeit zu haben.«

»Und macht es Ihnen Spaß? Die tägliche Polizeiarbeit?«

»Allmählich schon. Eine Weile hab ich das aus dem Blick verloren …« Sie vollendete den Satz nicht, und Cassie empfand ihren Verlust fast wie etwas Körperliches zwischen ihnen. Flyte schien noch mehr sagen zu wollen, doch der Augenblick ging vorüber. Stattdessen meinte sie: »Ehrlich gesagt überlege ich, ob ich mich beim CID bewerben soll, bei der Kriminalpolizei. An Mordfällen zu arbeiten, das fehlt mir.«

Sie machte ein entsetztes Gesicht. »Oh, entschuldigen Sie! Das war sehr gedankenlos von mir.«

Cassie hob die Hand. »Ist schon gut. Jedenfalls, das kann ich total verstehen. Bei einem Mord geht's um ein bisschen mehr als bei einem geklauten Smartphone, stimmt's?« Sie hielt kurz inne, bevor sie den nächsten Schritt wagte. »Die Ermittlungsakte zum Mord an meiner Mutter können Sie mir wohl nicht besorgen?«

»Auf gar keinen Fall.« Flyte sah sie mitfühlend an, doch ihre Worte klangen endgültig. »Hören Sie, Cassie, es tut mir wirklich leid, aber ich könnte schon Ärger kriegen, wenn ich mir ohne Genehmigung Zugriff auf eine Akte verschaffe. Und zwar richtigen Ärger.«

Scheiß drauf.

Schweigend tranken sie ihre Tassen leer, dann fragte Flyte: »Wann wird Bradley Appletons Leichnam freigegeben? Ich denke, eine Beerdigung …« Sie senkte den Blick kurz auf die Tischplatte, ehe sie fortfuhr: »Ihn beerdigen zu können würde seinen Eltern helfen.«

Die Erkenntnis traf Cassie so unverhofft wie das Blitzlicht einer Kamera.

Ein Kind. Flyte hatte ein Kind verloren.

»In ein paar Tagen sollten wir die nötigen Unterlagen von der Rechtsmedizin kriegen.« Cassie dachte an Bradleys Eltern und fragte sich, ob seine Goth-Freundin Naenia wohl bei der Beerdigung aufkreuzen würde. Da der toxikologische Befund es ausschloss, dass Bradly irgendwelche Drogen im Körper gehabt hatte … Sie hatte über die Worte »Voll der krasse Trip!« nachgegrübelt, die sie von seinem Leichnam gehört hatte. War das nur ihre hyperaktive Fantasie gewesen? Wahrscheinlich. Doch als sie daran dachte, wie hektisch Naenia geworden war, als sie ihr Fragen gestellt hatte, merkte sie, wie sich ihre Zweifel verfestigten.

An Bradleys Tod war mehr dran, als Naenia zugab. Hatte sie mit Bradley Schluss gemacht, kurz bevor er sich das Leben genommen hatte? Fühlte sie sich deswegen so schuldig?

»Sie haben doch bestimmt sein Handy überprüft, ob er irgendwelche Nachrichten verschickt oder bekommen hat, die erklären könnten, warum er's getan hat?«, fragte sie Flyte.

»Da war nichts. Nur belangloses Zeug.«

Sie und Flyte wussten beide, dass das Fehlen einer letzten Botschaft nichts Ungewöhnliches war – und Männer neigten bei Suiziden noch weniger dazu als Frauen, ihren Lieben eine Erklärung zu hinterlassen.

Cassie fasste einen Entschluss. Sie musste noch einmal mit Naenia sprechen und versuchen, sie dazu zu bringen, dass sie damit herausrückte, was sie so quälte, was immer es auch war. Sowohl um ihrer selbst als auch um Bradleys Eltern willen. Doch wie sollte sie sie finden? Einfach nur zu hoffen, ihr im Black Heart zu begegnen, war kein besonders guter Plan.

Als sie aufstanden, fragte sie beiläufig: »Bradley war auf derselben Schule wie ich, stimmt's? Camden High?«

Eine Kerbe erschien zwischen Flytes Augenbrauen. »Nein, St. Crispin's. Die katholische Oberschule.«

Cassies Gefühle waren gemischt: Triumph, aber auch Gewissensbisse, weil sie Flyte so leicht ausgetrickst hatte.

FLYTE

Flyte ging durch den kalten Abend nach Hause. Das Treffen mit Cassie hatte sie aufgewühlt – und wie immer wusste sie nicht genau, wieso.

Einerseits machte die junge Frau sie wütend. Warum bestand sie nur so auf diesem »Rebellischer Teenager«-Look? Welche Botschaft sollten die klobigen Schnürstiefel, die grässlichen Piercings und dieser halb rasierte Undercut genau vermitteln? Dass man sie nicht nach ihrem Aussehen beurteilen sollte? Und was das Tattoo auf ihrer Brust anging – dessen oberen Rand Flyte ganz kurz gesehen hatte, als Cassie sich gebückt hatte, um ihre Tasche aufzuheben –, ganz gleich, wie gut das gemacht war, es würde nicht mehr so attraktiv aussehen, wenn ihre Haut nicht mehr glatt und faltenfrei war.

Und trotzdem.

Nachdem sie mehr als einmal Zeugin davon geworden war, wie respektvoll – nein, *zartfühlend* – sie mit den Toten umging, war ihr klar geworden, dass Cassies provokantes Äußeres eine Art Fassade war. Vor ein paar Wochen hatte sie herausgefunden, dass sie gegen eine ganze Reihe Vorschriften verstoßen und ihren Job riskiert hatte, indem sie jedes Mal über Nacht in der Leichenhalle geblieben war, wenn ein Kind eingeliefert worden war. Angefangen hatte das anscheinend, als sie neben dem Kühlfach übernachtet hatte, das den Leichnam eines ertrunkenen Neunjährigen namens Oliver beherbergte … weil dessen Mutter ihr erzählt hatte, dass er Angst vorm Dunkeln hatte.

Seither stellte Flyte sich manchmal vor, wie Cassie neben

dem Fach schlief, in dem ihre neugeborene Tochter lag, und bei ihr Nachtwache hielt.

Liebe, süße Poppy. Mehr als zwei Jahre lang hatte sie nicht einmal einen flüchtigen Blick auf das einzige Foto geworfen, das sie von ihrem Baby gemacht hatte, bevor die Schwestern es mitgenommen hatten. Jetzt betrachtete sie es jeden Tag ein Dutzend Mal. Wegen irgendetwas in Poppys gleichmütigem, übernatürlich weisem Gesicht hatte sie stets das Gefühl, ihre Tochter würde über sie wachen und ihr sagen, dass alles gut werden würde.

Das war ein Trost, doch es konnte die Fragen nicht zum Schweigen bringen, die in ihrem Kopf nach Aufmerksamkeit verlangten.

Sich allmählich der Realität dieses Verlustes zu stellen verstärkte ihr Bedürfnis nur noch, zu erfahren, was zwischen dem Ultraschall in der zwanzigsten Schwangerschaftswoche, der einen anscheinend gesunden Fötus mit kräftigem Herzschlag gezeigt hatte, und dem totgeborenen Baby geschehen war, das man ihr acht Wochen später in die Arme gelegt hatte. Sie erinnerte sich noch, dass der Arzt, der dabei gewesen war, gesagt hatte, Poppy hätte während der Entbindung den größten Teil ihres Blutes verloren. Danach jedoch musste sie ihn ausgeblendet haben, als er die Komplikationen geschildert hatte, die die Ursache dafür gewesen waren. Auch Matt sagte, er erinnere sich nicht mehr an die Details, doch er behauptete, er habe nicht das Bedürfnis, »das immer wieder durchzukauen.«

Poppys Todesursache war von demselben Arzt bescheinigt worden, was bedeutete, dass keine Autopsie notwendig gewesen war. Nicht dass sie eine gewollt hätte – wer würde seinem Baby denn freiwillig so etwas zumuten? Jetzt jedoch fragte sie sich, ob ihr das nicht das verschafft hätte, wonach sie so dringend verlangte: die Gewissheit, dass Poppys Tod unvermeidbar gewesen war.

Seit jenem furchtbaren Treffen mit Matt hatte er sich nicht mehr gemeldet und ihr auch den Krankenhausbericht nicht gemailt, um den sie ihn gebeten hatte. Sollte sie ihn anrufen? Krankenhausbericht hin oder her, ihr war klar, dass sie außerdem das Bedürfnis hatte, ihm zu helfen. Zugleich jedoch wusste sie genau, dass es keinen Sinn hätte. Genau wie sie bis vor Kurzem hockte Matt noch immer im Bunker, wild entschlossen, seine Trauer zu begraben.

Sie traf eine Entscheidung. Obwohl sie schon fast vor ihrer Tür angekommen war, wartete sie nicht ab, bis sie im Warmen war, sondern tippte eine E-Mail an ihn. Das kam ihr angemessener vor als eine SMS. Löschte die Mail. Verfasste sie neu. Schließlich schrieb sie einfach nur »Krankenhausbericht« in die Betreffzeile und darunter ein einziges Wort.

Bitte!

Danach war sie erleichtert, fühlte sich aber zugleich auch irgendwie ausgeliefert und dachte an jenes seltene Aufblitzen der Verwundbarkeit, das über Cassies Züge gehuscht war, als sie um die Fallakte ihrer Mutter gebeten hatte.

Mit kalter Wucht wurde Flyte schlagartig klar, dass sie und Cassie im selben Boot saßen: Sie suchten beide verzweifelt nach Antworten auf Fragen zum Tod eines Menschen, den sie liebten.

16. KAPITEL

Es war zehn Uhr vormittags, und in der Kühlkammer zog Cassie gerade eine Schublade des riesigen Kühlschranks auf, um einen Blick auf den Gast zu werfen, den der Fahrdienst in den frühen Morgenstunden herübergebracht hatte.

Nachdem sie das Etikett mit Namen und Geburtsdatum an der Seite des Leichensacks überprüft hatte, das ihr verriet, dass Harjinder Singh erst achtundzwanzig Jahre alt gewesen war, zog sie den Reißverschluss bis Brusthöhe auf. Auf seiner Brust klebten noch die Defibrillator-Elektroden der Rettungshelfer. Sämtliche Infusionsschläuche, Kanülen und dergleichen mussten bis nach der Autopsie an Ort und Stelle verbleiben; bei jedem Todesfall mit unklarer Ursache waren das wichtige Beweismittel.

»Hallo, Harjinder«, sagte sie leise und bemerkte mit einem schmerzhaften Stich, wie jung und attraktiv er aussah. »Du bist in der Pathologie. Deine Schwester Ruha hat gerade angerufen. Sie war nicht dabei, als du gestorben bist, also ist sie jetzt hierher unterwegs, um dich zu sehen.« Sie berührte seine Wange. Das Gewebe wurde allmählich steif, aber die Totenstarre hatte noch nicht vollständig eingesetzt. *Gut.* Die meisten Menschen hatten das Bedürfnis, ihre toten Liebsten zu berühren, und wenn sich der Leichnam im vollständigen *Rigor mortis* befand, würde er sich so weich und warm anfühlen wie ein Telefonmast.

Laut den Unterlagen der Rechtsmedizin hatten Harjinders Eltern – er hatte noch zu Hause gewohnt – nachts ein Krachen gehört und ihn bewusstlos auf dem Boden des Badezimmers vorgefunden; er hatte nicht mehr geatmet. Sein Vater hatte eine Viertelstunde lang Herzdruckmassage durchgeführt, bis der Krankenwagen kam, doch die Sanitäter hatten ihn nicht retten können.

Zwanzig Minuten später führte sie seine Schwester ins Besichtigungszimmer. Ruha Singh war Mitte zwanzig und ein echter Hingucker: Sie hatte ausdrucksvolle dunkle Augen, dichtes, in Zöpfen um den Kopf gewundenes schwarzes Haar und trug ein figurbetontes Kostüm. Als sie die geschlossenen Vorhänge erblickte, hinter denen ihr Bruder lag, sah sie Cassie mit ihren intelligenten Augen an. »Ich bin bereit, ich möchte ihn sehen«, kam sie Cassies üblicher Einleitung zuvor.

In dem Raum, wo ihr Bruder lag, streckte sie sofort die Hand aus und berührte sein Haar, dunkel und glänzend wie das ihre, bevor sie sie auf seiner Brust ruhen ließ, die von der dunkelroten Decke bedeckt war.

»Ich bin vor drei Monaten von zu Hause ausgezogen. Das hat ihn ein bisschen gewurmt, er ist nämlich zwei Jahre älter als ich«, sagte sie mit einem raschen Lächeln zu Cassie. »Jetzt wünsche ich mir, ich wäre noch da gewesen. Vielleicht hätte ich ja gestern Abend gemerkt, das irgendetwas nicht stimmt, und hätte darauf bestanden, ihn in die Notaufnahme zu bringen.«

Cassie nickte nur; sie wusste, dass es wenig Sinn hatte, zu versuchen, diesen Gedankengang umzuleiten. Tatsächlich hatte Harjinders Mutter gesagt, ihm sei nichts anzumerken gewesen, als er nach der Arbeit und einem Abstecher ins Fitnessstudio spät heimgekommen sei und sich einen ganzen Teller vom Gemüsecurry seiner Mutter sowie ein paar Brotfladen einverleibt habe, ehe er zu Bett gegangen sei.

»Was hat er denn beruflich gemacht?«

Stolz zeichnete sich auf Ruhas Zügen ab. »Vor ein paar Monaten hat er einen Job als Analyst bei einer Investmentbank in der City bekommen. Er fand's toll, aber es war ganz schön hart. Wenn er einen Bericht abzuliefern hatte, hat er um sieben Uhr morgens angefangen, seinen Lunch am Schreibtisch gegessen und dann die Nacht durchgearbeitet. Morgens musste er dann zu Marks & Spencer gehen, um sich ein frisches Hemd zu kaufen.« Sie machte große Augen, halb missbilligend, halb bewundernd. »Wissen Sie, wir hatten so unsere Hochs und Tiefs, aber eins kann ich über meinen großen Bruder sagen – er hat nie Angst vor harter Arbeit gehabt.«

Harte Arbeit allein hatte einen Achtundzwanzigjährigen noch nie das Leben gekostet, und Cassie hatte in seiner Krankenakte keinerlei Warnsignale entdeckt: Sein Blutdruck war normal gewesen, er hatte nicht geraucht oder getrunken und auch nicht an Diabetes oder anderen chronischen Krankheiten gelitten. Drei der Top-Kandidaten für einen plötzlichen Tod wurden durch kardiovaskuläre Gefäßverschlüsse verursacht, die einen Herzinfarkt, einen Schlaganfall oder eine Lungenembolie verursachen konnten – ein Blutgerinnsel, das in die Lunge geschwemmt wurde. Eine Ruptur der Wand der Aorta, der größten Arterie des Körpers, konnte zu tödlichen inneren Blutungen führen. Doch bei jüngeren Erwachsenen war ein plötzlicher Herztod am wahrscheinlichsten.

Dem plötzlichen Herztod lag eine nicht diagnostizierte und für gewöhnlich ererbte Herzkrankheit zugrunde, doch der abnormale Herzrhythmus, der zum Tode führte, hinterließ keine Visitenkarte. Wenn kein anderer eindeutiger Grund vorlag, würde der Rechtsmediziner aufgrund von Wahrscheinlichkeiten plötzlichen Herztod als Todesursache angeben und den Verwandten raten, genetische Tests vornehmen zu lassen, um mögliche vererbbare Herzprobleme in der Familie ausfindig zu machen.

»Sie haben doch bestimmt schon öfter solche Fälle gesehen.« Mit Mühe löste Ruha den Blick von ihrem Bruder und sah Cassie in die Augen. »Was glauben Sie, was passiert ist?«

Ein weiterer möglicher Auslöser für Harjinders Tod war Cassie bereits durch den Kopf gegangen: Ein ehrgeiziger junger Mann, der in der City manchmal die Nacht durcharbeitete, war vielleicht versucht gewesen, sich mit etwas Stärkerem wach zu halten als mit Kaffee – und stimulierende Medikamente wie Ritalin oder Modafinil konnten bei zugrundeliegenden Herzproblemen tödlich sein. Doch diese Möglichkeit würde sie nicht ansprechen, bevor der toxikologische Befund vorlag.

»Es wäre nicht hilfreich, wenn ich hier spekulieren würde, Ruha, aber ich kann Ihnen versichern, dass der Pathologe sämtliche Optionen überprüfen wird.« Sie hoffte, dass sie genug Zuversicht in ihre Worte gelegt hatte, doch wenn sie an Curzons mürrisches Gesicht und seine laxe Herangehensweise dachte, hegte sie insgeheim Zweifel.

Ruha schwieg; ihre Hand tätschelte die Brust ihres Bruders. Sie war eindeutig hart im Nehmen, jetzt jedoch sah Cassie, wie ihre Schultern herabsanken. Zweifellos drang allmählich die Realität zu ihr durch, dass sie ihren Bruder nie wieder lebendig sehen würde.

»Ich hole Ihnen mal einen Stuhl, damit sie ein bisschen bei ihm sitzen können«, sagte Cassie. »Und dann mache ich Ihnen eine Tasse Tee.«

Nachdem Ruha gegangen war, brachte Cassie Harjinder wieder in sein Kühlfach, wo er auf seine Autopsie warten würde, die in zwei Tagen stattfinden sollte. Bevor sie den Leichensack schloss, sah sie ihm lange ins Gesicht und überlegte, ob er ihr wohl einen Hinweis darauf geben würde, was geschehen war. Doch es kam nichts.

Im Sektionssaal wischte Jason gerade den Boden.

Sie ertappte sich dabei, wie sie ihm schilderte, was sie über Harjinders Tod aus heiterem Himmel wusste. »Was meinst du?«, fragte sie. »Du hast doch mit viel mehr unerwarteten Todesfällen bei jungen Erwachsenen zu tun gehabt als ich. Plötzlicher Herztod? Aortenruptur aufgrund von kongenitaler Gefäßwandschwäche? Könnte er's im Fitnessstudio übertrieben haben und damit irgendwas ausgelöst haben, was er schon von Geburt an hatte?«

Jason stützte sich auf seinen Wischmopp und bedachte sie kopfschüttelnd mit einem herablassenden kleinen Lächeln. »Warum verschwendest du deine Zeit mit solchen Rätselspielchen? Mein Rat lautet, überlass die Schwarze Kunst den Pathologen.«

»Ja, aber …«

»Du weißt schon, was unser Job ist, oder?« Er schob sein massiges Gesicht nahe an das ihre, um seine Weisheit zu verkünden. »Aufschneiden und zumachen, Schätzchen. Aufschneiden und zumachen.«

17. KAPITEL

Als Cassie um halb sieben im Dublin Castle eintraf, wo Maria Maguire auftreten sollte, war der Laden halb leer; um sieben jedoch war jeder Tisch besetzt, und vor der Bar drängte sich eine Menschentraube. Ein langgliedriger junger Mann, der das Haar oben auf dem Kopf zu einem Knoten gebunden trug, hatte sich darangemacht, einen Verstärker und ein Mikrofon auf der kleinen Bühne gegenüber von der Bar aufzubauen, und allmählich breitete sich knisternde Vorfreude aus.

Ein Blick in die Runde zeigte ihr, dass sie eine der Jüngsten hier war; die meisten Anwesenden waren alt genug, um Maria noch bei *Poitín* singen gehört zu haben – und Cassies Vater auch. Ihr Blick fiel auf eine Frau Mitte fünfzig mit kurz geschnittenem Haar, die eindringlich auf ihren Begleiter einredete, und als sie sah, wie die Frau dramatisch die Augen aufriss, kam Cassie eine intuitive Erkenntnis: Die Frau erinnerte den Mann gerade an den Mord, der das Ende von *Poitín* bedeutet hatte. Vielleicht hatte Marias zweifelhafte Prominenz noch immer einen makabren Reiz.

Als Kieran auftauchte, war sie erleichtert, ihn ein alkoholfreies Bier bestellen zu hören; er war also immer noch trocken. Sie musste gerade reden, schließlich war sie schon bei ihrem zweiten großen Wodka – ungewöhnlich für sie unter der Woche, zumindest bis vor nicht allzu langer Zeit.

An ihrem Tisch beugte er sich mit freudig erregter Miene zu ihr vor. »Ich hab rausgefunden, dass es damals 'ne ganze Menge Fanzines über die Musikszene von Camden gegeben hat …«

»Fanzines?«

»Fanmagazine.« Er grinste. »Hast du doch bestimmt schon mal von gehört. Die wurden von Fans und von Musikfreaks geschrieben, und da standen alle Konzerttermine von den Bands hier aus der Gegend drin, und sämtlicher Klatsch und Tratsch. Die sind in den Plattenläden vertickt worden. Nichts Tolles, bloß Schwarz-Weiß-Fotokopien.«

»So was wie ein Blog, nur auf Papier?«

»Genau! Also, Bob hat mir die Nummer von diesem Pete gegeben, der hat für so ein Fanzine geschrieben und 'ne ziemlich große Sammlung aus den Achtzigern und Neunzigern. Ich hab ihn gebeten, die mal durchzuschauen, ob da was über *Poitín* dabei ist.«

Er hielt inne und deutete mit einer Kopfbewegung über ihre Schulter hinweg auf die Tür. Eine Frau mit dunklem lockigem Haar war gerade hereingekommen; als sie sich im Lokal umsah, glitt ihr Blick über Cassie hinweg. An ihrem herzförmigen Gesicht war sie sofort als Maria Maguire zu erkennen, die junge Frau vom Cover des *Poitín*-Albums. Wenn man davon ausging, dass sie ungefähr so alt war, wie Cassies Mutter jetzt gewesen wäre, musste sie Mitte vierzig sein. Groß und gertenschlank, mit einer noch immer klar gezeichneten Kinnlinie hätte sie jedoch auch für zehn Jahre jünger durchgehen können.

Nachdem sie kurz mit dem Gitarristen geplaudert hatte, streifte Maria ihre Lederjacke ab und trat mit gesenktem Lockenkopf ans Mikrofon. »One-two, one-two«, sagte sie halblaut, ehe sie das Mikrofon auf die richtige Höhe einstellte. Der Gitarrist drehte an ein paar Knöpfen des Verstärkers und spielte dann ohne weitere Einleitungen eine Serie gemächlicher Akkorde. Maria kippte das Mikrofon zu sich heran, lächelte dem Gitarristen hinter ihr kurz zu und begann einen eindringlichen Blues-Song über einen Mann, der sie ganz allein zurückgelassen hatte. Irgendetwas über kalte Augen und ein kaltes, kaltes Bett.

Als sie beim Refrain angekommen war, wechselte Cassie mit hochgezogenen Brauen einen verblüfften Blick mit Kieran – *Das ist ja voll Klasse!* Es war nicht das, worauf sie normalerweise stand, aber die verträumten Bassklänge und ein sehnsüchtiger Unterton in Marias überraschend tiefer Stimme rührten an irgendetwas in ihrem Inneren. Und nicht nur in ihrem – im ganzen Pub war es still geworden, die Aufmerksamkeit aller galt ganz allein Maria, die fast reglos dastand, die Augen beim Singen halb geschlossen, und das Mikrofon umfasste wie das Gesicht eines Geliebten. Während der Gitarrensoli trat sie zur Seite, sodass der Gitarrist im Mittelpunkt stand, und klopfte mit einer Hand den Rhythmus auf ihrem Oberschenkel mit.

Doch Cassies Blick kehrte immer wieder zu Marias Gesicht zurück. Ein bisschen verlebt um die Augen, aber noch immer wunderschön. Zu ihrem wallenden, asymmetrisch geschnittenen indigoblauen Kleid trug sie Stiefel, die vorne kreuzweise geschnürt waren, – wie die frühe Stevie Nicks – und ein schwarzes, ein wenig gothic anmutendes Band um den Hals. Ein Gedanke traf Cassie wie ein Faustschlag in den Magen: Sie würde niemals erfahren, wie ihre Mutter ausgesehen hätte, wenn sie so alt geworden wäre wie Maria.

Maria war keine Sängerin, die zwischen den einzelnen Nummern viel redete; nur ein halblautes »Danke schön«, wenn der Applaus verstummt war. Nach einem halben Dutzend Songs stimmte sie etwas Rockigeres an und röhrte den Text, während ihr Stiefelabsatz auf der Bühne das Schlagzeug ersetzte. Als das Klatschen und das beifällige Johlen sich gelegt hatte, trat der Gitarrist ans Mikrofon, um zu verkünden, dass sie eine kurze Pause machen würden, und Kieran stupste Cassie überdeutlich an.

Maria trank aus einer Wasserflasche, doch als sie Cassie auf sich zukommen sah, wurde ihr Blick wachsam – wahrscheinlich wollten ständig irgendwelche männlichen und weiblichen Fans Selfies mit ihr machen. Doch als Cassie den Namen Katherine Raven nannte, wurden ihre Augen riesengroß, und ihre Hand schoss vor und berührte Cassies Schulter.

»Echt jetzt? Du bist Callums kleine Tochter?« Die Hand blieb liegen, während sie Cassies Gesicht eingehend betrachtete und sich ein trauriger Ausdruck in ihre Augen stahl. »Ah, jetzt seh ich's, du hast Kaths Nase und ihren Mund.«

»Hör zu, ich will dich echt nicht nerven, aber ich hab da ein paar Fragen …«

»Aber natürlich, Schätzchen. Soll ich nach dem Set zu dir kommen?«

Trotz der Schmetterlinge in ihrem Bauch, die entschieden nach einem weiteren großen Wodka verlangten, beschloss Cassie, zu Mineralwasser überzugehen: Das hier war eine zu wichtige Gelegenheit, um sie angetrunken zu versauen.

Als Marias Set vorbei war, kam sie zu ihrem Tisch herüber. Mit verklärter Fan-Miene sprang Kieran auf, um ihr seinen Stuhl zu überlassen. »Ich geh mal ein bisschen an die Bar, damit ihr euch in Ruhe unterhalten könnt.«

Das Gefühl in Cassies Magen erinnerte sie an damals, als sie im letzten Jahr in der Grundschule in der Aula hatte aufstehen und ein Gedicht von Ted Hughes aufsagen müssen, das von einem Fuchs handelte.

»Ich möchte wohl einfach nur ein bisschen mehr über meine Mum und meinen Dad rausfinden – und darüber, was zwischen ihnen schiefgegangen ist. Du bist doch Kath damals bestimmt ziemlich oft begegnet?«

Maria nickte. »Callum kannte ich besser, aber ja, Kath ist

so ziemlich jede Woche gekommen, um die Band spielen zu hören. Sie war eine schöne Frau, deine Mum, innerlich wie äußerlich.«

Doch die Art und Weise, wie sie sofort den Blick senkte, nachdem sie das gesagt hatte, ließ Cassie ahnen, dass hier ein »aber« in der Luft hing. Das war etwas, was sie manchmal in der Leichenhalle spürte, von Leuten, die gerade ihren toten Vater, ihre tote Mutter oder ihren toten Ehepartner vor sich gesehen hatten.

De mortuis nil nisi bonum. Über die Toten sage nichts als Gutes.

Manchmal kniffen die Leute dabei tatsächlich die Lippen zusammen.

»Hör zu, Maria, ich weiß, sie war keine Heilige, aber ich würde ganz ehrlich lieber die Wahrheit über sie hören. Nach dem, was Bob mir erzählt hat, ihr Boss in dem Plattenladen, war sie manchmal ein bisschen … unberechenbar?«

Maria sah sie an; ein unsicherer Ausdruck lag in ihren dunkelbraunen Augen. »Sie konnte Bob um den kleinen Finger wickeln, der hätte ihr glatt einen Mord durchgehen lassen.«

Ohne auf die etwas unglückliche Formulierung einzugehen, versuchte es Cassie aus einer anderen Richtung. »Ich nehme mal an, mit einem Säufer wie Callum zu leben … da war die Ehe bestimmt ziemlich explosiv?«

Bedächtig schüttelte Maria den Kopf. »Ach Gott, Schätzchen, das kannst du ja auch nicht wissen.«

»Was kann ich nicht wissen?«

»Das mit dem Alkoholproblem war nicht dein Dad. Das war Kath.«

»Echt jetzt? Woher weißt du das?« Cassie blinzelte heftig, gab sich Mühe, das zu verarbeiten.

»Es tut mir leid. Ich hätte ja nichts gesagt, aber ich sehe

doch, dass du jemand bist, der nicht mit Plattitüden abgespeist werden möchte. Zu mir hat Callum nie ein Wort gegen deine Mum gesagt, aber er hat sich ein paar Mal bei Barney ausgeheult.«

Callum hätte Barney Cotter, seinem besten Freund und außerdem Manager und Bandkollege, davon erzählt, wie Cassies Großmutter leere Wodkaflaschen im Mülleimer gefunden hatte, sagte sie.

»Als deine Gran sich Callum deswegen zur Brust genommen hat, hat er gesagt, die Flaschen wären seine, aber da hat er bloß deine Mum gedeckt. Versteh mich nicht falsch, Callum war kein Abstinenzler, wir haben ihn oft sternhagelvoll erlebt.« Langsam machte sich ihr irischer Zungenschlag unter dem monotonen Londoner Akzent bemerkbar. »Aber er war eher Komasäufer als Alkoholiker.«

»Und warum sollte er das tun? Sie decken, meine ich?«

Maria zuckte betrübt die Achseln. »Er war ein sehr lieber Kerl, dein Dad …« Sie verstummte, ohne Zweifel widerstrebte es ihr, in Anbetracht dessen, was er schließlich getan hatte, ein Loblied auf ihn zu singen. »Deine Mum hatte Probleme, Cassie. Heutzutage hätte man ihr Prozac verschrieben. Aber damals hat man über postpartale Depressionen nicht geredet, über psychische Erkrankungen. Alles, was Kath hatte, um ihre Dämonen zu bändigen, waren Wodka und ein Valium-Rezept von irgendeinem nicht ganz koscheren Arzt.«

Alles meine Schuld.

Cassie dachte daran, wie sie diese klagenden Worte ihrer Mutter in der Prowse Place gehört hatte, wo sie ermordet worden war. Begleitet von stechendem Brandgeruch.

»Und was war mit dem Feuer?«, fragte sie.

Marias Blick zuckte zu ihr empor. »Du weißt davon? Ja, Callum hat Barney erzählt, dass Kath sich mal betrunken und dann die Wohnung in Brand gesteckt hat.« Sie hob die

Hand, mit der Handfläche nach vorn. »Versteh mich nicht falsch, das war ein Versehen – ist doch klar. Aber es war ein Glück, dass dein Dad rechtzeitig nach Hause gekommen ist, um das Feuer zu löschen.«

»Ich war dabei.« Mehr eine Feststellung als eine Frage.

Maria nickte.

Das Feuer war es also, woran Kath sich die Schuld gab, nicht ihre eigene Ermordung. So verlockend es auch war, zu glauben, ihre Mutter hätte irgendwie Verbindung zu ihr aufnehmen wollen, wusste Cassie doch, dass es sehr viel wahrscheinlicher war, dass hier eine fragmentierte Kindheitserinnerung an die Selbstbezichtigungen und die Verzweiflung ihrer Mutter an die Oberfläche gestiegen war. Sie fühlte sich erschreckend leer bei dieser Erkenntnis.

Cassie tat sich schwer damit, diese neueste Verschiebung ihres Weltbildes zu verarbeiten. Das Porträt ihrer Mutter als unschuldiges junges Mädchen, das sie während ihrer Kindheit und Jugend jeden Tag auf dem Kaminsims gesehen hatte, kombiniert mit der Litanei ihrer Großmutter von Katherine der fleißigen Schülerin und aufopferungsvollen Mutter lag in Scherben.

Vielleicht war ja einiges daran wahr gewesen, als Katherine jünger gewesen war, eins jedoch wurde allmählich klar: Nachdem sie geheiratet und ein Baby bekommen hatte, war Kath eindeutig in eine psychische Krise geraten.

»Darf ich dich mal was fragen?« Maria machte ein beklommenes Gesicht.

»Klar.«

»Weißt du, wie's Callum geht, seit er draußen ist?«

»Ich habe keine Ahnung.« Cassie zuckte die Schultern und beschloss, nicht zu verraten, dass er ihr gefolgt war.

»Ich habe ihm im Gefängnis ein paar Mal geschrieben«, meinte Maria, »um ihn wissen zu lassen, dass Barney und ich immer noch seine Freunde waren, aber er hat nie geantwortet. Wahrscheinlich wollte er einfach in Ruhe gelassen werden und seine Zeit absitzen, versuchen, die Vergangenheit zu vergessen.«

Glaubst du, er hat's wirklich getan? Cassie überlegte gerade, wie sie diese Frage formulieren könnte, als ein Mann, der ihr vage bekannt vorkam, an ihrem Tisch auftauchte. Ende fünfzig, drahtig und in einem coolen schwarzen Anzug mit modernem Touch. Sein Gesicht war hagerer und älter als auf dem Albumcover, doch Cassie erkannte Callums ehemaligen besten Freund Barney Cotter.

Noch ehe sie erfassen konnte, was er überhaupt hier zu suchen hatte, legte er Maria eine besitzergreifende Hand auf die Schulter.

»Das ist Barney«, sagte Maria. »Er ist mein Manager, aber ich weigere mich, ihn dafür zu bezahlen.«

Cassie sah sie verwirrt an.

»Was ja auch ganz in Ordnung ist«, fuhr Maria lächelnd fort. »Wir sind seit über zwanzig Jahren verheiratet.«

Cassie ertappte die beiden dabei, wie sie einen Blick wechselten, den man nur bei Menschen sah, die schon sehr lange zusammen waren. Eine Mischung aus Zuneigung und Nachsicht lag darin, getragen von einem felsenfesten Vertrauen ineinander.

»Barney, das ist Cassie – die Tochter von Kath und Callum.«

Barney machte im wahrsten Sinne des Wortes einen Schritt rückwärts – eine durchaus verständliche Reaktion darauf, der Tochter einer Frau zu begegnen, die der beste Freund ermordet hat. »Wow, Cassie. Echt super, dich kennenzulernen. Du bist ja 'ne richtige Schönheit geworden.« Seinem Akzent nach, so hart wie eine Arbeitsplatte aus Granit, war er in London geboren und aufgewachsen.

Doch nach ein paar höflichen Fragen danach, was sie denn heute so machte, wandte er sich an Maria. »Tut mir leid, Baby, aber wir müssen in die Hufe kommen – ich hab gesagt, wir sind um halb zehn da.«

»'ne Dinnerparty«, erklärte Maria und verdrehte verlegen die Augen, weil sich das so dämlich anhörte. Barney sah aus, als könne er es kaum erwarten, sich vom Acker zu machen, doch seine Frau schien nicht gehen zu wollen. Sie berührte Cassies Handrücken. »Kommst du noch mal wieder, damit wir noch ein bisschen quatschen können?«

Als sie gingen, legte Barney den Arm um Maria, ehe er noch einmal zu Cassie zurückschaute. Zuerst wusste sie seinen Gesichtsausdruck nicht zu deuten. Sie griff nach ihrem Glas und entschied, dass Neugier in seinen Augen gelegen hatte, aber auch etwas Defensives. Weil er bei der Gerichtsverhandlung das Alibi ihres Vaters vermasselt hatte? Oder weil das Alibi von vornherein eine Lüge gewesen war, ersonnen, damit sein Kumpel nicht dafür büßen musste, dass er ihre Mutter ermordet hatte?

Kieran kam mit einem weiteren Wodka für sie und setzte sich wieder hin. »Und, wie ist es gelaufen?«

»Super. Fürchterlich. Ich weiß es nicht. Großer Gott, Kieran, je mehr ich rausfinde, desto abgefuckter wird das Ganze.«

Kieran bedachte sie mit einem mitfühlenden Grinsen. »Klingt voll wie das richtige Leben.«

18. KAPITEL

Am Morgen nach der Begegnung mit Maria – und Barney – tat Cassie etwas, was sie in ihren ganzen fünf Jahren in der Leichenhalle noch nie getan hatte, und meldete sich krank. Als sie auflegte, nachdem sie eine Lebensmittelvergiftung vorgeschützt hatte, schickte sie im Stillen eine Entschuldigung an ihre Gäste in ihrem unterkühlten Schlafsaal. Wenigstens waren für heute keine Autopsien angesetzt, sagte sie sich.

Fairerweise hatte sie letzte Nacht aber auch kaum geschlafen, sondern Marias Offenbarung, dass ihre Mutter die Trinkerin gewesen war, wieder und wieder im Kopf gewälzt. *Alkoholikerin.* So musste man es ja wohl nennen, wenn sich jemand so besoff, dass er oder sie in der Nähe des eigenen Kindes ein Feuer ausbrechen ließ, nicht wahr? Das hatte eine ganz neue Ladung Fragen in ihrem Kopf in Bewegung gesetzt.

Hatte ihre Großmutter nicht gemerkt, dass ihre Tochter ein Alkoholproblem hatte? Oder hatte sie es nicht sehen wollen? Aber warum hatte Callum bei der Gerichtsverhandlung nicht die Wahrheit gesagt, um das blaue Auge seiner Frau zu erklären? Während Cassie geistesabwesend eine Tüte Katzenfutter für Macavity öffnete, beobachtete dieser sie mit unheilverkündendem Blick von seinem mittlerweile gewohnten Platz unter dem Küchentisch aus. Heute Morgen hatte sie keinen Bock, zu versuchen, ihn dort hervorzulocken – sie wusste genau, dass er erst fressen würde, wenn sie die Küche verlassen hatte.

In dem viel zu großen T-Shirt, das sie zum Schlafen trug – ein Vermächtnis eines Ex-Freundes – flegelte sie sich aufs

Sofa, trank ihren megastarken schwarzen Kaffee und befasste sich von Neuem mit der Frage, wie sie nach dem Gespräch mit Maria über Schuld oder Unschuld ihres Vaters dachte.

Dass ihre Mutter die Säuferin gewesen war, entlastete ihn nicht – er und sie hatten schließlich Mordskräche gehabt, schlimm genug, dass die Nachbarn die Polizei gerufen hatten. Und dann hatte er vor Gericht behauptet, sie hätte eine Affäre gehabt ... Wenn das nicht bloß eine Taktik gewesen war, um die Schuld auf jemand anderen abzuwälzen, könnte es auch als handfestes Mordmotiv gelten.

Die Geschworenen hatten seine Schilderung aus erster Hand hören können, bevor sie ihn schuldig gesprochen hatten. War es falsch von ihr, dasselbe zu wollen?

Sie schloss die Augen, beschwor das Gesicht ihrer Mutter herauf und sandte ihr eine Frage. Wäre es Verrat, Kontakt zu ihrem Vater aufzunehmen?

Einen Moment lang nichts, und dann die Worte:

Du bist doch schon groß.

Hatte sie sich das nur eingebildet? War das eine Projektion dessen, was sie hören wollte? So oder so, es zauberte ein trauriges kleines Lächeln auf ihre Lippen.

Cassie traf eine Entscheidung. Wenn ihr Vater noch in der Stadt war, musste sie ihm in die Augen sehen und sich anhören, was er zu sagen hatte – und dabei die ganze Zeit skeptische Distanz bewahren.

Sie holte ihr Handy hervor und googelte den Namen seiner Unterkunft. Es gab kein Bed & Breakfast namens The Bay Leaf in Kentish Town, wohl aber ein The Bay *Tree.* Eindeutig mehr eine Absteige als ein B&B, nach den Bildern und dem Preis von zweiundzwanzig Pfund pro Nacht in einem Mehrbettzimmer zu urteilen. Der Mann am Empfang meldete sich mit einem desinteressierten »Hallo«, und als sie ihn bat, nachzusehen, ob sie einen Gast namens Callum Raven hätten, lutschte er gefühlvoll an seinen Zähnen. Er bestätigte, dass Callum noch dort wohnte, doch sie musste ihn richtig bezirzen, bis er sich ihren Namen und ihre Telefonnummer aufschrieb, in der vagen Hoffnung, dass er beides vielleicht weitergeben würde.

Als sie das Gespräch beendete, kam Macavity ins Zimmer geschnürt und strebte auf sein Tagesversteck unter dem Couchtisch zu, ohne sie auch nur eines Blickes zu würdigen.

»Echt jetzt?«, fragte sie ihn. »Ich war bloß mal ein paar Wochen weg, und du machst wegen Desmond Schluss mit mir?«

Der Kater ließ sich nieder, die Pfoten ordentlich nebeneinander vor der Brust, ehe er seinen anklagenden Blick auf sie richtete. »Ach, Scheiße«, knurrte Cassie. »Ich geh dann mal.«

Sie wanderte ziellos umher und hoffte, dass niemand von der Arbeit sie sah, wo sie doch krank war. Nachdem sie zwanzig Minuten in Richtung Osten marschiert war, tauchten die roten Backsteinschornsteine von St. Crispin's auf, Bradley Appletons Schule. Cassie verspürte einen Stich des schlechten Gewissens: Sie war so mit ihrer Mutter und ihrem Vater beschäftigt gewesen, dass sie kaum einen Gedanken für Bradley und seine armen Eltern Kim und Steve übrig gehabt hatte.

Naenia geht auch auf diese Schule. Plötzlich überkam sie das dringende Bedürfnis, etwas zu unternehmen, das den beiden helfen könnte. Herauszufinden, ob Naenia tatsächlich etwas wusste, das Bradleys Selbstmord erklären könnte. Ein schmiedeeisernes Schultor kam in Sicht, durch das sich ein stetiger Strom Jugendliche in dunkelgrünen Schuluniformen auf dem Weg zu einem Tag todlangweiliger Kerkerhaft wälzte. Sie bezog Posten neben einer Hecke, die sie verbarg, hinter der sie aber hervorspähen konnte, und tat so, als suche sie etwas in ihrem Handy. Schließlich wollte sie nicht, dass irgendjemand sie für eine Art pädophile Schultor-Spannerin hielt.

Es dauerte gut eine Viertelstunde, bis Naenias einsame Gestalt auftauchte – einer der letzten Nachzügler. Mit hängenden Schultern kam sie angeschlurft und machte sich eindeutig keinerlei Gedanken darum, dass sie zu spät kam. Cassie musste ein paar Mal hinsehen, um sich zu vergewissern, dass sie es wirklich war – ohne Goth-Make-up sah sie aus wie jedes andere etwas pummelige Mädchen im Teenageralter, abgesehen von dem blauen Aufblitzen in ihrem Haar und dem stets präsenten Schal mit dem Insektenmuster um ihren Hals.

Cassie ging auf sie zu, und als sich ihre Blicke schließlich begegneten, fuhr Naenia deutlich sichtbar zusammen.

Sie weiß etwas.

Das Mädchen trabte los und eilte durch das Tor, doch Cassie folgte ihr und holte sie an dem Maschendrahtzaun rund um den Sportplatz ein. Naenia machte ein entsetztes Gesicht, als sie zu ihr aufschloss. »Sie dürfen hier nicht rein!« Mit dem Kopf deutete sie auf eine Frau in mittleren Jahren, die fünfzig Meter entfernt am Schuleingang stand und gerade einen Jungen verhörte. »Mrs Spindler schmeißt Sie raus!«

Cassie lächelte unbeirrt. »Wenn du möchtest, sage ich Mrs Spindler gern, warum ich hier bin, Naenia.«

Das Mädchen öffnete den Mund und machte ihn wieder zu.

Cassie neigte den Kopf in Richtung einer Holzbaracke. »Lass uns da reingehen und schnell 'ne Runde quatschen.«

»Aber …«

Cassie hatte ein schlechtes Gewissen, weil die Kleine so verstört war, doch sie beschwor vor ihrem geistigen Auge ein Bild von Kim Appleton herauf, um nicht nachzugeben. »Dauert bloß ein paar Minuten.«

Die Baracke beherbergte eine Umkleide, in der es nach

Kiefernharz, Mädchenschweiß und alten Turnschuhen roch. Cassie setzte sich auf eine der Bänke und wartete, bis Naenia ihr gegenüber Platz genommen hatte.

»Hör zu, Naenia, ich will ganz ehrlich zu dir sein. Wir sind nicht gerade glücklich wegen Bradleys Todesursache; irgendwas stimmt da nicht. Also müssen wir vielleicht noch ein paar Tests machen.«

Schweigen. Doch dem Heben und Senken von Naenias Brust nach ging ihr Atem flach und schnell.

»Ob bei diesen Tests etwas rauskommt oder nicht, ich kann dir versprechen, dass der Rechtsmediziner dem Ganzen bei Bradleys Anhörung auf den Grund gehen wird. Dir ist doch klar, dass er berechtigt ist, dich vorzuladen?«

Naenias Finger zuckten zu ihrem Haaransatz und rissen ein Haar aus, ehe sie nach dem Schal griffen und damit herumhantierten. Cassie sah ihr in die Augen. »Hör mir zu. Ich will nicht, dass du Ärger kriegst. Und wenn du mir die Wahrheit sagst, dann bekommst du auch keinen, das verspreche ich. Aber Bradleys Mum und sein Dad müssen wirklich wissen, was passiert ist.«

Naenia schlug die Augen nieder. »Ich …«

Da fiel es Cassie auf. Naenia hatte Make-up darüber geschmiert, doch das deckte die roten Punkte auf ihren Augenlidern nicht vollständig ab. *Genau wie die auf Bradleys Lidern.*

Petechien? Bei einem lebenden Menschen?

Natürlich. Wieder sah Cassie Naenia in die Augen und deutete auf den Schal. »Darf ich?«

Hilflos nickte das Mädchen.

Unter dem Schal zog sich ein bräunlicher Striemen quer über ihren Hals, an den Rändern gelblich verfärbt, und verschwand hinter ihrem Ohr.

»Wie lange habt ihr das Würgespiel schon gespielt, du und Bradley?«

19. KAPITEL

»Ich hab ihm gesagt, er soll's nie, nie, *nie* allein spielen, ich schwör's!«

Brutal rieb sich Naenia die geröteten Augen mit dem Papiertaschentuch, das Cassie ihr gegeben hatte. Die Wahrheit war zwischen Schluchzern ans Licht gekommen, begleitet von einem Schwall Selbstvorwürfe. Zum ersten Mal hatte Naenia von dem »Spiel«, das sie Flatliner nannte, vor ein paar Monaten gehört, als ein Mädchen aus der Schule ein Video geteilt hatte, auf irgendeinem alternativen Social-Media-Kanal, von dem Cassie noch nie gehört hatte.

Nachdem Bradley ums Leben gekommen war, hatte Naenia das Video gelöscht, doch sie erzählte Cassie, dass sich da ein Goth in einem Parkhaus mit einem Bungeeseil stranguliert habe. Ein Kumpel von ihm habe gefilmt, wie er ganz schlaff und sein Gesicht ganz blau geworden sei. Das Bewusstsein hätte er aber nicht völlig verloren, und ein paar Minuten, nachdem das Seil abgemacht worden war, hätte er voll von dem »Trip« geschwärmt. Cassie musste sich große Mühe geben, keine Miene zu verziehen; bei der Geschichte drehte sich ihr schier der Magen um.

»Und du und Bradley, ihr habt das also zusammen ausprobiert?«

Naenia nickte und konnte Cassie nicht in die Augen sehen. »Ich weiß, wie irre sich das jetzt anhört. Aber ich wollte nicht … Sie wissen schon …« Sie wurde rot.

»Du hattest das Gefühl, du bist noch nicht bereit, Sex zu haben, und das Spiel schien etwas zu sein, das ihr zusammen versuchen könnt.«

»Ein paar von den Kids aus der Schule hatten's schon gemacht, und das schien nicht so gefährlich zu sein wie Pillen, wissen Sie?«

Cassie ließ sich nichts anmerken. »Diese Euphorie, die du dabei empfunden hast? Das ist eine Nebenwirkung des Sauerstoffmangels in deinem Gehirn, der sonst vom Blut dahin transportiert wird. Das nennt man Hypoxie, und das macht deine Gehirnzellen kaputt. Davon kann man dauerhaft psychisch krank werden – wenn man überlebt.«

Wieder stiegen dem Mädchen Tränen in die Augen. »Es ist alles meine Schuld! Wenn ich ihm das Video nicht gezeigt hätte, wenn ich das Spiel nicht mit ihm gespielt hätte …«

Cassie dachte daran zurück, wie sie mit fünfzehn gewesen war. Hätte sie sich stranguliert, um high zu werden? Das konnte sie sich nicht vorstellen. Gras erschien ihr im Vergleich unfassbar harmlos. Sie griff nach Naenias Hand, und die Finger des Mädchens bogen sich dankbar um die ihren. »Hör zu, du hast gesagt, andere Kids in der Schule haben das auch gemacht? Er hätte also wahrscheinlich sowieso davon gehört, von jemand anderem. Und Jungs gehen nun mal mehr Risiken ein als Mädchen.« Ihr Blick fiel auf die roten Sprenkel auf Naenias Augenlidern, und sie stellte sich vor, wie die Kapillaren direkt unter der Haut unter dem Venendruck barsten. Dann kam ihr der Gedanke, dass die Flecken wahrscheinlich inzwischen verschwunden wären, wenn sie älteren Datums gewesen wären. »Du hast es in den letzten Tagen wieder gemacht, stimmt's? Trotz dem, was mit Bradley passiert ist?« Das Mädchen senkte den Blick. »Du hast gehofft, dir passiert vielleicht dasselbe.«

»Ich wollte richtig wegbleiben, aber jedes Mal, wenn's fast so weit war, hab ich Schiss gekriegt und aufgehört.« Ihre Stimme war voller Verachtung. »Ich bin so ein Feigling.«

»Hör zu.« Cassie drückte ihr die Hand. »Bradley ist tot, und man kann ihn nicht zurückholen. Was würde denn ein zweiter sinnloser Tod bringen? Nur noch viel mehr Schmerz und Kummer – für deine Familie und alle deine Freunde. Du weißt ja jetzt, wie es ist, jemanden zu verlieren.« Das Mädchen zuckte in widerstrebender Zustimmung die Achseln. »Schau, Naenia, es ist toll, dass du noch am Leben bist – du kannst nämlich dafür sorgen, dass bei alldem noch etwas Gutes rauskommt.«

»Etwas *Gutes?*«

»Auf jeden Fall. Du kannst Bradleys Mutter und seinen Vater wissen lassen, dass das Ganze einfach nur ein blödes Versehen war, dass er sich nicht umgebracht hat, weil er unglücklich war. Das wird für sie einen Riesenunterschied machen, wirklich, ich versprech's dir. Und du kannst den anderen in der Schule sagen, was für ein bescheuertes, gefährliches Spiel Flatliner ist.«

»Meine Mum bringt mich um, und ich fliege von der Schule!« Ihre Stimme war zu einem jammernden Aufschrei geworden.

»Nein, tust du nicht«, widersprach Cassie und setzte darauf, dass das stimmte. »Dein einziges Vergehen ist, dass du fünfzehn bist und nicht daran glaubst, dass du draufgehen kannst.«

»Ich kann's seiner Mum und seinem Dad nicht sagen, ich kann's einfach nicht.« Sie fing an, heftig den Kopf zu schütteln.

Cassie ließ ihr einen Moment Zeit, ehe sie fortfuhr. »Das brauchst du auch nicht. Ich kenne die Polizistin, die sich um Bradleys Angehörige kümmert. Du kannst mit ihr reden. Sie wird nicht ausflippen, ich versprech's dir. Sie wird mit seinen Eltern sprechen – und sie ist bestimmt auch gern dabei, wenn du's deiner Mum sagst.«

Naenia biss sich auf die Lippen, sie war noch immer nicht überzeugt.

»Du weißt ja, wie beschissen du dich die ganze Zeit gefühlt hast. Wenn du die Wahrheit sagst, geht's dir um tausend Prozent besser, ganz sicher.«

Ein paar Minuten später blickte Cassie Naenia nach, die den Weg zur Schule hinaufeilte. Wenn es kein Wunschdenken ihrerseits war, dann schien das Mädchen ein bisschen aufrechter zu gehen, mit geraderem Rücken. Die Last ihres furchtbaren Geheimnisses war anscheinend bereits leichter geworden, weil sie jemandem die Wahrheit über den Unfalltod von Bradley Appleton erzählt hatte.

20. KAPITEL

An diesem Nachmittag stieg Cassie in den Bus zum Hampstead Heath. In ihrer Brust rumorten widerstreitende Gefühle; Zweifel und Gewissensbisse, aber auch eine unbestreitbare Unterströmung der Vorfreude. Als Callum angerufen hatte, war sie schroff zu ihm gewesen, fest entschlossen, dass er ihre Bereitschaft, sich mit ihm zu treffen, nicht als Akzeptanz seiner Unschuldsbehauptungen missdeuten sollte.

Der Treffpunkt, den sie ihm genannt hatte, war sorgfältig ausgewählt: eine Parkbank in einem ruhigen Winkel an dem Ende des Parks, das Gospel Oak am nächsten lag. Sich draußen zu treffen kam ihr irgendwie weniger … intim vor, und an einem Wochentag im Winter – obgleich schwacher Sonnenschein durch die Wolken drang – war es unwahrscheinlich, dass dort viele Menschen unterwegs sein würden. Und das Risiko, dass sie von jemandem gesehen wurde, den sie kannte, war auch nicht so groß.

Sie kam um die Wegbiegung, die zu der Bank führte, und war bisher gerade mal an einer Handvoll Leute vorbeigekommen, die mit ihren Hunden spazieren gingen. Als sie Callum dort sitzen sah, empfand sie eine grauenvolle Mischung aus Mitleid und Enttäuschung, während sich der große, starke Dad, der noch immer in ihrem Kopf lebte, in diesen gebeugten, dürren alten Mann verwandelte.

Sie setzte sich ans andere Ende der Bank, ganz am Rand, um deutlich zu machen, dass dies kein freundschaftliches Treffen war, und kam sofort zur Sache.

»Ich erinnere mich an ein paar Sachen von damals, als ich klein war«, verkündete sie in sachlichem Tonfall. »Und ich weiß, dass Mum die Wohnung in Brand gesteckt hat.« Ihm zu sagen, dass sie das von Maria erfahren hatte, würde das Ganze nur verkomplizieren.

Callum sah schockiert aus. »Du erinnerst dich an das Feuer?« Er schaute auf seine Hände hinunter, und seine Kiefermuskeln arbeiteten lange stumm, ehe er sie von Neuem ansah. »Hör zu, Cat … Cassie, das war ein Versehen. Deine Mum hatte es mit den Nerven, und sie hat gesagt, ein bisschen Alkohol würde helfen, aber manchmal war sie … ein bisschen beschwipst. Daher hatte sie auch das blaue Auge, das bei dem Prozess zur Sprache gekommen ist. Sie ist im Bad hingefallen.« Bei der Erinnerung verzog er schmerzlich das Gesicht. Cassie fiel wieder ein, wie er ihrem Blick ausgewichen war, als er abgestritten hatte, Kath geschlagen zu haben. Jetzt begriff sie, dass er ihr wohl verständlicherweise nicht hatte sagen wollen, dass ihre Mutter Alkoholikerin gewesen war.

Skeptisch bleiben, befahl sie sich.

»Erzähl mir von dem Feuer.«

»Okay. Kath hatte an dem Nachmittag getrunken und hatte sich hingelegt, um ein bisschen zu schlafen. Dabei hatte sie dich vor dem Fernseher geparkt und eine brennende Kerze im Fenster stehen lassen. Die Vorhänge sind in die Flamme geweht.« Er starrte in die Ferne, als sähe er es wieder vor sich. »Wenn ich zehn Minuten später nach Hause gekommen wäre …«

»Du bist rein zufällig nach Hause gekommen?«

»Nicht ganz. Ich habe mich allmählich nicht mehr wohl dabei gefühlt, dich mit ihr allein zu lassen. Also habe ich sie immer von der Arbeit aus angerufen, und wenn sie nicht rangegangen ist, habe ich gemacht, dass ich nach Hause kam. Deswegen bin ich aus ein paar Jobs gefeuert worden.«

Eingehend betrachtete Cassie Callums langes, schmales

Gesicht. Er schien die Wahrheit zu sagen, doch sie rief sich ins Gedächtnis, dass Maria ja nur wiedergegeben hatte, was er Barney erzählt hatte; er war also noch immer die einzige Quelle für diese Version der Ereignisse.

»Und warum hast du das alles nicht vor Gericht gesagt? Das mit ihrer Trinkerei und wo sie das blaue Auge wirklich hergehabt hat?«

»Mein Anwalt hat gesagt, ich soll's nicht tun. Er hat gesagt, schlecht über meine tote Ehefrau zu reden würde bei den Geschworenen keinen guten Eindruck machen. Vor allem nachdem mir deine Großmutter im Zeugenstand den Arsch aufgerissen hat.« Er schaute ihr kurz ins Gesicht und fügte hinzu: »Tut mir leid, Schatz, siebzehn Jahre im Bau waren nicht gerade gut für meine Manieren. Schau, es ist bestimmt schrecklich für dich, das zu hören, aber Alkoholiker sind hinterhältig, und deine Mum, na ja, sie hat deine Großmutter glauben lassen, ich hätte ihr das blaue Auge verpasst.«

»Aber du *hast* doch schlecht über sie geredet«, entgegnete Cassie. »Du hast vor Gericht behauptet, sie würde mit einem anderen Typen rumvögeln – ohne auch nur den geringsten Beweis!«

Seine Schultern sanken herab. »Damals war das das erste Mal, dass ich es irgendjemandem gegenüber laut ausgesprochen habe. Nicht mal meinem Anwalt hatte ich's erzählt. Aber als ich gesehen habe, wie der Prozess gelaufen ist, *musste* ich einfach die Wahrheit sagen. Nicht um meine Haut zu retten, wie sie behauptet haben, sondern damit die Polizei nach dem Kerl sucht.« Er schlug sich mit der Faust auf den ausgemergelten Schenkel. »Der muss der Mörder gewesen sein. Das musst du doch sehen.« Sein Blick war so eindringlich, dass es ihr Angst machte.

»Und wie bist du auf den Gedanken gekommen, dass sie dir untreu war?«

In eine Erinnerung versunken, zupfte er an dem dünnen Stoff seiner Jeans. »Am Anfang war alles super. Du, ich und Kath, wir waren eine glückliche kleine Familie. Die Ravenettes? Erinnerst du dich, dass wir uns so genannt haben?« Einer seiner Mundwinkel hob sich in einem hoffnungsvollen Lächeln.

Sie erinnerte sich nicht – doch bei seinem wehmütigen Gesichtsausdruck verkrampfte sich etwas in ihrer Brust. Sie musste den Drang niederkämpfen, die Hand auszustrecken und ihn zu berühren, ihm das zu lange Haar aus der Stirn zu streichen.

»Und dann, kurz nachdem du vier geworden bist, haben wir Probleme bekommen. Die Band hat jede Menge Gigs gespielt, und für Kath war es schwer, dass ich so viele Abende nicht da war. Da ist es mit ihrer Trinkerei richtig schlimm geworden. Ein paar Wochen, bevor … bevor es passiert ist, da *wusste* ich einfach, dass da irgendwas läuft. Zwei- oder dreimal bin ich reingekommen, und sie war am Telefon und hat mit irgendeiner dürftigen Ausrede schnell aufgelegt.«

»Das ist alles?«

»Wir waren lange genug verheiratet, dass ich wusste, dass da was im Gange war, dass sie irgendwas vor mir verborgen hat. Deswegen haben wir uns auch gezofft … deswegen hatten wir an dem Abend damals Krach in dem Pub. Ich hab sie angefleht, sie soll mir einfach nur die Wahrheit sagen und ich würde ihr verzeihen.« Er beugte sich zu ihr hinüber. »Cassie, Liebling, ich werde es mir nie verzeihen, dass ich sie an dem Abend da sitzen gelassen habe. Wenn ich gewusst hätte, dass sie lange dableiben und dann allein zu Fuß nach Hause gehen würde …« Er beendete den Gedanken nicht. Sein Kiefer arbeitete krampfhaft.

»Und wieso hat dich dann jemand aus der Prowse Place kommen sehen, wo …«

Er schüttelte den Kopf. »Hör zu, der Typ muss mich mit jemand anderem verwechselt haben. Ich bin da gar nicht langgegangen, als ich nach Hause bin, ich schwör's! Ich wünschte bei Gott, ich hätt's getan – vielleicht wäre sie ja noch am Leben gewesen.«

»Und was ist mit den Bullen? Warum waren die so davon überzeugt, dass du schuldig warst?«

»Weil sie deiner Großmutter abgekauft haben, was sie erzählt hat. Dass ich Kath geschlagen hätte. Dann haben sie noch die Kräche dazu addiert, die wir gehabt hatten – und Bingo! Dass ich Ire bin, hat auch nicht gerade geholfen. Damals sind in London noch immer Bomben hochgegangen, und ein Kerl wie ich hatte keine Chance auf ein faires Verfahren. Als ich achtzehn war, haben die Cops mich mal eingebuchtet, nur weil die Familie meines Mitbewohners in Derry Verbindungen zur IRA hatte.« Seine Züge verhärteten sich, die Lider sanken herab, und sie konnte ihn sich in einem Wutanfall vorstellen. »Die Schweine waren von Anfang an sicher, dass ich's getan habe, und weiter konnten sie dann nicht mehr gucken.«

Cassie klemmte ihre eiskalten Hände in die Achselhöhlen, um sie zu wärmen. Sie konnte sich nicht gegen die Empfindung wehren, die in ihr emporgebrodelt war, während ihr Vater geredet hatte: das immer stärkere Gefühl, dass er die Wahrheit sagte.

»Ich möchte, dass du weißt, ich habe ihr nie Vorwürfe gemacht«, fuhr er fort. »Nicht für die Trinkerei, und nicht mal für die Affäre. Sie war immer ein fragiles Geschöpf, meine Kath.« Mit unnötiger Wucht schlug er sich gegen die Brust. »Aber ich habe sie mehr geliebt als mein eigenes Leben.«

Plötzlich zornig, dachte sie *Und was ist mit mir?*

»Warum hast du so lange gewartet, bis du dich bei mir gemeldet hast?« Die Worte waren eisig. »Wenn du sie wirklich nicht umgebracht hast, wieso hast du dann einundzwanzig Jahre damit gewartet, mir das zu sagen? Warum kreuzt du jetzt auf?«

Frierend rieb er sich die Schenkel. »Du erinnerst dich wahrscheinlich nicht mehr daran, aber ich hab mal an so einem Obst- und Gemüsestand auf dem Markt gejobbt, und ich hab immer noch Kontakt zu dem Typen, dem der gehört. Deine Gran kauft da ab und zu ein und weiß nichts von unserer Verbindung – natürlich nicht –, also hat er eine andere Kundin gefragt, als sie vor ein paar Wochen plötzlich verschwunden war. Und die hat gesagt, sie hätte einen Schlaganfall gehabt. Da ist mir klar geworden, dass du, wenn deine Großmutter stirbt, mit alldem ganz allein dastehen würdest, ohne irgendwelche Verwandten. Und da habe ich gewusst, ich muss dich suchen, dir von Angesicht zu Angesicht sagen, dass ich deine Mum nicht umgebracht habe, ob du mir nun glauben würdest oder nicht. Ich hab mir genug Kohle für die Fahrt gepumpt« – er zuckte die knochigen Schultern –, »und hier bin ich.«

Es wurde allmählich dämmrig, und mit dem Licht schwand auch der letzte Wärmehauch der Wintersonne. Cassie rubbelte durch die Lederjacke hindurch ihre Oberarme. Seine Hände fuhren zu seiner Jacke hoch; er war eindeutig im Begriff, sie ihr anzubieten. Sie schüttelte den Kopf, milderte jedoch die Zurückweisung mit einem Lächeln ab.

»Das erklärt aber immer noch nicht, wieso du nicht schon früher gekommen bist«, sagte sie.

»Ach Cassie, ich habe mich tausend Mal bei dir melden wollen. Aber ich konnte den Gedanken nicht ertragen, dich zu sehen, während du immer noch glaubst, dass ich es war, der deine Mutter umgebracht hat. Ich habe einfach gebetet, dass *irgendwas* passiert, was meine Unschuld beweist. Im Knast habe ich über die ganzen Fälle aus den Achtzigern und

Neunzigern gelesen, die Jahre später durch DNA-Analyse aufgeklärt worden sind. Ich hab sogar mal an den Abgeordneten von meinem Wahlbezirk geschrieben, um zu schauen, ob der mir helfen kann.« Er gab ein verächtliches Geräusch von sich. »Er hat geantwortet, ich bräuchte ›signifikante neue Beweise‹, um Berufung einzulegen. Als ob da je was draus werden würde.«

Er hielt inne und sah sie mit einem Blick an, den sie nicht zu deuten wusste. »Ich weiß, ich hab kein Recht, das zu fragen. Aber nachdem du achtzehn warst, hast du da je daran gedacht … Ich meine, hast du jemals erwogen … Kontakt mit mir aufzunehmen?«

Sie starrte ihn an und war einen Moment lang völlig verwirrt. *Natürlich. Woher sollte er es denn wissen?* »Babica hat mir erzählt, ihr wärt beide bei einem Autounfall umgekommen. Und ich sei mit vier ›zu jung‹ gewesen, um zur Beerdigung mitzugehen. Sie hat mir erst vor ein paar Wochen gesagt, was wirklich mit Mum passiert ist.«

Er starrte sie an. »Großer Gott, Cassie! Davon hatte ich keine Ahnung. Du hast all die Jahre gedacht, ich wäre tot?«

»Sie dachte, es wäre das Beste für mich.« Sogar sie konnte den defensiven Tonfall ihrer Stimme hören.

Er hob die Hand. »Was immer zwischen mir und deiner Großmutter gewesen ist, ich bestreite nicht, dass sie es ganz toll hingekriegt hat, dich großzuziehen.« Er lächelte sie mit seinem schiefen Lächeln an, das ihr das Herz durchbohrte. »Ich hab online nach dir gesucht, und ich bin ja so stolz darauf, was du alles geschafft hast. Du musst doch eine ganze Reihe Prüfungen bestanden haben, um diesen Job in der Pathologie zu kriegen. Aber überrascht hat's mich nicht – du warst immer so ein schlaues kleines Ding. Hast immer überall die Nase reingesteckt.«

Verunsichert von der Wärmewoge, die sie unter dem beifälligen Blick ihres Vaters verspürte, erhob sich Cassie und wollte gehen. Doch als sie in sein enttäuschtes Gesicht hinabblickte, streckte sie unwillkürlich die Hand nach seiner Schulter aus. Der Kontakt dauerte nur ein paar Sekunden – doch in diesem Moment war es, als seien all die Jahre der Trennung plötzlich verschwunden.

Bevor sie um die Ecke bog und aus seinem Blickfeld verschwand, schaute sie kurz zurück und sah ihn immer noch dort sitzen. Seine Hand lag auf der Schulter, die sie berührt hatte. Sein Körper wirkte ein klein wenig aufrechter als vorher, wie der eines Verurteilten, dem man gerade Grund zur Hoffnung gegeben hatte.

21. KAPITEL

Cassie hatte Mühe einzuschlafen; sie hing in einem endlosen Auf und Ab von Schuldgefühlen und Hoffnung fest. Schuldgefühle, weil sie einem Mann Zeit gewidmet hatte, den eine Jury schuldig gesprochen hatte, ihre Mutter umgebracht zu haben. Und weil sich ihre Mutter nach ihrer Geburt mit einer nicht erkannten postpartalen Depression und einem Kind hatte herumschlagen müssen, das Babica als »Wildfang« bezeichnet hatte und das, um bei der Umschreibung ihres Vaters zu bleiben, »überall die Nase reingesteckt« hatte.

War es da überraschend, dass Kath zur Flasche gegriffen hatte? Für einen solchen Freigeist musste es eine Qual gewesen sein, mit einem hyperaktiven Kind in einer Wohnung festzusitzen, während ihr Mann den ganzen Tag schuftete und abends Konzerte spielte. Ein Dampfkochtopf-Szenario, das sehr leicht zu Streit, Gewalt und letzten Endes zu Mord hätte führen können.

Wenn er es denn wirklich gewesen ist.

Ihn wiederzusehen – selbst in so reduziertem Zustand – hatte ihre Erinnerungen an den liebevollen, geduldigen Kleinkind-Vater wiedererweckt, der er gewesen war. Die Hoffnung, dass er die Wahrheit sagte, drängelte sich in ihrem Kopf immer wieder bis ganz nach vorn durch.

Als sie am nächsten Morgen nach oft unterbrochenem Schlaf erwachte, gestand sich Cassie zum ersten Mal etwas ein: Sie wünschte sich verzweifelt, einen Beweis dafür zu finden, dass ihr Vater zu Unrecht verurteilt worden war. Wenn ihr das gelang, würde es bedeuten, dass sie das einzige Elternteil zurückbekam, das sie noch hatte.

Als sie nach ihrem Handy griff, um zu sehen, wie spät es war, fiel ihr noch etwas ein, was sie erledigen musste. Nach ihrem freien Tag »aus Krankheitsgründen« hatte sie heute Spätdienst in der Leichenhalle; also hatte sie noch Zeit, Phyllida Flyte zu fassen zu bekommen und ihr zu berichten, was Naenia ihr über den Tod von Bradley Appleton erzählt hatte.

»Sie sehen ja furchtbar aus.« Flytes gletscherblaue Augen musterten Cassies Gesicht durch die offene Tür. »Sind Sie krank? Tut Ihnen etwas weh?«

Herzweh, dachte Cassie im Stillen. Wieder beschwor sie die Gestalt ihres Vaters herauf, und die Frage *War er's?* ging ihr zum tausendsten Mal durch den Kopf.

»Mir fehlt nichts. Sie müssen sich Naenia vornehmen, bevor noch jemand anderes bei diesem Scheißspiel draufgeht.«

Flytes Augenlider senkten sich angesichts ihres Kraftausdrucks um einen missbilligenden Millimeter. »Ja, also, ich habe schon in der Schule angerufen und vereinbart, dass ich später hinfahre und mit ihr rede, im Beisein ihrer Lehrerin.«

»Nicht ihrer Mutter?«

»Nein.« Ein Schürzen der Lippen. »Die hat gesagt, sie kann sich nicht von der Arbeit freinehmen.«

Cassie hatte Flyte das Wesentliche bereits am Telefon mitgeteilt, doch die Polizistin wollte die ganze Geschichte hören, also hatte Cassie gesagt, sie solle zu ihr kommen.

Als Flyte jetzt einen Rundgang durchs Wohnzimmer machte, war Cassie nicht mehr ganz so überzeugt von diesem Plan: Wenn sie ihre Wohnung jetzt angesichts dieses unbarmherzigen Kontrollblicks von Neuem betrachtete, konnte sie sehen, dass sie es ganz schön hatte schleifen lassen. Okay, wenigstens lag diesmal kein ausgeweidetes Eichhörnchen auf dem Küchentresen wie beim ersten Mal, als Flyte hier gewesen war, doch beim hastigen Aufräumen hatte Cassie einen fettfleckigen Pizzakarton übersehen, der unter dem Sofa hervorschaute. Und als Flytes Suchscheinwerferblick die leere Wodkaflasche auf dem Fensterbrett fand, die dort neben ihrer Tierschädelsammlung stand, klommen ihre Brauen einen halben Zentimeter empor.

»Schön, also, der Rechtsmediziner wird bestimmt fragen, wie wir an die Informationen zu dem Würgespiel herangekommen sind und wieso ich das Mädchen befragt habe – wie heißt sie doch gleich wieder?«

»Ihr richtiger Name ist Sophie, Sophie Kerrow, aber sie nennt sich Naenia.«

»Warum denn das?« Verwirrt runzelte Flyte die Stirn. »Sophie ist doch so ein hübscher Name.«

Da Cassie sich ohnehin schon Sorgen machte, wie Flyte mit dem Mädchen umgehen würde, hatte sie nicht vor, ihr zu erklären, dass Naenia ihr Goth-Name war, den sie zu Ehren der Göttin der Bestattungen angenommen hatte. »Sie wissen, dass sie ein Goth ist, genau wie Bradley?«

»Ja, das haben Sie schon gesagt.« Ein scharfer Blick. »Wieso erwähnen Sie das?«

»Es ist nur … Sie gibt sich sowieso schon die Schuld an Bradleys Tod. Verstehen Sie mich nicht falsch, aber Sie werden sie doch nicht zu hart rannehmen, oder?«

Cassie sah zu, wie Flyte den Begriff »Entrüstung« mimte – ihr bolzengerades Rückgrat versteifte sich, und ein Zittern durchlief ihre Schultern.

»Selbstverständlich nicht«, blaffte sie. »Sie ist doch noch ein Kind – und genauso ein Opfer dieses sogenannten Spiels wie Bradley.«

»Okay. Ich sage ja nur, sie ist gefährdet.« Cassie hielt inne und überlegte, wie viel sie preisgeben durfte. »Hören Sie, sie hat mir mehr oder weniger eindeutig gesagt, dass sie wegen Bradleys Tod versucht hat, sich umzubringen.«

Betroffenheit ließ die strenge Schönheit von Flytes Gesicht ganz kurz ein wenig weicher wirken. »Gut zu wissen«, antwortete sie knapp, dann wurden ihre Augen schmal. »In der Leichenhalle schienen Sie sich sicher zu sein, dass Bradley Selbstmord begangen hat. Was hat Sie veranlasst, nach So... nach Naenia zu suchen?«

Er hat gesagt, sein letzter Gedanke sei gewesen »Voll der krasse Trip« ...? Cassie stellte sich vor, wie das ankommen würde.

»Ich weiß nicht. Manchmal bekomme ich einfach so ... ein Gefühl?«

»Ein Gefühl ...« Es war beeindruckend, wie viel Flyte mit einem Heben der Augenbrauen ausdrücken konnte. »Ach ja, Ihre berühmte Intuition. Tut mir leid, aber da müssen Sie schon etwas Besseres aufbieten.«

Cassie dachte an den Moment zurück, als sie Bradley hatte »sprechen« hören. So real sich diese Episoden auch immer anfühlten, *rational* war ihr klar, dass die Toten nicht mit den Lebenden kommunizieren konnten. Angenommen also, sie hatte die Worte »Voll der krasse Trip« auf Bradley projiziert, wo war das dann hergekommen?

Hatten einige der Petechien auf Bradleys Lidern dunkler und älter ausgesehen und darauf hingewiesen, dass seine Selbststrangulation kein Einzelfall gewesen war? Dann erinnerte sie sich daran, wie sie Dr. Curzon gefragt hatte, ob er Gewebeproben von Bradleys Halsmuskeln mikroskopisch untersuchen lassen wolle – eine Idee, die er als unnötig abgeschmettert hatte.

»Wahrscheinlich ist mir aufgefallen, dass ein paar von den subkutanen Einblutungen an seinem Hals nicht frisch waren – mit anderen Worten, das war nicht das erste Mal, dass er sich selbst stranguliert hat.« Sie zuckte die Achseln. »Ich hatte von Jugendlichen gelesen, die sich selbst die Luft abdrücken, um high zu werden, also hat mein Unterbewusstsein vielleicht Überstunden gemacht, um das Puzzle zusammenzusetzen.«

Flyte machte sich mit ihrer sauberen Schulmädchenschrift eine Notiz. »Gibt es eine Möglichkeit, objektiv zu bestätigen, dass Bradley dieses Spiel schon öfter gespielt hat? Das wäre hilfreich, um dem Rechtsmediziner etwas Konkretes an die Hand zu geben, für den Fall, dass Naenia plötzlich etwas ganz anderes erzählt.«

Cassie nickte. »Wenn Hämatome abgebaut werden, wird eine Substanz namens Hämosiderin freigesetzt, und wir können die Gewebeproben mit einer Chemikalie einfärben, sodass sich vor dem Tod entstandene Quetschungen unter dem Mikroskop als braune Pigmente darstellen.«

Flyte bat sie, »Hämosiderin« für ihre Notizen zu buchstabieren.

»Übrigens«, fuhr Cassie fort, »wenn Sie in der Rechtsmedizin anrufen, um zusätzliche Tests anzufordern, könnten Sie meinen Namen dann da raushalten? Unser neuer Pathologe ist nicht gerade ein Fan von mir.«

Flyte sah sie an. »Lassen Sie mich raten. Er schätzt es nicht, wenn die Untergebenen nicht-standesgemäße Ideen äußern?«

»Genau. Vor allem die mit Piercings und Tattoos.« Sie bedachte Flyte mit einem schiefen Blick, erinnerte sie an ihre eigene reflexartige Reaktion auf Cassies Aussehen.

So wie Flyte die hübschen Lippen spitzte, hatte sie verstanden. »Schön, ich halte Sie da raus. Und wenn ich die ganze Geschichte von Naenia gehört habe, sage ich der Schulleiterin, dass sie dringend mal mit ihren Schülern über dieses sogenannte Spiel sprechen muss.« Flyte steckte das Notizbuch wieder in ihre Handtasche. »Vielleicht übernehme ich das sogar selbst.«

Cassie wartete einen Moment, ehe sie sagte: »Und wenn Sie Naenia vorschlagen, dass sie das macht? Dann hat sie das Gefühl, etwas Nützliches zu tun, und vielleicht kommt die Botschaft von einer Gleichaltrigen auch besser rüber …« *Besser als von einer stockkonservativen Polizistin …*

Flyte betrachtete sie unter gesenkten Lidern hervor, ehe sie mit einem mikroskopisch kleinen Kopfnicken antwortete. »Da ist was dran.« Nachdem sie ihre Handtasche zugemacht hatte, setzte sie hinzu: »Wissen Sie, Cassie, Sie sehen wirklich nicht gut aus. Wie geht es Ihnen, kommen Sie mit dem Tod Ihrer Mutter zurecht?«

Es war die Besorgnis in ihrer Stimme, die Cassie den Rest gab. Sie wagte nicht zu antworten, sondern stand auf und ging in die Küche. Gerade hielt sie ein Glas unter den Wasserhahn, als sie Flyte hinter sich in der Tür hörte. »Hören Sie, das mit der Akte Ihrer Mutter …« Ihre Stimme klang unbeholfener, *menschlicher* als ihr üblicher Robocop-Sprachmodus. »Ich kann Ihnen wirklich nichts versprechen, aber ich schaue mal, was ich tun kann. Absolut inoffiziell. Okay?«

Cassie drehte sich nicht um, doch sie schaffte es, zu nicken.

22. KAPITEL

Effizient war Flyte ja, das musste Cassie ihr lassen. Als sie in der Leichenhalle ankam, war die Anweisung des Rechtsmediziners, weitere Gewebeproben von Bradley zu nehmen, bereits eingegangen. Zumindest war sie vorgewarnt, als Dr. Curzon am Nachmittag hereingerauscht kam wie ein Sturmtief. Nach einem kurzen Blick auf sein Gesicht riskierte nicht einmal Jason einen seiner üblichen Begrüßungswitze.

Curzon kam geradewegs zu dem Tisch, wo sie gerade ihre Instrumente für die anstehenden Autopsien bereitlegte. »Ich habe gehört, ich soll mir die Halsmuskulatur von dem erhängten Jungen noch mal ansehen?«

Sie täuschte Überraschung vor. »Ach ja?«

»So wie Sie es bei der Autopsie vorgeschlagen haben.« Sein starrer Blick war eine eindeutige Herausforderung.

»Echt, hab ich das?«, fragte sie milde und tat so, als sei sie vollauf damit beschäftigt, die Instrumente in der Reihenfolge anzuordnen, die ihr am liebsten war: ihr PM40-Messer und eine Auswahl an Skalpellen, gefolgt von der Rippen- und der Präparierschere und der chirurgischen Pinzette.

»Ja, da bin ich mir ganz sicher.« Seine Worte brodelten vor unterdrückter Wut. »Und jetzt hat irgend so eine Polizeibeamtin den Rechtsmediziner aufgemischt, damit er um genau dasselbe bittet. Ein bemerkenswerter Zufall, finden Sie nicht?«

Sie zuckte die Achseln. »Ich weiß nicht, ich war gestern krank. Lebensmittelvergiftung.« Gerade noch rechtzeitig war ihr wieder eingefallen, was sie Doug erzählt hatte. Mit gefurchter Stirn schaute sie auf ihre Instrumente hinunter und tauschte ohne ersichtlichen Grund das Hirnmesser gegen den Schädelspalter.

Sie konnte den hilflosen Zorn fühlen, der in Wellen von Curzon ausging, doch sie wussten beide, dass er nichts beweisen konnte. Gleich darauf sagte er: »So oder so, zuerst erledigen wir die *richtige* Arbeit, bevor ich meine kostbare Zeit mit der Theorie irgendeiner überkandidelten Polizistin vergeude.«

Curzon sagte kaum ein Wort, während er die äußerliche Untersuchung an ihrem ersten Kunden vornahm – Harjinder Singh, der achtundzwanzigjährige Finanz-Analyst, der vor drei Tagen abends zu Hause zusammengebrochen und gestorben war. Das einzige Anzeichen dafür, dass ihm irgendetwas Außergewöhnliches zugestoßen war, war ein tief violettes Hämatom in Höhe des Brustbeins, ein unübersehbares Andenken an die Herzdruckmassage, die Harjinders Vater durchgeführt hatte, bis die Rettungshelfer eingetroffen waren. Als er hier eingeliefert worden war, war es noch nicht da gewesen, doch Cassie konnte im Geiste hören, wie ihr schmerzlich vermisster Mentor Professor Arculus sagte: »Nicht vergessen, Hämatome entwickeln sich auch noch post mortem.«

Erleichtert merkte sie, wie ihr Gehirn aus seiner ewigen Endlosschleife ausstieg – *War ihr Vater zu Unrecht verurteilt worden?* –, um sich auf die Aufgabe zu konzentrieren, die vor ihr lag: Was hatte den Tod eines jungen und allem Anschein nach gesunden jungen Mannes verursacht?

Eine halbe Stunde später notierte sie das Gewicht von Harjinders Leber – knapp 1600 Gramm, für sein Alter im Normbereich. Auch sein Herz war völlig normal und gesund gewesen; Curzon hatte keinerlei Anzeichen für irgendwelche Defekte oder Erkrankungen finden können.

Sie ging wieder zu Curzons Seziertisch und sah zu, wie er

Harjinders Lunge zu sich heranzog und mit der Begeisterung eines Mannes, der seine Steuererklärung macht, einen Schnitt in den einen Lungenflügel setzte.

»Kein Hinweis auf eine Lungenembolie«, diktierte er ein paar Minuten später in sein Handy und schob gleichzeitig die Lunge zur Seite.

Cassie legte sie in eine Wanne und trug sie zur Waage. Als sie die beiden Lungenflügel in die Waagschale wuchtete, fiel ihr etwas auf. Sie beugte sich vor und sah ein dunkelrotes Blutgerinnsel aus einer der winzigen peripheren Arterien quellen. So etwas war kein ungewöhnlicher Anblick, da das Blut nach dem Tod ja gerann, doch als sie dieses hier zwischen den Fingern drückte, fühlte es sich verkehrt an. Nach dem Tod trennten sich Blutzellen und Plasma, deshalb hatten Post-mortem-Gerinnsel eine Konsistenz wie Hühnerfett. Dieses hier war von definitiv schwammiger Beschaffenheit, ein Zeichen dafür, dass es sich gebildet haben könnte, als Harjinder noch am Leben gewesen war.

Als sie an das Hämatom auf Harjinders Brustkorb dachte, verspürte Cassie in ihrer eigenen Brust dieses Kribbeln, das sich immer einstellte, wenn sie irgendetwas auf der Spur war. Sie kehrte zu dem Leichnam zurück, der bäuchlings auf dem Autopsietisch lag, trat zu seinen Füßen und betrachtete mit halb geschlossenen Augen seine Waden, ehe sie nach einem Bandmaß griff. Ihre Augen hatten sie nicht getäuscht: Der linke Unterschenkel war anderthalb Zentimeter dicker als der rechte.

Sie nahm ihr Skalpell und schnitt rasch eine rechteckige Klappe hinten in die rechte Wade, dann teilte sie behutsam den Wadenmuskel Musculus gastrocnemius. Nach kurzem Wühlen wurde sie fündig. Die Vena tibialis posterior, die hintere Unterschenkelvene, die normalerweise glatt und schlank in ihrer halb durchsichtigen Membran liegen sollte, war dunkel und aufgetrieben. Sie schnitt sie quer an und sah einen dicken, dunkelroten Wurm herauskriechen. *Eine klassische tiefe Venenthrombose.* Einen Moment lang ritt sie auf der Dopaminwelle, die das Finden der wahrscheinlichen Todesursache ausgelöst hatte, dann wurde sie von einer Erkenntnis ausgebremst: Eigentlich hätte sie Curzon um Erlaubnis fragen müssen, ehe sie irgendwelche weiteren invasiven Untersuchungen des Leichnams vornahm.

Sie sprach ihn mit einer Ehrerbietung an, die sie gar nicht empfand. »Äh, Dr. Curzon?«

»Hmm?«

»Da ist etwas, das Sie sich mal ansehen sollten.«

Schweigend stand Curzon da und betrachtete die schuldige Vene, die sie mit dem Skalpellgriff aus Harjinders Unterschenkel herausgehoben hatte. »Habe ich Sie gebeten, den Leichnam noch weiter zu sezieren?« Seine förmliche Höflichkeit war noch beängstigender als seine übliche mürrische Art.

»Ich weiß, Sie haben keine Embolie in der Lungenarterie gefunden, aber ich habe ein Gerinnsel in einem der peripheren Gefäße gesehen. Da ist mir eingefallen, dass Harjinders Vater eine Viertelstunde lang Herzdruckmassage gemacht hat, und mir ist klar geworden, dass sich das Hauptgerinnsel dadurch aufgelöst haben könnte – allerdings offensichtlich nicht mehr rechtzeitig, um ihn zu retten.« Ihr war klar, dass sie schwafelte.

Curzon hob die Hand, um sie zum Schweigen zu bringen. »Sie haben also gedacht, Sie *durchwühlen* den Leichnam dieses armen jungen Mannes mal nach dem Ursprung einer Lungenembolie – ohne meine ausdrückliche Erlaubnis?«

»Es tut mir wirklich leid, Dr. Curzon. So würde ich es normalerweise machen, wenn ich mit Professor Arculus zusammenarbeite … Ich habe wohl einfach nicht an die Formalitäten gedacht.«

»Formalitäten?« Er riss die Augen weit auf. »Hiervon werden Sie noch mehr zu hören bekommen, junge Dame.«

Und damit kehrte er mit plötzlich federnden Schritten zu seinem Seziertisch zurück.

Arsch.

Sobald Curzon weg war, kam Jason zu ihrem Tisch herübergeschwänzelt, wo sie gerade mit dem Schlauch Blut und Gewebereste von Harjinders nunmehr wiederhergestelltem Leichnam in den Abfluss spülte.

Jasons Miene sollte Mitgefühl ausdrücken, doch seine Augen funkelten vor Schadenfreude. »Das war ja Pech mit Curzon.«

»Ich war eine Idiotin«, gab sie zu. »Er hat mich sowieso schon auf dem Kieker, und ich hab ihm gerade ein Skalpell in die Hand gedrückt, damit er's mir zwischen die Rippen rammen kann.«

»Tja, wie sag ich doch immer? Lass die ihren Job machen, und wir machen unseren.«

Mit anderen Worten: *Ich hab's dir ja gesagt.* Seine Freude darüber, dass die arrogante Tussi mal einen richtigen Einlauf bekommen hatte, war so offenkundig, dass sie ihm am liebsten eine in seine fleischige Visage verpasst hätte.

»Nun ja, wenigstens muss Curzon jetzt Lungenembolie und tiefe Venenthrombose als Todesursache angeben«, erwiderte sie. »Wenn ich das Bein nicht aufgemacht hätte, hätten seine Angehörigen vielleicht nie erfahren, woran er gestorben ist.«

»Lieber 'ne unklare Todesursache als 'n Disziplinarverfahren.« Jason zuckte die Achseln.

Pfeifend verzog er sich, und Cassie wandte sich wieder ihrer Arbeit zu und ließ den Schlauch über die blutigen, aber ordentlichen Stiche wandern, mit denen sie den Schnitt an der Rückseite von Harjinders Unterschenkel verschlossen hatte. »Tut mir leid, dass ich gedacht habe, du hättest Drogen genommen«, sagte sie leise. »Wenigstens können wir Ruta und deiner Mum und deinem Dad jetzt sagen, dass du nicht gelitten hast.« Sie hielt kurz inne und tätschelte ihm die Schulter. »Und die ganze Familie wird untersucht werden, um zu sehen, ob einer von ihnen anfällig für Thrombosen ist – das könnte vielleicht sogar noch einen weiteren unnötigen Todesfall verhindern.«

Nachdem Cassie die tiefe Venenthrombose in Harjinders Bein entdeckt hatte, war es ein Leichtes gewesen, die Ereignisse zu rekonstruieren, die zu seinem unverhofften Tod geführt hatten. Stundenlanges Stillsitzen am Schreibtisch, um einen Abgabetermin einzuhalten, wahrscheinlich kombiniert mit einer erhöhten Thromboseneigung, hatte dazu geführt, dass sich das Blut in den Beinvenen staute. Dadurch hatte sich ein Gerinnsel gebildet, auch Thrombus genannt. Der konnte schon seit Wochen dort gelauert haben, bis irgendetwas – vielleicht Harjinders letztes Workout im Fitnessstudio – ein großes Stück davon losgelöst hatte. Sobald sich das Gerinnsel in Bewegung gesetzt hatte, war es vom Thrombus zu einem lebensgefährlichen Embolus geworden; der Begriff stammte von dem griechischen Wort für Stöpsel ab. Er war seinem Namen gerecht geworden und hatte eine Arterie verstopft, als er die Lunge erreicht hatte, und so einen tödlichen Herzstillstand ausgelöst.

Harjinder war einer der unglücklichen Wenigen gewesen, die keinerlei Symptome gehabt hatten, die ihn veranlasst hätten, zum Arzt zu gehen. Oder vielleicht hatte er etwaige Schmerzen im Bein auch als Muskelzerrung abgetan. Für die Jungen war die Aussicht auf den Tod ein vages, fernes Konzept, dachte sie bei sich – es sei denn natürlich, man arbeitete in einer Leichenhalle.

Nach dem Harjinder-Debakel hatte Cassie ergeben Curzons eisige Anweisung abgewartet, Bradley aus der Kühlung zu holen, um Gewebeproben von seinen Halsmuskeln zu nehmen. Jetzt, da sie wusste, dass er schon seit Wochen das Würgespiel gespielt hatte, schienen die Verfärbungen die Diagnose »prämortem erfolgte Quetschung« geradezu in die Welt hinauszuschreien.

Sie verfrachtete ihn wieder in sein Fach im Kühlschrank. Dabei beugte sie sich rasch über den offenen Leichensack und sagte leise: »Mit fünfzehn stellen wir alle dämliche Sachen an, Bradley. Ich hab weiß Gott reichlich Blödsinn gemacht. Aber jetzt werden deine Mum und dein Dad wissen, dass es bloß ein blöder Unfall war. Und ich wette, dass dann nicht mehr allzu viele aus deiner Schule dieses bescheuerte Spiel spielen.«

Wahrscheinlich bildete sie es sich nur ein, doch als sie sich anschickte, den Reißverschluss des Leichensacks zuzuziehen, glaubte sie Bradley sagen zu hören: *»Cool.«*

Später hatte Cassie gerade geduscht und sich umgezogen und wollte sich auf den Heimweg machen, als Doug sie mit gestresster Miene im Gang abfing. Nachdem er sie in sein Büro gewinkt hatte, eröffnete er ihr, dass Curzon sie wegen Harjinder Singh ans Messer geliefert hatte.

»Ganz ehrlich, Doug, ich kann jedes Wort hören, das er in sein Handy spricht, und er hat eine Lungenembolie ausgeschlossen, bis ich die Thrombose gefunden habe.«

Doug öffnete die eine Hand – eine Geste, mit der er ihre Version der Dinge akzeptierte und gleichzeitig signalisierte, wie wenig das änderte. »Du kennst doch die Vorschriften, Cassie. Jede weitere Untersuchung des Leichnams muss vom zuständigen Pathologen explizit angeordnet werden.«

»Professor Arculus musste ich nicht um Erlaubnis fragen, der hat sich auf mich verlassen.«

»Du und der Professor, ihr hattet eine ungewöhnliche Arbeitsbeziehung. Du und Dr. Curzon dagegen … na ja, ihr habt euch nicht gerade auf Anhieb gut verstanden, und ich fürchte, du hast ihm gerade eine Möglichkeit gegeben, dir eins reinzuwürgen.«

»Wird er die Geschichte der HTA melden?« Jäh erschauerte sie vor Angst, ihren Job zu verlieren. Die Human Tissue Authority regelte die Arbeit in den Leichenhallen und erließ die unumstößlichen Vorschriften für Leichensektionen und den Umgang mit menschlichen Gewebe- und Organproben. Verstieß eine nicht angewiesene Sektion gegen ihre Regeln? Sehr wahrscheinlich, wenn der Pathologe sich beschwerte.

»Hör zu, ich glaube, ich hab's geschafft, ihm das auszureden – vor allem, indem ich auf die Wahnsinnsarbeit hingewiesen habe, die es mit sich brächte, wenn er offiziell Beschwerde einlegen will.«

»Gott sei Dank.«

Doug hob die Hand. »Aber er will, dass ich dich schriftlich verwarne.«

»Was? Damit ich für alle Zeit einen Eintrag in meiner Akte habe? Weil *er* nicht gründlich genug war? Das ist doch nicht fair, Doug.«

Doug machte ein Gesicht, als hätte jemand seinen Hund erschossen. Es war ihm offenkundig zuwider, zwischen der Loyalität zu seiner erfahrensten Sektionsassistentin und den Forderungen des Pathologen in der Klemme zu sitzen.

»Ganz unter uns, ich will da Zeit schinden. Vielleicht kommt er ja zur Vernunft, wenn er wieder runtergekühlt ist. Niemand wünscht sich eine vergiftete Atmosphäre im Sektionssaal.«

»Nicht wenn da so viele potenzielle Waffen rumliegen«, knurrte Cassie düster.

»Das reicht!«

Sie starrten einander an.

Doug stieß die Luft aus. »Hör zu, Cassie, du hast noch jede Menge Urlaubstage, die demnächst verfallen. Warum nimmst du dir nicht ein paar Tage frei, gehst ihm aus dem Weg, ja? Ich kann eine Vertretung anfordern, um Jason zu unterstützen.«

Cassie kniff die Lippen zusammen, um nichts zu sagen, was sie später bereuen würde.

»Und ich glaube, du brauchst sowieso mal eine Pause – in letzter Zeit warst du gar nicht du selbst.« Die aufrichtige Freundlichkeit in seiner Stimme machte es zehnmal schlimmer.

Sie knallte die Bürotür hinter sich zu, während ihr zornige Tränen in die Augen schossen. Bisher hatte Doug sich stets hinter sie gestellt, wenn es Spannungen mit den Pathologen gab. Curzon war nicht der Erste, der sich durch eine fünfundzwanzigjährige Sektionsassistentin auf den Schlips getreten fühlte, die die Frechheit besaß, tatsächlich etwas zu wissen. Sie hatte sich noch nie so allein gefühlt, ohne ihren Verbündeten Professor Arculus, der sie verteidigt hätte.

FLYTE

Flyte hatte den größten Teil des Vormittags damit zugebracht, zu überlegen, wie sie an Katherine Ravens Fallakte herankommen könnte. Sie zu finden würde nicht schwer sein, zu erklären jedoch, warum sie sich mit einem Fall aus den Neunzigern befasste, wenn jemand sie dabei erwischte, das war etwas anderes. Sie legte die To-do-Liste für ihren gegenwärtigen Fall zur Seite – eine geringfüge Unterschlagung in einer Reinigung in Kentish Town – und loggte sich in die Datenbank ein, in der sämtliche Verhaftungen und Verurteilungen in Großbritannien gespeichert wurden.

Ihre Finger schwebten über der Tastatur. Was sie gleich tun würde, war ein Vergehen, für das man gefeuert werden konnte. Erst letzte Woche hatte sie von einem Polizisten gelesen, der entlassen worden war, weil er den Police National Computer wiederholt unerlaubt nach Vorstrafen seiner Geliebten, Freunde und Verwandten durchforstet hatte.

Es war ein gewisser Trost, dass die Cops, die Ärger mit der Dienstaufsicht bekamen, meistens Wiederholungstäter waren; wahrscheinlich löste das Ausmaß der Recherchen irgendeinen Alarm aus. Doch sie hatte vorsichtshalber die offenen Ermittlungsakten zurate gezogen und war auf einen Betrüger namens Craven gestoßen. Falls jemand sie fragte, würde sie einfach behaupten, sie hätte den Namen falsch getippt.

Auf der Info-Seite waren die Daten und Angaben zu Callum Ravens Prozess und seiner Verurteilung für den Mord an seiner Frau sowie seine lebenslängliche Freiheitsstrafe aufgeführt. Als sie weiter nach unten scrollte, um herauszufinden, wo die Fallakte sich befand, sah sie das Kürzel MIRSAP – Major Incident Room Standardised Administrative Procedures. *Hurra!* Wie sie gehofft hatte, war der Fall so alt, dass die Unterlagen dazu in Papierform vorlagen, was bedeutete, dass sie im Archiv aufbewahrt wurden und nicht in irgendeiner digitalen Datenbank. Zu behaupten, sie sei im Polizeicomputer »aus Versehen« auf Ravens Polizeiakte gestoßen, war eine Sache, zu erklären, warum sie sie geöffnet und den Inhalt heruntergeladen hatte, wäre etwas ganz anderes.

»Tee?«

Flyte fuhr auf ihrem Stuhl zusammen.

»Alles klar, Sarge?«, erkundigte sich Josh und betrachtete sie mit fragendem Lächeln.

Sie widerstand dem schuldbewussten Verlangen, das Fenster auf ihrem Bildschirm zu schließen. »Ja, gern.«

»Earl Grey, ohne Milch, ein Süßstoff, den Teebeutel drin lassen und eine Zitronenscheibe aus Ihrem kleinen Plastikkästchen?« Er grinste – anscheinend nutzte sich der Unterhaltungswert ihrer Teebestellung nie ab.

Da ihr keine geistreiche Antwort einfallen wollte, lächelte Flyte nur. Das war ein Aspekt des Jobs, den sie wohl nie meistern würde. *Blödeln.* Oder noch schlimmer, *Rumblödeln.* Schon das Wort irritierte sie.

Als Josh ging, fühlte sie ihr Herz noch immer heftig pochen. Das war nicht nur die vollkommen logische Angst davor, erwischt zu werden, wurde ihr klar. Es war Erregung. Erregung, weil sie gegen die Vorschriften verstieß – Vorschriften, an die sie sich doch immer so peinlich genau gehalten hatte.

Bis auf einmal. Als sie damals absichtlich Beweise dafür ignoriert hatte, dass Cassie Raven sich widerrechtlich Zugang zum Haus ihrer toten Lehrerin verschafft hatte. Und jetzt saß sie wieder hier und riskierte für die junge Frau ein Dienstaufsichtsverfahren.

Jedes Mal, wenn sie versuchte, dahinterzukommen, warum sie bereit war, für dieses unmögliche Geschöpf den Kopf hinzuhalten, gelang es Flyte nicht, mit einer überzeugenden Antwort aufzuwarten. Zugegeben, trotz dieses ganzen nervigen Camden-Looks gab es Zeiten, wo sie sich fast … zu ihr hingezogen fühlte. Doch da Phyllida Flyte definitiv nicht lesbisch war, und auch nicht bisexuell oder irgendetwas anderes aus der Vielzahl an sexuellen Orientierungen, für die sich die Leute heutzutage anscheinend begeisterten, erklärte das ja eigentlich gar nichts.

Und was ist mit Eleanor? Der Gedanke blitzte unverhofft in ihrem Kopf auf.

Eleanor war eine Mitschülerin in ihrem Internat gewesen, für die Flyte mit vierzehn ein bisschen geschwärmt hatte – aber das war doch eine wohlbekannte Phase, die viele halbwüchsige Mädchen durchlebten. Die Erinnerung an ihre hervorgestammelte Liebeserklärung eines Nachts bei einem Mitternachtsfestmahl, das sie nur für sie beide organisiert hatte, – und an Eleanors Reaktion – hatte sie noch jahrelang verfolgt. Hätte Eleanor sich über sie lustig gemacht oder sogar irgendwelche Gemeinheiten geäußert, wäre das vielleicht besser gewesen. Stattdessen hatte sie so getan, als hätte Flyte überhaupt nichts gesagt. Der einzige Beweis dafür, dass sie sie gehört hatte, war das Graffito gewesen, das ein paar Tage später aufgetaucht war, an die Wand der Mädchentoilette gekritzelt. *Phyllida ist eine LESBE.*

Ursprünglich hatte Flyte wie ihr Vater zum Militär gehen wollen, doch nachdem sie die ständigen Umzüge und Schulwechsel mitgemacht hatte, die sein Job mit sich brachte – mit der Stationierung in Zypern, die sie zu vier Jahren Internat verurteilt hatte, ganz am Schluss –, hatte sie sich für die Polizei entschieden. Mit achtzehn hatte sie ihrer Lebensplanung drei ganz persönliche Zielsetzungen hinzugefügt: eine kirchliche Hochzeit in Weiß bis dreißig, einen Ehemann, der mindestens fünf Zentimeter größer war als sie und – sobald ihre Karriere es erlaubte – zwei Kinder, idealerweise eins von jeder Sorte und in vernünftigem Abstand zueinander.

Fünf Wochen vor ihrem einunddreißigsten Geburtstag hatte ihr geliebter Pops sie in seiner Paradeuniform den Mittelgang einer normannischen Kirche in einem Dorf in Hampshire hinuntergeführt, wo sie Matt (eins zweiundachtzig) geheiratet hatte. Als sie ihr Gelübde gesprochen hatte, war ihr Eleanors Zurückweisung wieder eingefallen, und sie hatte zum ersten Mal über ihre eigene Teenager-Verwirrung lächeln können. Und sie hatte Matt ja auch wirklich geliebt, keine Frage, auch wenn der Sex zumindest für sie mehr kuschelige Intimität gewesen war als die unrealistische Leidenschaft, die in Popsongs und Filmen gepriesen wurde.

Und was ihre warmen Gefühle für Cassie betraf, dafür gab es doch eine ganz simple Erklärung. Sie identifizierte sich mit dem verzweifelten Verlangen der jungen Frau nach Informationen über den Mord an ihrer Mutter, so wie Flyte unbedingt wissen musste, warum sie Poppy verloren hatte.

In der Mittagspause ging sie zum Archiv, das ein paar Blocks entfernt war. Der Constable am Empfang war Mitte vierzig und sah nicht schlecht aus, allerdings hatte er gerade angefangen, sich an Hals und Oberkörper ein paar Pölsterchen zuzulegen. Er aß ein Stück Pastete und schaute auf seinem vor sich aufgestellten Mobiltelefon etwas, das sich wie ein amerikanischer Zeichentrickfilm anhörte.

Flyte hatte Lippenstift aufgelegt – ein dunkleres Rot als ihr übliches Pink – und draußen vor der Tür ihr Lächeln eingeübt, bevor sie eingetreten war.

»Marcus, richtig?« Nicht die Lachfältchen vergessen.

Er schaute zu ihr auf und machte diese großen Hundeaugen, die sie bei Männern manchmal auslöste. *Idioten.*

»DS Flyte vom CID. Ich mache gerade eine Hintergrundrecherche zu einem Betrugsfall aus den Jahren 1997 und 1998. Unglaublich lästig. Wie geht so etwas noch einmal?«

Während er sich gleichzeitig die Krümel von den Lippen wischte und den Bauch einzog, deutete Marcus mit großer, besitzergreifender Geste auf die Reihen der Metallregale, die sich hinter ihm in die Düsternis erstreckten. »Die Fälle sind chronologisch abgelegt, nach Monat und Jahr, die frühsten ganz links. '97 und '98 müsste in Gang siebzehn sein, ganz hinten.« Er lächelte zu ihr hinauf. »Ich würde Ihnen ja gern beim Suchen helfen, aber ich kann hier nicht weg – uns ist bei den Kürzungen eine Stelle flöten gegangen.«

Sie wechselten einen wehklagenden Blick über ein System, das die Anzahl der Polizisten reduzieren konnte, während ganze Heerscharen »geringfügigerer« Verbrechen unbearbeitet und die Schuldigen ungestraft blieben.

»Muss ich mich irgendwo anmelden?«

Er reichte ihr einen altmodischen Aktenordner mit Formularen. Eine Spalte für die Namen der Besucher sowie eine für die An- und eine für die Abmeldezeit. *Großer Gott!* Aber jedenfalls würde dieses antiquierte Verfahren ihr helfen, mit ihrem Regelverstoß davonzukommen.

»Das Aktenzeichen brauchen Sie nicht?«, erkundigte sie sich, ohne aufzublicken. Das würde die Raven-Fallakte für jeden identifizieren, dem der Sinn danach stand, sie zu überprüfen.

»Nö. Nur wenn Sie irgendwelche Akten mitnehmen.«

Ein Glück.

In dem düsteren Labyrinth aus hohen Metallregalen gingen die Leuchtröhren an der Decke jedes Mal automatisch flackernd an, wenn sie einen neuen Gang betrat. Der vertraute Geruch nach altem Papier versetzte sie zurück in die Bibliothek ihres Internats, wo sie so viele ihrer Teenagerjahre abgeschottet zugebracht und die anderen Mädchen und ihren fiesen, seichten Klatsch und Tratsch gemieden hatte. Während die sich geradezu zwanghaft über die Frisur von Rachel aus der Serie *Friends* ausließen oder darüber, ob sie lieber Posh Spice oder Baby Spice wären, hatte sie sich in die Romane von Agatha Christie und Ngaio Marsh vertieft, die ihr Dad ihr aus Zypern geschickt hatte. Manchmal allerdings fragte sie sich schon, ob es ihr als Erwachsener wohl leichterfallen würde, mit anderen Menschen umzugehen, wenn sie als Teenager ein bisschen hohlköpfiger gewesen wäre oder wenigstens pro forma bei dem dämlichen Geschwätz mitgemacht hätte.

In Gang Nr. 17 stapelten sich die Pappkartons bis zur Decke, jeder mit einem Aktenzeichen und einem Namen versehen. Im Stillen betete sie darum, dass der Raven-Fall nicht allzu weit oben auf dem Regal lag: Sie konnte Marcus nicht um Hilfe bitten. Jeder Kontakt mit ihm konnte zu weiterem Geplauder und damit zu neuen Lügen führen, und Lügen zählten nicht zu ihren natürlichen Kernkompetenzen.

Nachdem sie die vollgepackten Regale ein paar Minuten mit zusammengekniffenen Augen abgesucht hatte, sah sie auf einem großen Karton in Schulterhöhe mit dicken schwarzen Filzstift-Buchstaben *RAVEN* stehen. Das Herz wurde ihr schwer, als sie neun Kartons zählte, die alle dasselbe Aktenzeichen trugen.

Mist.

Sie hätte wissen sollen, wie viel Papierkram bei einem Schwerverbrechen anfiel. Rasch zerrte sie einen der Kartons zu sich heran, öffnete ihn und fand einen Stapel Ordner, die anscheinend irgendwelchen belanglosen Verwaltungskram enthielten. Im nächsten war noch mehr davon. Der dritte enthielt offenbar Katherine Ravens persönliche Habseligkeiten, alles in durchsichtigen Plastiktüten: die Kleider, die sie zur Tatzeit getragen hatte, und ganz unten ein Ziegelstein, dunkel von altem Blut. Offensichtlich die Mordwaffe.

Endlich fand sie den Karton, nach dem sie suchte, den mit der Zusammenfassung des Falls und den Zeugenaussagen. In einem der Ordner stieß sie auf das Polizeifoto von Callum Raven, das bei seiner Festnahme gemacht worden war. Er sah auf derbe Weise gut aus, allerdings stand ihm der Unruhestifter ins Gesicht geschrieben. Bestimmt hatte Cassie ihre zarten Gesichtszüge von ihrer Mutter geerbt. Im selben Karton waren auch der Autopsiebericht sowie Fotos von der Leiche.

Mit einem raschen Blick den Gang hinauf und hinunter zückte sie ihr iPhone und fotografierte die erste Seite. Gleißendes Licht erhellte den Gang. *Verflixt!* Sie schaltete das Blitzlicht aus und fotografierte rasch den Rest des Berichts, ehe sie sich mit fahrigen, ungeschickten Fingern die anderen Unterlagen vornahm. Innerlich verfluchte sie dabei das, was sie diesen Irrsinn anstellen ließ für ein tätowiertes Goth-Mädchen, mit den dunkelblauesten Augen, die sie jemals gesehen hatte. Was immer es auch sein mochte.

Als sie nach den Autopsiefotos griff, zögerte sie. Ihr war klar, dass sie das Blitzlicht brauchte, um Cassie die Details zu liefern, die sie erwarten würde. Dann ging im Gang nebenan die Deckenbeleuchtung an, begleitet von Marcus' Schritten. Spontan traf sie eine Entscheidung, stopfte sich den Stapel Fotos hinten in den Rockbund und verließ sich darauf, dass das Gummiband ihres Slips sie an Ort und Stelle halten würde. Wuchtete den Karton wieder in das Regal, als ein Schatten um die Ecke kam. Drehte sich zum Regal gegenüber um.

»Haben Sie auch was blitzen sehen? Vor ein paar Minuten?«, wollte Marcus wissen.

»Ja, hab ich. Ich glaube, das kam aus dem Gang nebenan.« Dies war nicht der richtige Moment, ihn darauf hinzuweisen, dass er sie nicht mit ihrem Dienstgrad angesprochen hatte.

Mit zusammengekniffenen Augen blickte er zu den Leuchtröhren an der Decke hinauf. »Wahrscheinlich spinnt mal wieder eins von den Dingern.« Mit dem Kopf deutete er auf das Regal, das sie absuchte. »Was gefunden?«

»Nein. Ich hab wohl das falsche Aktenzeichen bekommen.«

»Soll ich helfen? Vier Augen …« Seine zwei Augen wanderten – anscheinend ohne sein Zutun – zu ihrer Brust hinunter, ehe sie sich hoffnungsvoll wieder auf ihr Gesicht richteten.

»Das ist aber lieb von Ihnen! Aber wissen Sie, ich glaube, es geht schneller, wenn ich ins Büro zurückgehe und mir das richtige Aktenzeichen besorge.«

Er nickte und räusperte sich. *O Gott, er würde sie doch nicht etwa fragen, ob sie mit ihm ausgehen wollte, oder?* Mit einem »O je, ist es schon so spät? In zehn Minuten habe ich eine Besprechung mit meinem DI« würgte sie ihn ab. Die Erwähnung eines Vorgesetzten mit einer subtilen Erinnerung an ihren eigenen Rang funktionierte.

»Tja, schauen Sie gern jederzeit wieder rein«, meinte er. »Sarge.«

Dann ging er vor ihr her den Gang entlang – was auch gut war, denn sie fühlte, wie sich die Fotos aus ihrem Slip herausarbeiteten, und musste nach hinten greifen und sie wieder hineinstopfen.

Als sie wieder draußen in der Abenddämmerung stand, musste sie sich einen Moment lang an eine Mauer lehnen, um sich zu fangen, ehe sie sich auf den Weg zum Revier machte.

Sie hörte nicht, wie sich die Tür des Aktenarchivs hinter ihr öffnete.

Marcus trat mit einer Packung Zigaretten in der Hand ins Freie. Er steckte sich eine zwischen die Lippen und zündete sie an, den Blick fest auf ihren Rücken geheftet. Ein abwägender Ausdruck lag auf seinem Gesicht.

23. KAPITEL

»Carpe vinum!«

Mit großer Geste stellte Archie die Drinks auf den Tisch. Ein Glas mit irgendwelchem eklig-naturtrüben Bier für ihn, ein Helles und ein großer Wodka für Cassie. Er hatte ihre Bestellung nicht kommentiert, wofür sie ihm dankbar war – aber inzwischen sollte sie ja wissen, dass Archie trotz seines Rugbyschals und des Privatschulakzents ein ziemlich cooler Typ war. Als sie ihn nach dem Curzon/Hajinder-Desaster angerufen hatte, war er sofort bereit gewesen, von Walthamstow herüberzukommen, wo er gerade bei einer Anhörung ausgesagt hatte.

Cassie musterte ihn diskret, aber durchaus wohlwollend. Es war bestimmt schon ein paar Jahre her, dass sie auch nur nah dran gewesen war, etwas mit einem Mann anzufangen. Das Problem bei Männern war, sie dachten nicht wie Frauen. Aber das war ja gleichzeitig auch das Reizvolle an ihnen. Sie trank einen Schluck Bier. »Wenn Curzon die Geschichte der HTA meldet, könnte ich rausfliegen.«

»O Mann.« Archie schnitte eine Grimasse. »Ich habe noch nie mit der gefürchteten HTA zu tun gehabt, aber ich habe gehört, das können echte Furien sein.«

Es war der Alder-Hey-Skandal Ende der Neunziger gewesen, der zur Einsetzung der HTA geführt hatte. Einem Pathologen war nachgewiesen worden, dass er ohne Genehmigung der Eltern Hunderte von Babyorganen – und sogar ganze Föten – für seine Forschungen behalten hatte. Das Resultat waren strenge Regeln für den Umgang mit allen sterblichen Überresten von Menschen in Leichenhallen gewesen, bis hinab zum winzigsten Gewebestückchen.

»Nach dem, was ich gehört habe, war's auch nötig, da Ordnung reinzubringen«, meinte Cassie und dachte an einige der Horrorstorys, die Jason über die schlimmen alten Zeiten zum Besten gegeben hatte. »Manche Pathologen haben Organe, an denen sie forschen wollten, zu Hause im Tiefkühlschrank aufbewahrt.«

»Das hab ich auch gehört.« Archie lachte leise. »Stell dir mal vor, du greifst nach einer Packung Ben & Jerry's und hast plötzlich eine Gallenblase in der Hand.«

»Ich bin *immer* respektvoll mit unseren Gästen umgegangen, immer. Das weiß Curzon auch. Aber er … kann mich einfach nicht ausstehen.«

Archie nickte mitfühlend. »Die Sache mit seiner Frau war da bestimmt nicht hilfreich.«

Sie starrte ihn an. »Was meinst du damit?« Curzons Angewohnheit, mit einer Fahne und im Hemd von gestern aufzutauchen, fiel ihr wieder ein. »Hat sie ihn verlassen?«

Archies Miene wurde ernst. »In gewisser Weise schon. Sie hat Selbstmord begangen.«

»Du willst mich wohl auf den Arm nehmen?« Cassies Hand zuckte zu ihrem Mund empor.

»Ich fürchte, nein. Anscheinend war sie schwer depressiv – hatte mehr oder weniger schon ihr ganzes Leben damit zu kämpfen gehabt. Eines Abends kommt er von der Arbeit nach Hause, macht das Garagentor auf, um sein Auto wegzustellen« – er betätigte mit dem Daumen eine imaginäre Fernbedienung –, »und da hing sie an einem Deckenbalken.«

Wieder sah Cassie den zu engen Ehering vor sich, den Curzon trug. Den Zorn, der wie ein Tier im Käfig ganz hinten in seinen Augen lauerte.

»Mein Gott. Wie lange ist das her?«

»Noch kein Jahr, glaube ich. War eine schlimme Geschichte.«

Bei Bradley Appletons Autopsie hatte sie Curzon respektlos und grausam gefunden, jetzt jedoch empfand sie eine Woge des Mitleids und des Verständnisses. *Natürlich* würde er auf jeden wütend sein, der sich umbrachte, selbst auf ein Kind. Unglücklicherweise machte diese Offenbarung es nur noch wahrscheinlicher, dass er seine Drohung wahrmachen würde, sie ans Messer zu liefern. Sie hatte aus erster Hand erlebt, wie Hinterbliebene um sich schlagen konnten, um etwas von ihrem Schmerz auf andere umzuleiten.

Trotzdem, ein Abend mit Archies unkomplizierter Freundlichkeit wirkte entspannend auf sie, wobei der Alkohol das Seine dazu beitrug. Als der Pub zumachte, war sie halb betrunken und nicht mehr ganz sicher auf den Beinen, als sie aufstanden, um zu gehen.

Diesmal nahm sie Archies Angebot an, sie nach Hause zu bringen, doch als sie ihm vor der Haustür das Gesicht entgegenhob, bekam sie lediglich einen keuschen Kuss auf die Wange und eine brüderliche Umarmung. Sie runzelte in der Wärme seines Halses die Stirn, ehe sie nuschelte: »Willst du mit raufkommen?« Das war ja nun wirklich nicht misszuverstehen.

Er bog sich zurück, sah sie an und lächelte bedauernd. »Ich muss morgen sehr früh raus.«

»Ach, sei doch nicht so 'ne Spaßbremse«. Sie zog ihn zu sich, versuchte, den Abstand zwischen ihnen zu überwinden, doch er legte ihr beide Hände auf die Schultern.

»Hör zu, Cassie, du bist ein bisschen blau, und ich möchte nicht, dass du etwas tust, was du vielleicht bereust. Ein andermal.«

Der freundliche Blick in seinen tiefbraunen Augen machte das Ganze noch schlimmer. Stinkwütend auf ihn – nein, auf sich selbst –, machte sie auf dem Absatz kehrt. »Schön. Dann mach's gut.«

Als sie ihre Wohnungstür aufschloss, sah sie bereits die bereifte Flasche mit polnischem Wodka im Eisfach vor sich, als sie einen braunen Umschlag auf der Fußmatte erblickte. Es stand keine Adresse darauf, nur ihr Name und ein paar mit Leuchtstift geschriebene Worte: *Checken Sie erst Ihre E-Mails, bevor Sie dies öffnen!! PF*

Die Mail kam von Flytes Privataccount und lautete: *In dem Umschlag sind Kopien von ein paar verstörenden Fotos von der Autopsie Ihrer Mutter. Ich wusste, Sie würden die haben wollen, aber BITTE überlegen Sie sich gut, ob Sie sich die wirklich ansehen wollen.*

Nachdem sie Macavity gefüttert hatte, dessen frostige Ablehnung ein wenig aufgetaut war, setzte sie sich an den Küchentisch. Lange starrte sie den Umschlag an und fühlte sich schlagartig sehr viel weniger betrunken.

Sie hatte im Laufe der Jahre doch schon Dutzende Mordopfer auf dem Seziertisch liegen sehen, sagte sie sich. Damit kam sie doch klar, oder nicht?

Sie zog den Umschlag zu sich heran und holte die Farbkopien heraus.

Sekunden später hing sie über dem Spülbecken und kotzte Bier, Wodka und die Tüte Erdnüsse aus, die sie zum Abendessen vertilgt hatte. Und versuchte, das Bild loszuwerden, auf das sie gerade einen ganz kurzen Blick geworfen hatte

Ein Gesicht, das eine völlig verkehrte Form hatte, eingedrückt, durch Blut ausgelöscht. Das einzig Wiedererkennbare war das wunderschöne rotbraune Haar ihrer Mutter.

Es dauerte eine Weile, bis sie in der Lage war, das Foto wieder in den Umschlag zu schieben und sich ein Beruhigungsglas einzuschenken. *Sie konnte nicht.* Wenn es um die eigene Mutter ging, ließ ihre Fähigkeit, sich zu distanzieren, durch Tausende Eviszerationen trainiert, sie im Stich.

24. KAPITEL

»Du siehst scheiße aus«, stellte Kieran fröhlich fest. »Gestern Abend gesoffen?«

Cassie bestätigte dies mit einem reumütigen Achselzucken.

Der Wodka hatte geholfen, das Bild von ihrer Mutter verschwimmen zu lassen, das sich in ihre Netzhaut gebrannt hatte, beim Einschlafen jedoch hatte er nicht mehr geholfen. Nach einer weiteren Nacht ohne nennenswerten Schlaf war das Gesicht, das ihr heute Morgen aus dem Badezimmerspiegel finster entgegengestarrt hatte, papierbleich und hohläugig gewesen, geziert von einem entzündeten Riesenpickel am Kinn.

Sie saßen in einem der letzten überlebenden Billig-Lokale von Camden – noch immer ganz alte Schule, bis hin zu den brutalen Neonröhren und den blauen Resopaltischen, auf denen Quetschflaschen mit Ketchup und Brown Sauce standen. Jetzt jedoch wurde der Laden wie so viele alte Cafés in North London von türkischen Zyprioten geführt. Die Kellnerin, die ein Kopftuch trug, hatte gerade Kierans Spiegeleier mit Speck und Cassies Rührei-Sandwich gebracht.

»Seit ich clean bin, schlafe ich besser als je zuvor.« Kieran hob seinen Teebecher. »Solltest du auch mal versuchen, Cass.«

Er sah irritierend gesund aus; sein Gesicht war runder geworden, und seine Haut hatte das dauerschmutzige Aussehen des obdachlosen Junkies verloren.

»Schon gut, St. Kieran. Erspar mit die Motivationsansprache.«

Doch sie musste zugeben, dass sie es mit dem Alkohol in

letzter Zeit wirklich übertrieben hatte. Bei der Erinnerung an gestern Nacht – und daran, wie sie sich vor Archie zur totalen Idiotin gemacht hatte – wand sie sich noch immer innerlich. *Natürlich* würde er keine Frau bumsen, die halbbesoffen war – das machte ihn ja unter anderem so liebenswert. Sie hatten sich heute Morgen freundliche Nachrichten gesimst, doch sie glaubte trotzdem, dass sie alles versaut hatte; sie hatte ihn ja praktisch um einen Fick angebettelt. Nicht dass sie im Moment Zeit oder den Kopf für ein Techtelmechtel gehabt hätte …

Kieran zog ein Bündel fotokopierter Artikel aus einer Plastiktüte, suchte einen aus und schob ihn ihr hin.

»Zieh dir das mal rein«, sagte er mit breitem Grinsen.

»PLATTENDEAL FÜR POITÍN?«, las sie die Überschrift vor, ehe sie mit zusammengekniffenen Augen die unscharfen Fotos betrachtete, die den ganzseitigen Artikel illustrierten – Bilder von der Band bei einem Liveauftritt mit Maria am Mikro, Callum neben ihr an der Gitarre und Barney im Hintergrund am Schlagzeug. Ein zweites Bild, eine Nahaufnahme, zeigte Barney allein; er trug einen Anzug und einen Mod-Haarschnitt – voll Liam Gallagher in den Neunzigern.

»Der ist aus dem *NME!*«, erklärte Kieran, den Mund voller Speck und Bohnen.

»Von denen hab ich mal gehört«, bemerkte sie halblaut.

»Gehört?!« Er riss die Augen auf. »Das war DIE Musikzeitung, bevor die Welt digitalisiert wurde.«

»Und was steht da drin?« Sie nahm ihr Rührei-Sandwich und zwang sich, davon abzubeißen.

»Das ist ein Interview mit Barney Cotter. Weißt du noch, der hat die Band gemanagt und gleichzeitig Schlagzeug gespielt. Also, bis dahin hatte die Band von deinem Vater so ein bisschen was Psychedelisches. Hast du mal von ›My Bloody Valentine‹ gehört?«

Sie machte ein verständnisloses Gesicht.

»Na ja, jedenfalls, Poitíns Sound war so ähnlich. Die hatten eine richtige Kult-Fangemeinde, aber es war alles ein bisschen am Rand der Szene.« Er zog den Artikel wieder zu sich herüber. »Barney sagt also dem Reporter, dass die Band ›eine neue kreative Richtung einschlägt‹« – er malte ironische Anführungszeichen in die Luft –, »aber als der Reporter nachhakt, gibt er zu, dass sie mehr auf Mainstream machen wollen, dass sie auf eine größere Fangemeinde aus sind.«

Cassies Magen wies sie an, das Sandwich wegzulegen. »Dann … waren sie also scharf auf die dicke Kohle?«

»Genau. Von den Cranberries hast du doch schon mal gehört, oder?«

Sie schnitt eine Grimasse. »Irischer Folkrock, stimmt's?«

»Ja. In den Neunzigern waren die *total* angesagt. Der Reporter vergleicht Marias Stimme mit der von deren Leadsängerin Dolores O'Riordan. Jedenfalls, Barney erzählt dem, dass die Band neues Material geschrieben hat, und deutet an, dass ein großes Label Interesse an ihnen hätte.«

»Steht da auch drin, wie Callum und Maria darüber gedacht haben?«

»Nö.« Kieran packte einen Haufen Bohnen auf ein Stück Toast und hob es hoch. »Aber die hätten bei jedem Vertrag einverstanden sein müssen – ohne die beiden wäre die Band gar nichts gewesen.«

In ihrem Kopf hatte es angefangen zu hämmern. Sie massierte sich die Schläfenmuskeln. »Wenn Poitín 'ne Kultband war, dann hätten ihre Fans eine Bewegung hin zum Mainstream als Verrat empfunden, hab ich recht?«

»Ja, ich muss mir mal den Typen mit der Fanzine-Connection krallen – mal sehen, was die Fans davon gehalten haben.«

Cassie gab die Nummer mit dem Sandwich auf. Sie schob

ihren Teller weg und betrachtete den Artikel erneut. »Ich versteh nur nicht, wie ein Plattendeal erklären könnte, was mit meiner Mum passiert ist.«

Kieran deutete mit einer Kopfbewegung auf ihr Frühstück. »Okay, wenn ich …?«, erkundigte er sich, ehe er einen Riesenbissen von dem Sandwich nahm.

Dann streckte er die freie Hand aus und tippte mit dem Finger auf das Kleingedruckte am unteren Rand. »Siehst du das Datum?«, fragte er mit vollem Mund.

»3. Oktober 1997.« Cassies Blick zuckte hoch und begegnete seinem. »Das war … drei Tage, bevor Mum umgekommen ist. Könnte aber bloß Zufall sein.«

»Könnte sein. Oder vielleicht hat's wegen dem Plattendeal Ärger zwischen deiner Mum und deinem Dad gegeben. Bei einem großen Label einzusteigen hätte geheißen, dass Callum viel mehr auf Tournee gewesen wäre und sie wochenlang mit einem kleinen Kind allein zu Hause sitzen gelassen hätte.«

Ihr Vater hatte nichts von einem Plattenvertrag gesagt. Und bei ihren Krächen schien es ausschließlich um Kaths angebliche Affäre gegangen zu sein, die sowohl die Cops als auch die Geschworenen als Fiktion abgetan hatten – ein letzter Versuch von Callum, die Schuld an ihrem Mord einem erfundenen Liebhaber anzuhängen.

»Wo ist er hingegangen, nachdem er aus dem Pub geflogen war?«, fragte Kieran bedeutungsschwer.

Sie zuckte die Achseln. »Zu Barney. Was willst du damit andeuten?«

»Ich weiß nicht genau. Aber ich finde, das Timing von diesem Plattendeal und der Mord an deiner Mum? Vielleicht ist es ja mehr als bloß ein Zufall.«

Cassie holte eine Packung Ibuprofen aus ihrer Tasche, schluckte zwei mit dem letzten Rest ihres Kaffees und versuchte, das Ganze objektiv zu sehen. Wenn Kath verlangt hatte, dass Callum sich zwischen ihr und der Band entscheiden sollte, hätte das einen jähzornigen, gewalttätigen Mann in mörderische Wut versetzen können?

Wieder drückte sie die Finger gegen die Schläfen. »Willst du damit sagen, er hat sie bei einem Streit wegen dem Plattendeal umgebracht und nicht wegen irgendeinem imaginären Lover? So oder so, das wäre doch bloß ein anderes Mordmotiv, oder?«

»Ich weiß nicht. Aber ich suche weiter. Was ist mit dir? Irgendwas Interessantes rausgefunden?«

»Ich hab den leitenden Ermittler gefunden, Gerry Hobbs. Er ist bereit, sich mit mir zu treffen.«

»Cool!«

Es war leicht gewesen, die Wohltätigkeitsorganisation ausfindig zu machen, bei der Hobbs arbeitete, und er hatte sofort gewusst, wer sie war – fast so, als hätte er die ganzen Jahre auf diesen Anruf gewartet. Das Problem war nur, dass sie eigentlich unmöglich das ansprechen konnte, wonach sie fragen wollte, ohne Flyte ans Messer zu liefern.

Cassie hatte es noch immer nicht fertiggebracht, sich die Autopsiefotos noch einmal anzusehen, doch sie hatte den Bericht des Pathologen durchgelesen – und dabei war ihr etwas Merkwürdiges aufgefallen. Eine der vielen Proben, die vom Leichnam ihrer Mutter genommen worden waren, war ein Vaginalabstrich gewesen, um Sperma von einem etwaigen kürzlich erfolgten Sexualkontakt nachzuweisen. Wäre der Befund positiv gewesen und hätte eine DNA-Untersuchung einen nicht lange zurückliegenden sexuellen Kontakt mit jemand anderem als ihrem Ehemann bestätigt, dann hätte dies Callums Behauptung untermauern können, dass sie eine Affäre gehabt hatte. Und die Polizei hätte diesen Mann vermutlich finden und ihn als möglichen Verdächtigen ausschließen wollen.

Die Laborbefunde waren in einem Addendum am Ende des Berichts aufgelistet: ein Alkoholpegel, der dreimal höher war als das für einen Autofahrer zulässige Limit, und Spuren eines verschreibungspflichtigen Beruhigungsmittels.

Doch der Vaginalabstrich wurde nicht erwähnt, und auch nicht, ob Sperma gefunden worden war oder nicht. Es war, als hätte er nie existiert.

25. KAPITEL

Ein dunstiger Mond hing über der Leichenhalle, einem einstöckigen Gebäude, das hinter einer Hecke aus Lebensbäumen kauerte, als wolle es sich bei den Lebenden für seine Existenz entschuldigen. Die mitternächtliche Luft fühlte sich an Cassies Wangen wie eine eisgekühlte Wodkaflasche an, und das einzige Geräusch war das ferne Brummen des Straßenverkehrs auf der North Circular Road.

Am Eingang zog Cassie ihre Schlüsselkarte durch und hörte das Klacken, mit dem das Schloss entriegelte. Sektionsassistenten hatten rund um die Uhr Zugang zur Leichenhalle, um spätnächtliche Todesfälle aufnehmen zu können.

Sie zog eine frische OP-Kluft, Gummistiefel und eine Plastikschürze an, so wie sie es vor einer Eviszeration tun würde, und fühlte, wie jede Schicht, die sie anlegte, sie in einen Kokon aus Professionalität hüllte. Nie zuvor war ihr die Bezeichnung »Persönliche Schutzausrüstung« so passend erschienen.

Im Sektionssaal machte sie Licht und ging zu ihrem Edelstahltisch hinüber. Nachdem sie Einmalhandschuhe übergestreift hatte, holte sie die Fotos von der Autopsie ihrer Mutter aus dem Umschlag und murmelte dabei immer wieder vor sich hin »Ist doch nur eine Leiche«, wie ein Mantra. Erst nachdem sie sie alle auf der stählernen Tischplatte ausgelegt hatte, ließ sie den Blick auf einem davon ruhen.

Ist doch nur eine Leiche.

So weit, so gut. Genau wie sie gehofft hatte: Sich die Bilder in einem Arbeitsplatz-Kontext anzusehen, verschaffte ihr die emotionale Distanz, die sie zu Hause nicht hatte einnehmen können. Sie sah nicht länger ihre Mutter vor sich, sondern einen anonymen Leichnam, den es zu analysieren, ein anatomisches Rätsel, das es zu lösen galt.

Die fotografische Dokumentation begann mit dem vollständig bekleideten Leichnam des Opfers, der auf einer weißen Plastikplane lag, um sämtliche Fasern oder anderes Beweismaterial aufzufangen. Die Aufnahme war mithilfe einer Trittleiter von oben gemacht worden, ein Verfahren, das bei forensischen Autopsien immer noch zum Einsatz kam.

Die nächsten Bilder zeigten den Leichnam auf dem Autopsietisch, sowohl auf dem Bauch als auch auf dem Rücken liegend und in unterschiedlichen Bekleidungsstadien. Die Jacke war ausgezogen worden, bevor das nächste Foto gemacht worden war, und dann das wallende Kleid im Laura-Ashley-Stil, dann die Unterwäsche und so weiter – das gruselige Striptease einer forensischen Autopsie, dazu gedacht, sämtliche Hinweise auf die Ereignisse vor dem Tod zu dokumentieren.

Nachdem BH und Slip entfernt worden waren, war der Kontrast zwischen dem zerschmetterten, blutigen Gesicht und dem blassen jungen Körper geradezu erschreckend.

Ist doch nur eine Leiche.

Cassie wandte sich den großen Nahaufnahmen des Gesichts zu, mit denen die einzelnen Verletzungen identifiziert werden sollten, die die Mordwaffe hinterlassen hatte. Dafür war das Blut abgewaschen worden, und die Bilder waren aus so großer Nähe aufgenommen worden, dass sie unpersönlich erschienen, wie die geografischen Einzelheiten eines Geländes. Auf jeden Fall war es bei derart gravierenden Verletzungen schon schwer, das Geschlecht des Opfers zu bestimmen, von Wiedererkennen ganz zu schweigen.

Eine Bilderserie vom Hinterkopf, von dem das Haar abrasiert worden war, zeigte weitere Prellungen und eine umfangreiche Eindellung des Schädels direkt über dem Hinterhaupt. Aus dem Autopsiebericht wusste Cassie bereits, dass dieser Schlag, von hinten ausgeführt, das akute subdurale Hämatom verursacht hatte, das als Todesursache aufgeführt worden war. Laut dem Pathologen waren die multiplen Schläge ins Gesicht nach dieser Verletzung erfolgt, als das Opfer bereits bewusstlos auf dem Rücken gelegen hatte. Der Ziegelstein, der als Mordwaffe benutzt worden war, war ebenfalls aus sämtlichen Blickwinkeln fotografiert worden – die Menge an Blut, die in die raue Oberfläche eingesickert war, machte eindeutig kenntlich, mit welchem Ende zugeschlagen worden war.

Nahaufnahmen der Oberarme zeigten die bläulich-violetten Quetschungen, die bei Callums Prozess zur Sprache gekommen waren – blaue Flecke, deren Kenntnis er bestritten hatte. Es waren Griffspuren; sie hatten ganz deutlich die Form von Fingern und verfärbten sich an den Rändern bereits gelblich. Das passte zu dem Befund des Pathologen, dass sie drei bis vier Tage alt waren. War es glaubhaft, dass einem Mann solche blauen Flecken an seiner Frau nicht auffielen – im Bett oder wenn sie sich auszog?

Erst ganz am Ende drohte etwas, Cassies Blase der Professionalität platzen zu lassen – und das kam aus einer unerwarteten Richtung. Ein Satz Fotos dokumentierte den Schmuck, den ihre Mutter an jenem Abend getragen hatte: silberne Ohrringe, die wie Muschelschalen geformt waren, ihren geflochtenen goldenen Ehering und ein zerrissenes schwarzes Lederhalsband, das wie Stacheldraht aussah, so wie man sie heute noch auf dem Camden Market kaufen konnte.

Sie sah plötzlich ganz deutlich ihre Mutter vor sich, wie sie sich für ihr Date mit ihrem Mann zurechtmachte, wie sie summend ihr Make-up auflegte, sich auf einen seltenen freien Abend im Pub freute und betete, dass es keine weiteren Eifersuchtsszenen geben würde.

Jäh verdunkelte sich Cassies Gesichtsfeld, schrumpfte zu einem Tunnel, und die Luft knisterte so laut, dass sie sich an der Tischkante festklammerte. Von den Fotos auf dem Autopsietisch stieg die Stimme ihrer Mutter auf, ein deutlich hörbares Flüstern.

Nicht mein Stil.

26. KAPITEL

Am nächsten Tag ging Cassie zum Sonntags-Mittagessen zu ihrer Großmutter. Zuerst sah es aus, als sei Weronika ihrer Bitte um etwas Leichtes nachgekommen – sie tischte polnische Rollmöpse und Gurkensalat auf und wies stolz darauf hin, dass sie Letzteren statt mit Crème fraîche mit Sauerrahm zubereitet habe. Dann jedoch machte sie mit dem Nachtisch alles wieder zunichte.

Cassie hatte gerade ihr zweites Stück hausgemachte *kremówka* vertilgt.

»Noch ein klitzekleines Stückchen vielleicht?«, schmeichelte Weronika. »Dein Gesicht sieht ganz schmal aus!«

»Soll das ein Witz sein?« Cassie schob ihren Teller weg. »Und sag mir doch noch mal, wieso zig Schichten Teig, Buttercreme *und* Sahne als ›leicht‹ gelten?«

»Ein bisschen Verwöhnen ist gut für die Seele.«

Cassie musste sich bei diesem durch tausend Wiederholungen fadenscheinig gewordenen Schlagabtausch das Grinsen verbeißen. Es war schön zu sehen, dass ihre Großmutter allem Anschein nach wieder ganz die Alte war.

Die freudige Erregung, die sie gestern Nacht empfunden hatte, als sie die Stimme ihrer Mutter gehört hatte – oder zu hören geglaubt hatte –, war verflogen, und sie fühlte sich leer und deprimiert.

Nicht mein Stil? Was war nicht ihr Stil? Brutal ermordet zu werden? Oder eine Affäre zu haben?

Viel half das nicht. Ihr war klar, was während der fotografischen Autopsie, die sie an ihrer Mutter vorgenommen hatte, halb bewusst ganz hinten in ihrem Kopf gelauert hatte. Die bescheuerte Vorstellung, dass sie einen dicken, fetten Hinweis finden würde, der ihren Vater entlastete.

Nach dem Essen saßen sie und ihre Großmutter eine Zeitlang in einträchtigem Schweigen da und lauschten dem Fauchen und Knacken des Gasfeuers. Cassie war schon drauf und dran, auf dem Sofa einzudösen, als Weronika fragte: »Wie geht es dir, *tygrysek?* Ich weiß doch, wie schlimm es für dich gewesen sein muss, zu erfahren, was mit deiner Mama passiert ist.«

Vor Überraschung antwortete sie aufrichtig: »Am schlimmsten war's herauszufinden, dass mein Vater all die Jahre am Leben war.« Sie blinzelte. »Entschuldige, Babica ...«

Weronika hob abwehrend die Hand. »Nein, *ich* sollte mich entschuldigen. Ich habe noch mal darüber nachgedacht, und jetzt weiß ich, wie falsch das war, was ich getan habe. Ich hatte kein Recht, dich nicht wissen zu lassen, dass du noch einen Vater hattest.«

»Du hattest ja gute Gründe, nach dem, was er getan hat.« *Wenn er es denn wirklich getan hat.*

»Nein.« Ein nachdrückliches Kopfschütteln. »Ganz gleich, was für ein Mensch er war und was er getan hat, du hättest es erfahren müssen, dass einer von deinen Eltern noch am Leben war, als du alt genug dafür warst. Die Entscheidung, was du mit diesem Wissen machst, hätte bei dir liegen sollen.«

Das besänftigte die Schuldgefühle ein wenig, die Cassie verspürte, weil sie sich mit ihrem Vater getroffen hatte – nicht, dass sie ihn gebeten hatte, nach einundzwanzig Jahren Abwesenheit plötzlich aus dem Nichts aufzutauchen.

»Wahrscheinlich war's besser so, schließlich hat er sich ja null für mich interessiert, als er im Gefängnis war.«

Ihre Großmutter legte die Hände auf die Armlehnen ihres Sessels, stemmte sich hoch und ging etwas aus dem alten Mahagonisekretär holen, in dem sie ihre Korrespondenz aufbewahrte. Dann drückte sie Cassie ein Bündel Briefumschläge in die Hand, alle an Weronika Janek adressiert.

»Nur zu, schau's dir an.«

Cassie öffnete einen Umschlag und fand darin ein Blatt Papier, auf dem mit der Hand geschrieben *Für Cassandra* stand. Nur diese zwei Worte.

»Ich verstehe nicht.«

»Nachdem deine Mama tot war, sind die jedes Jahr an deinem Geburtstag mit der Post gekommen, mit einer Postanweisung an mich.« Als sie Cassies verständnisloses Gesicht sah, fügte sie hinzu: »Postanweisungen sind anonym, nicht wie Schecks. Zuerst waren es fünfzig Pfund, aber später wurde es dann mehr, zwei- oder dreihundert auf einmal.«

Cassie fing an, weitere Blätter aus den Umschlägen zu holen, und fand auf jedem diese beiden Worte, immer in derselben Handschrift.

»Mehr stand da nie drauf«, meinte Babica. »Immer nur ›für Cassandra‹.«

»Und wann hat das aufgehört?«

Die alte Frau schlug die Augen nieder. »Gar nicht. Der Letzte ist letztes Jahr gekommen, kurz vor deinem Geburtstag. Vier Postanweisungen, insgesamt tausend Pfund.«

»Diese fünfhundert Pfund, die du mir gegeben hast, wo du angeblich eine Lebensversicherung ausbezahlt bekommen hattest?«

Babicas Lächeln ließ sie aussehen wie eine unartige Fünfjährige. »Ich hab dir immer die Hälfte gegeben und den Rest investiert.«

»In was denn?«

»Hauptsächlich in Tech-Aktien«, erwiderte Weronika forsch. »Da ist inzwischen ganz schön was zusammengekommen. Wenn du's brauchst, es ist für dich da.«

»Du hast in Aktien investiert?« Natürlich hatte sie die Finanzmarkt-Zeitschriften gesehen, die im Laufe der Jahre mit der Post gekommen waren … doch sie hatte das lediglich für eine weitere Marotte ihrer Großmutter gehalten, so wie ihre Vorliebe für Western.

»Für dich bin ich ja vielleicht nur eine dumme alte Frau, aber bevor Stalin meinem Studium mit einem Gefängnisaufenthalt ein Ende gesetzt hat, habe ich Wirtschaftswissenschaft studiert. Ich wollte in einer Investmentbank arbeiten.«

»Hättest du das nicht trotzdem tun können? Nachdem du abgehauen und nach London gekommen bist?«

Weronika zuckte die Schultern. »Ich hatte kein Geld fürs College, und in den Sechzigern war es nicht leicht für eine Frau, einen Job zu bekommen. Erst recht nicht für eine, die gerade erst aus der Nordseefähre gestiegen war.«

Rasch zählte Cassie die Umschläge durch. Einundzwanzig. »Und die sind jedes Jahr gekommen, nachdem Callum im Gefängnis gelandet war?« Sie schaute auf die Poststempel. Kentish Town, Camden, King's Cross. »Die sind alle hier in der Gegend aufgegeben worden, oder ein paar U-Bahnhöfe weit weg.«

»Am Anfang habe ich gedacht, die sind bestimmt von einem Sympathisanten.«

»Einem *Sympathisanten?* Von wem denn zum Beispiel?«

»Nachdem deine Mama umgekommen ist, haben wir so viele Karten – und sogar Blumen – von netten Leuten bekommen, die in der Zeitung davon gelesen hatten. Manche haben dir sogar Bonbons geschickt oder Spielsachen, so wie der freundliche Polizist.«

Cassie verspürte ein kleines Aufzucken der Hoffnung: Hatte ihr Vater eine Möglichkeit gefunden, ihr anonym Geld zu schicken? Vielleicht durch den Besitzer des Ost- und Gemüsestands auf dem Markt, wo er früher mal gearbeitet hatte?

»Könnte es mein Vater gewesen sein?«

Die alte Frau zuckte die Achseln. »Ich weiß es nicht, Liebling. Das wollte ich immer gar nicht denken – wir wollten kein Geld von diesem …« Sie kniff die Lippen vor dem Schimpfwort zusammen. »Aber möglich ist es wohl schon.«

Wenn das Geburtstagsgeld von Callum kam, wo hatte er dann die Kohle hergehabt? Ersparnisse? Tantiemen von Poitíns einziger Schallplatte?

Cassie nahm das Bündel Papierblätter. »Kann ich die behalten?«

»Natürlich. Ich fand es nicht richtig, sie wegzuwerfen«, antwortete Weronika.

»Ich wollte dich etwas fragen, Babica. Wusstest du, dass Callum möglicherweise im Begriff war, einen Plattenvertrag zu unterschreiben, kurz bevor Mum gestorben ist?« Mit gefurchter Stirn zog Weronika zweifelnd die Mundwinkel herunter. »Weißt du noch, ob sie deswegen sauer war? Das hätte bedeutet, dass er viel weg gewesen wäre, allerdings hätte es auch ordentlich Geld eingebracht.«

Weronika schnaubte. »Geld hat meine Katerina nicht interessiert.« Sie lächelte bei dieser Erinnerung. »Weißt du, was ihr einziger Traum war? Einen kleinen Bauernhof zu haben, mit einem Gemüsegarten und ein paar Hühnern.«

Cassie konnte sich eines unwillkommenen Gedankens nicht erwehren: Noch ein Traum, den ihre Mutter nicht hatte wahrmachen können. Einer, den man vielleicht hätte verwirklichen können, wenn die Geburt eines Babys sie nicht in Depressionen und Alkoholsucht gestürzt hätte.

27. KAPITEL

Cassie zerrte am Kragen ihres Blazers. Es war Montagmorgen, und sie trug den Hosenanzug, den sie sich damals für ihr Bewerbungsgespräch gekauft hatte. Um Brust und Taille herum passte er immer noch ganz gut, an den Schultern jedoch spannte er unbequem: Sechs Jahre lang mit Leichen herumhantieren, das war besser als jedes Fitnessstudio.

Die Wohltätigkeitsorganisation, bei der DS a. D. Gerry Hobbs jetzt als Leiter des Sicherheitsdienstes arbeitete, residierte in zwei Stockwerken eines schicken Büroblocks in Farringdon. Cassie nannte am Empfang ihren Namen, und ein paar Minuten später sah sie einen Mann Mitte fünfzig – also ungefähr im richtigen Alter – aus dem Fahrstuhl treten. Seine aufrechte Haltung, der einreihige schwarze Wollmantel und die auf Hochglanz polierten Halbschuhe verkündeten unmissverständlich »Cop auf Lebenszeit.« Als er sie sah, kam prompt »der Blick«, den sie manchmal von Leuten über vierzig bekam – mit riesengroßen Augen von ihrem schwarz gefärbten Haar und dem Augenbrauenstecker zu ihrem Lippenpiercing hinab. Ein Glück, dass sie das Haar offen trug, um den hochrasierten Undercut zu verbergen.

»Cassie?« Mit einem unsicheren Lächeln gewann er die Fassung wieder.

Hatte er erwartet, dass sie immer noch das karierte Trägerröckchen und die Zöpfe trug, die ihre Großmutter ihr mit vier verordnet hatte?

»Ich dachte, wir gehen einen Kaffee trinken«, fuhr er fort. »Das erspart uns die ganze Bürokratie, die heutzutage nötig ist, um einen Besucherausweis zu kriegen.«

Als er zum Empfang ging, um mit der Rezeptionistin zu sprechen, nahm Cassie ihn diskret in Augenschein. Ein kräftiger Mann, jedoch nicht fett, mit so einem offenen, sommersprossigen Gesicht und dem hellen Haar, das sie von Leuten mit irischen Wurzeln kannte – wie ein Bauer von der Insel, der gerade von seinem Traktor gestiegen ist. In seiner Jugend hatte er eindeutig gut ausgesehen und war auch jetzt noch, mit ungefähr Mitte bis Ende vierzig durchaus präsentabel.

Sie spielten Smalltalk-Pingpong, bis sie im Café ankamen – ein hübscher kleiner Laden in der Nähe des Smithfield Market, der nicht Teil einer großen Kette war. Doch sobald sie sich hinsetzten, räusperte er sich und setzte jene düstere Miene auf, die sie allmählich gewohnt war, wenn jemand ihr gleich sein Beileid aussprechen würde.

»Das war so ein Fall von der Sorte, die man nie vergisst«, meinte er kopfschüttelnd. »Kath war so ein bildhübsches Mädchen – und so jung. Und du, du warst doch nur so ein winziges Dingelchen.« Wieder glitt sein Blick über ihre gepiercte Lippe.

»Sie haben mir mal eine Barbiepuppe mitgebracht – in einem rosa Prinzessinnenkleid«, sagte sie und sah Barbies leere Augen und ihr dümmliches Lächeln vor sich, und die Wespentaille, die ihr, verglichen mit einer erwachsenen Frau, schon damals unrealistisch vorgekommen war.

»Das weißt du noch?« Er sah hocherfreut aus.

»Oh, ich habe diese Puppe geliebt!«, log sie. Nach dem enttäuschenden Resultat von Barbies Autopsie hatte sie die zerstückelten Überreste unters Bett geschoben, um die Beweise für ihr Verbrechen zu verstecken.

»Es muss wirklich schrecklich für dich gewesen sein, deine Mutter so zu verlieren, aber wenigstens hattest du Weronika, die für dich gesorgt hat. Was für eine bemerkenswerte Frau. Du sagst, sie ist immer noch gut unterwegs?«

Kath, Weronika ... Entweder hatte der Fall einen tiefen Eindruck bei ihm hinterlassen, oder er hatte darüber nachgelesen, bevor er sich mit ihr getroffen hatte.

»Sie hatte einen kleinen Schlaganfall, aber jetzt geht es ihr schon wieder besser.« Cassie nippte an ihrem Espresso. »Natürlich will ich sie nicht belasten, indem ich traumatische Erinnerungen wecke – und der Fall ist zu alt, als dass man online was darüber finden könnte.«

»Das verstehe ich vollkommen. Also, hör zu, frag mich gern alles, was du willst. Ich habe ein ziemlich gutes Gedächtnis.«

»Ich glaube, Sie waren damals als Erster am Tatort. Können Sie mir erzählen ... wie Sie sie gefunden haben? Jemand, der seinen Hund ausgeführt hat, hat die Polizei verständigt, nicht wahr?«

Ein Nicken. »Ja, ein Anruf aus einer Telefonzelle, so gegen sechs Uhr früh. Wir sind sofort hingefahren. Es war ein nebliger Morgen, das weiß ich noch, du weißt ja, wie's rund um den Kanal manchmal ist.«

»Wir?«

»Ja, ich und ein PC. Als wir da ankamen, lag sie in einem Tunnel unter den Bahngleisen auf dem Kopfsteinpflaster.«

Cassie dachte daran, wie sie das Blut auf den Pflastersteinen gesehen hatte ... oder es sich eingebildet hatte.

»Und der Mann mit dem Hund?«

»Der hat bei der Leiche Wache gestanden.«

Es war schön, zu erfahren, dass ein Fremder das getan hatte – dass er ihre Mutter nicht hatte allein lassen wollen.

»Wir haben die Straße abgesperrt und sofort ein Zelt aufgestellt, um ihre Würde zu wahren. Der Pathologe war ziemlich schnell da und hat den Exitus festgestellt – entschuldige, das sagt man eben so.«

»Klar, kein Problem. Und dann haben Sie sie in die Leichenhalle gebracht, nehme ich an?« Von ihrem Job hatte sie nichts gesagt; sie hatte beschlossen, dass er weniger auf der Hut sein würde, wenn er sie für eine einfache Zivilistin hielt.

»Damals war's noch die alte Leichenhalle unten bei King's Cross.«

Also nicht ihre. Gott sei Dank. Cassie konnte gut darauf verzichten, bei der Arbeit ständig den geschundenen Leichnam ihrer Mutter vor Augen zu haben.

Sie zögerte und kaute demonstrativ an ihrem Daumennagel.

»Was ist denn? Frag ruhig.«

»Ähm, das klingt jetzt vielleicht komisch, aber … gab's irgendwelche Hinweise auf, Sie wissen schon, auf etwas Sexuelles?«

»Ich …« Er blinzelte zweimal hintereinander. *Interessant.* Dann senkte er mit nachdenklicher Miene den Blick. »An so was erinnere ich mich nicht. Das arme Ding war vollständig angezogen. Ich hab gleich gewusst, dass sie von jemandem umgebracht worden war, den sie gut gekannt hat, als ich sie gesehen habe.«

»Wie denn das?«

»Sie hatte … schwere Gesichtsverletzungen, das deutet für gewöhnlich auf ein persönliches Motiv hin, dass der Angreifer sie sehr gut gekannt hat. Das war kein Mord durch einen Fremden.«

»Sehr gut gekannt, genau.« Sie schlug die Augen nieder, als wäre ihr das Ganze peinlich, und fuhr fort. »Ich hab nur überlegt, ob Proben genommen worden sind, um, Sie wissen schon, irgendwelche … noch nicht lange zurückliegenden Sexualkontakte auszuschließen?«

Wieder das Doppelblinzeln. »Ganz ehrlich, ich weiß es nicht mehr.«

Lässt dein gutes Gedächtnis dich etwa im Stich?, hätte sie am liebsten gefragt. Stattdessen sagte sie: »Ist ja auch schon sehr lange her.«

»Jedenfalls, es war ganz offensichtlich, wer unser Hauptverdächtiger war. Die Polizei war schon einmal zu einem häuslichen Streit in eurer Wohnung gerufen worden, deine Großmutter hat uns erzählt, dass Callum deiner Mutter ein blaues Auge verpasst hat, sie hatte blaue Flecken an den Armen – und sie hatten an dem Abend einen Mordskrach gehabt. Dann haben wir den Augenzeugen gefunden, der ihn an dem Abend aus der Prowse Place hatte wegrennen sehen.«

»Okay. Und Callums bester Freund – der, der gesagt hat, sie hätten um die Zeit, als Kath umgebracht worden war, Fußball geguckt … Wieso hat seine Aussage Sie misstrauisch gemacht?«

»Barney Cotter?« Hobbs beugte sich vor, seine Augen leuchteten vor Überzeugung. »Sobald ich den gesehen hab, wusste ich, dass der was zu verbergen hatte. Das war so eindeutig wie« – er tippte gegen das Marmeladenglas mit den Blumen darin, das auf dem Tisch stand –, »wie Wasser, dass er seinen Kumpel deckt. Im Zeugenstand musste der Staatsanwalt nur ein bisschen in seiner Story herumstochern, und schon hat sie sich in Luft aufgelöst.«

Im Bus zurück nach Camden schloss sie die Augen, um die Begegnung mit Hobbs noch einmal vor ihrem geistigen Auge ablaufen zu lassen. Sie analysierte seine Körpersprache und die Momente, in denen er kurz verstummt war oder den Blickkontakt abgebrochen hatte, so wie sie einen Leichnam auf ihrem Sektionstisch untersuchen würde. Warum misstraute sie ihm überhaupt? Wahrscheinlich weil ein Teil von ihr das glaubte, was ihr Vater gesagt hatte: dass die Cops ihn von Anfang an für den Täter gehalten hatten.

Als sie gefragt hatte, ob es ein Sexualdelikt gewesen sein könnte, hatte er irgendwie komisch reagiert – war es ihm einfach nur peinlich gewesen? Oder war es mehr? Und konnte das etwas mit dem Vaginalabstrich zu tun haben, den der Pathologe genommen hatte und der anscheinend spurlos verschwunden war?

Jäh kam ihr ein Gedanke. Gerry Hobbs hatte ihre Mutter ein »bildhübsches Mädchen« genannt – dabei hatte er Kath Raven doch erst gesehen, nachdem ihr hübsches Gesicht von einem Ziegelstein zerschmettert worden war.

FLYTE

»Phyllida Flyte?«

Schon die Stimme, ein entspannter und doch befehlsgewohnter Bariton, der unmissverständlich jemandem mit höherem Dienstgrad gehörte, ließ in Flytes Kopf die Alarmglocken schrillen.

»Ja.«

»DCI Capaldi hier. Sie haben sich vor Kurzem in den Polizeicomputer eingeloggt, um« – eine kurze Pause – »nach einem Callum Raven zu suchen.«

»Sir?« Obgleich das Blut wie Meeresbrandung in ihren Ohren rauschte, klang ihre Stimme erstaunlich gefasst.

»Das war ein Mordfall – seine Ehefrau war das Opfer«, erläuterte Capaldi. »Entschuldigung, das hätte ich gleich sagen sollen. Ich rufe vom DPS an.«

Verflixter Mist.

Es fühlte sich an, als hätte jemand direkt vor ihr eine Kälteanlage eingeschaltet. Das Directorate of Professional Standards – die Dienstaufsichtsbehörde – untersuchte nicht nur Korruptionsfälle innerhalb der Polizei, sondern auch Fälle von Fehlverhalten, wie das Abrufen von Informationen aus der Datenbank zu persönlichen Zwecken.

»Ich wollte nur wissen, warum interessieren Sie sich für diesen Fall?« Seine Stimme war seidenglatt.

»Callum Raven? Ich bin mir nicht …«, antwortete sie zögernd. »Oh, Moment. Jetzt weiß ich es wieder!« Sie legte ein Lächeln in ihre Stimme, so, wie sie es sich selbst beigebracht hatte. »Da habe ich nach einem Betrüger gesucht, an dem wir gerade dran sind; der Mann heißt *Craven.*«

Ein Augenblick beklommenen Schweigens, bevor die tiefe Stimme sich von Neuem meldete. »Sie sagen also, Sie hätten versehentlich Raven eingegeben?« Er fragte ohne jegliches Misstrauen, was das Ganze nur noch schlimmer machte. Dieselbe Technik hatte sie auch schon oft angewendet, wenn sie Verdächtige verhört hatte.

»Genau. Ich hatte mich vertippt.«

»Schön.« Er klang enttäuscht. »Sie sind erst seit ein paar Monaten in Camden, richtig? Vorher waren Sie in Hampshire?«

Argwöhnisch bestätigte sie diese Aussage. *Woher wusste er das alles?*

»Ich muss Sie etwas fragen, Sergeant Flyte. Absolut vertraulich. Verstanden?«

»Selbstverständlich, Sir.«

»Haben Sie irgendwelchen Klatsch über einen DCI Stanley Neville gehört, seit Sie dort sind? Spitzname Spud, ist vor ein paar Jahren gestorben. Oder über einen DS Gerald Hobbs, Gerry genannt? Seit Kurzem im Ruhestand?«

Was in aller …?!

Sie erkannte beide Namen augenblicklich wieder, aus der Fallakte Katherine Raven. Gott sei Dank war es ihr heute Morgen auf dem Weg zur Arbeit gelungen, die Bilder wieder ins Archiv zu schmuggeln. Vorher hatte sie sich vergewissert, dass Marcus keinen Dienst hatte; es hatte ja keinen Sinn, das Schicksal mit einer zweiten Begegnung herauszufordern.

»Ich kann mich nicht erinnern, die Namen bei der Arbeit gehört zu haben. Darf ich fragen, in welchem Kontext?«

Er zögerte, überlegte eindeutig, ob er ihr trauen sollte. »Also, ganz inoffiziell: Ich untersuche gerade gewisse … Unregelmäßigkeiten bei einem anderen Fall in Camden, ein Schwerverbrechen, das die beiden 1995 bearbeitet haben. Landet wahrscheinlich bei der CCRC.«

Die Criminal Cases Review Commission. Die Behörde, die mögliche Justizirrtümer untersuchte.

»Haben Sie … überhaupt irgendetwas über Neville und Hobbs gehört?"«, fuhr er fort. »Nicht dass ich andeuten will, dass die zwei in irgendeiner Weise verdächtigt werden. Es ist nur das übliche Verfahren, sich zu vergewissern, dass bei uns alles blitzsauber ist, wenn solche Fälle in Revision gehen.«

Sie gestattete ihrem Körper, sich ein ganz klein wenig zu entspannen. Es hörte sich an, als riefe Capaldi gar nicht wegen der Akte von Callum Raven an, sondern wegen Nevilles und Hobbs' Mitwirkung an diesem anderen Fall. Offensichtlich war er zu dem Entschluss gekommen, dass es ungefährlich war, einen Neuzugang aus einer anderen Stadt nach Revierklatsch zu fragen.

»Nein, nichts«, antwortete sie. »Hobbs ist in Pension gegangen, bevor ich hierhergekommen bin.«

Autsch!

»Weil, jetzt, wo ich drüber nachdenke, ich habe den Namen doch gehört«, setzte sie so gewandt wie möglich hinzu und war erleichtert, dass Capaldi ihr Gesicht nicht sehen konnte.

Er schien nichts zu merken.

»Okay. Also, halten Sie die Ohren offen, ja? Sie können mich jederzeit anrufen, absolut vertraulich.«

28. KAPITEL

Obwohl sie nicht zur Arbeit musste und trotz eines abendlichen Wodkakonsums, der den eines sowjetischen Bergarbeiters in den Schatten gestellt hätte, wachte Cassie wie immer um sechs Uhr auf. Am Morgen nach dem Treffen mit Gerry Hobbs hatte sie im Bett gelegen, sich hierhin und dorthin gedreht und versucht, wieder einzuschlafen, doch ihre Gedanken hörten nicht auf zu kreisen.

Sie wurde das Gefühl nicht los, dass Hobbs etwas zu verbergen hatte, etwas, das mit dem verschwundenen Abstrich zu tun hatte. Ein Nachweis eines sexuellen Kontakts zwischen Katherine Raven und jemand anderem als ihrem Mann hätte die Behauptung ihres Vaters untermauert, dass sie eine Affäre hatte. Und obgleich das durchaus ein stärkeres Motiv gewesen sein könnte, seine Frau umzubringen, hätte die Polizei jede andere Kontaktperson auf jeden Fall als potenziellen Verdächtigen ausfindig machen sollen.

Doch der fehlende Befund war in den Presseberichten nirgends erwähnt worden, was darauf hinwies, dass der Verteidiger ihres Vaters das Fehlen entweder nicht bemerkt oder seine mögliche Bedeutung nicht erkannt hatte.

Sie quälte sich aus dem Bett und fand Macavity stumm, aber vielsagend vor dem Kühlschrank sitzend vor. In der letzten Woche hatte er seine megaschlechte Laune einigermaßen abgelegt, und als sie jetzt den letzten Rest des Futters aus der Tüte auf ein Tellerchen quetschte, ließ er sich sogar dazu herab, seinen pelzigen Körper gegen ihre nackten Beine zu schmiegen.

»Pff. Bei dir geht Liebe echt durch den Magen.« Sie griff

nach unten und strich ihm über das seidige Köpfchen, hörte sein Rasenmäher-Schnurren. »Aber ich nehm sie trotzdem, du Herzensbrecher, du.«

Sie schluckte ein paar Kopfschmerztabletten mit einem Becher voll Wasser, ging ins Wohnzimmer und rümpfte die Nase. Auf dem Couchtisch lagen zwei halbleere Aluschalen vom Curry-Imbiss; zwei leere Bierflaschen und eine halb ausgetrunkene Wodkaflasche standen daneben.

Von einem jähen Bedürfnis erfasst, nahm sie alles und trug es in die Küche. Dann ging sie zum Spülbecken und schraubte die Wodkaflasche auf. Ohne sich Zeit zum Nachdenken zu lassen, kippte sie den Inhalt geradewegs in den Abfluss. Als sie die letzten köstlichen Dämpfe des verdunstenden Alkohols einatmete, roch sie noch etwas anderes. Etwas, das sie zunächst nicht einordnen konnte.

Wassermelone. Das Parfum, das ihre Mutter getragen hatte. Und das sie der vierjährigen Cassie einmal hinter die Ohren getupft hatte.

Der Duft verschwand innerhalb von Sekunden, doch sie fühlte sich davon merkwürdig gewärmt. Ihr kam der Gedanke, dass es da eine Frage gab, die sie sich nicht gestellt hatte. Was würde Kath davon halten, dass ihre Tochter in den schauerlichen Ereignissen der Vergangenheit herumwühlte?

Sie dachte daran, wie sie in der Leichenhalle ihre Stimme gehört hatte – auch wenn sie sich nicht sicher war, was die Worte bedeutet hatten. Und jetzt roch sie einen Hauch ihres Parfums. Cassie war fest überzeugt: Ihre Mutter unterstützte ihr Tun.

Sie schlüpfte in die Röschen-Bluse, zog noch eine Lederjacke darüber, wickelte sich einen Schal um den Hals und machte einen Spaziergang am Kanal entlang. Der Himmel hing tief, eine niedrige Decke, und angesichts der bitteren

Kälte bereute sie es, keinen richtigen Mantel angezogen zu haben. Sie beschloss, die Treppe zur Straße hinaufzusteigen, um sich ein Paar Handschuhe zu kaufen. Im Schaufenster eines Sportgeschäfts sah sie ein Schild, das lauthals SONDERANGEBOTE! 50 % RABATT! verkündete, und ihr fiel wieder ein, dass sie dort Handschuhe mit einem Spezialbelag für Touchscreens an den Fingerspitzen verkauften.

Das Nächste, was Cassie wusste, war, dass sie irgendwo auf der rechten Seite des Geschäfts stand und ausgestellte Männerturnschuhe betrachtete. Stirnrunzelnd stand sie einen Moment lang da. So zerstreut zu sein, das passte doch gar nicht zu ihr.

Wuusch! Die Teppichfliesen auf dem Boden waren plötzlich viel näher, und sie musste sich an dem Aufsteller festhalten. Ein jähes statisches Knistern, und die Reihe Turnschuhe verschwand aus der Mitte ihres Gesichtsfeldes und machte einem Gewirr leuchtend bunter Farben Platz.

Süßigkeiten. Rote Lakritz-Schnürsenkel, grellgelbe Zitronen-Brausebonbons, pinkfarbene Zuckerschaum-Mäuse, die bunt gemischten Farben von Gummibärchen. Eine Pick-'n'-Mix-Theke, wo man sich aussuchen konnte, was in die Tüte sollte.

Natürlich. Das Sportgeschäft war früher eine Woolworth-Filiale gewesen und die Stelle, an der sie gerade stand, das Mekka ihrer Kindheit.

Cassie war wieder vier Jahre alt, erlebte von Neuem den sensorischen Overkill aus bunten Farben, dem klebrig-warmen Geruch nach Schokolade und dem nach grässlichem Anis und nach Brause, von der sie immer niesen musste.

Die Unmöglichkeit einer Entscheidung – hin und hergerissen zwischen Brause-Colaflaschen und Erdbeeren aus Schaumzucker. Oder die Liebesperlen, um sie mit Daddy zu teilen, wenn er nach Hause kam …

Wo ist Mummy?! Ein Panikschwall. Ein suchender Blick durchs Geschäft

Da ist ein Mann, der tanzt mit ihr. Die Tüte mit den Süßigkeiten, die sie zusammengesammelt hatte, fiel zu Boden.

Mummy! Die erwachsene Cassie hört sich das Wort sagen, halb Krächzen, halb Flüstern. Spürt das heiße nasse Spannen der Tränen auf ihren Wangen.

Cassie kam zu sich und sah, dass sie sich immer noch an dem Aufsteller festhielt. Eine Reihe Nike Air Max dort, wo die Trichter voller Süßigkeiten gestanden hatten.

Ein junger Schwarzer ganz in der Nähe sah sie besorgt an. »Alles okay?«

Sie nickte und machte, dass sie wegkam.

Nachdem sie sich mit einem großen Espresso in einem Coffeeshop niedergelassen hatte, um wieder zur Ruhe zu kommen, ging sie im Geist noch einmal durch, was gerade geschehen war. War das real, diese Erinnerung? Hatte sie mit vier Jahren *wirklich* einen Mann mit ihrer Mutter »tanzen« sehen? Bei Woolworth?

Dann begriff sie: Für die Augen einer Vierjährigen konnte es vielleicht aussehen wie ein tanzendes Paar, wenn ein Mann eine Frau an den Oberarmen packte oder sie in den Armen hielt.

Cassie war vertraut mit der psychologischen Theorie, dass ein Erwachsener längst vergessene Kindheitserinnerungen wiederfinden konnte … und sie wusste sehr gut, dass »wiedergefundene Erinnerungen« an ein Kindheitstrauma höchst unzuverlässig waren. Das Gehirn verlangte nach Ordnung und Mustern, und wo es auf Lücken in dem Gespeicherten stieß, erfand es manchmal alles Mögliche, nur um sie zu füllen.

Aber. Die fast schon körperlich fassbare Erinnerung, dass da etwas ganz schlimm verkehrt gewesen war, hielt sich noch immer. *Okay,* dachte sie, *versuchen wir's mal mit ein bisschen Logik.* Normalerweise hätte ihre Mutter sie wahrscheinlich nicht allein auf die Pick-'n'-Mix-Theke losgelassen – Vierjährige hatten schließlich keinerlei Vorstellung von Zurückhaltung. Diesmal jedoch hatte sie Cassie sich selbst überlassen und war ein Stück weggegangen, wobei sie das Kind allerdings im Blick behalten hatte. Irgendwann hatte Cassie sich nach ihrer Mutter umgeschaut und sie in den Armen eines fremden Mannes gesehen.

Die Interpretation ihrer Erinnerung – wenn es denn eine war – war krass offensichtlich. Katherine hatte an einem scheinbar harmlosen Treffpunkt ein Rendez-vous mit einem Mann arrangiert. Was jedoch zwischen den beiden geschah, war nicht klar. Versuchte er, sie zu küssen? Flehte er sie an, Callum zu verlassen? Sagte sie Nein?

Wenn der Fremde nicht einfach nur ein Phantom war, das Cassies Fantasie entsprungen war, dann gab es nur eine einzige Deutung. Er musste Kaths heimlicher Liebhaber gewesen sein, der Mann, mit dem sie laut Callum etwas gehabt hatte. Der Mann, der seiner Meinung nach für den Mord an ihr verantwortlich war.

FLYTE

Es war der Tag nach dem, an dem Capaldi Flyte angerufen hatte, und sie war gerade dabei, eine der jungen PCs vor der Vernehmung eines Internetbetrügers einzuweisen, als Josh über drei Schreibtische hinweg rief: »Ich hab Cassie Raven für Sie am Telefon, Sarge!«

Sie gestattete keinem einzigen Muskel ihres Gesichts ein Zucken und bedeutete ihm mit einem Nicken, dass er durchstellen sollte, ehe sie sich an die Polizistin wandte. »Geben Sie mir fünf Minuten, Rosie, ja?« Dann drehte sie sich zur Wand und sagte mit leiser Stimme zu Cassie: »Sie dürfen mich hier nicht anrufen.«

»Mir geht's gut, danke. Und Ihnen?«, kam die sarkastische Antwort.

Nach dem Anruf von DCI Capaldi von der Dienstaufsicht hatte Flyte es mit der Angst bekommen. Wenn er herausfand, dass sie Kontakt zu Callum Ravens Tochter hatte, wäre doch eindeutig klar, dass ihr Zugriff auf seine Akte kein Tippfehler gewesen war, sondern eine kleine Privatrecherche.

»Ich muss mit Ihnen reden«, sagte Cassie.

Flytes Lippen waren im Begriff, ein Nein zu formen. Sie hatte sich für diese nervtötende junge Frau so weit aus dem Fenster gelehnt, dass es das Aus ihrer Karriere bedeuten konnte. Andererseits war es durchaus sinnvoll, herauszufinden, was Cassie hinsichtlich des Mordes an ihrer Mutter im Schilde führte: Wenn Capaldi einen anderen Fall untersuchte, den Neville und Hobbs in den Neunzigern bearbeitet hatten, dann bestand ein sehr reales Risiko, dass sich ihre Wege kreuzten.

»Okay«, sagte sie knapp. »Aber nicht in der Öffentlichkeit. Kommen Sie zu mir nach Hause – ich habe Frühdienst, um drei bin ich also wieder da. Und seien Sie diskret.«

»Danke. Ich bring Kuchen mit.«

Dreistes kleines Ding.

Flyte hatte noch nicht einmal aufgelegt, als ihr ein weiterer Grund einfiel, sich mit Cassie treffen zu wollen. Matt hatte ihr endlich den Bericht des Krankenhauses zu Poppys Totgeburt gemailt, doch das Stacheldrahtdickicht aus medizinischen Fachbegriffen – *Insertio velamentosa, vasa praevia, placenta succenturia* – erwies sich als undurchdringlich. Nachdem sie etliche Stunden am Telefon verbracht hatte, hatte sie den Gynäkologen ausfindig gemacht, der damals bei der Geburt dabei gewesen war und inzwischen eine eigene Praxis hatte, hatte ihn jedoch noch nicht angerufen. Wenn er oder die Hebamme irgendetwas versäumt hatten, was Poppy hätte retten können, würde er es ja wohl kaum zugeben. Sie brauchte Cassie, um ihr den Bericht zu übersetzen, ehe sie ihren nächsten Schritt plante.

Als Josh keine Fragen zu Cassies Anruf stellte, erlaubte Flyte sich, zu hoffen, dass er sich nichts dabei gedacht hatte, doch ihr Optimismus erwies sich als kurzlebig.

In der Schlange in der Kantine trat er zu ihr und reckte den Hals, um zu sehen, was im Angebot war. »Gibt's heute Lasagne, Sarge?«

»Sieht nicht so aus. Irgendeinen Eintopf, glaube ich.«

»Also, Cassie Raven, wie?« Josh zog eine Braue hoch. »Was will denn unsere Leichenhallen-Miss-Marple? Hat sie mal wieder einen mysteriösen Todesfall, den wir unter die Lupe nehmen sollen?«

Es war bloß harmloses Geplänkel, doch Flyte spürte, wie ihr das Blut in die Wangen stieg – der Fluch der Hellhäutigen. Natürlich würde Josh sich fragen, warum Cassie anrief;

er war schließlich an den Ermittlungen zum Tod ihrer ehemaligen Lehrerin beteiligt gewesen.

Zu wissen, dass sie rot wurde, machte es nur noch schlimmer. »Ach … da ging's nur um den Fall Appleton. Ich bin für die Familie von Bradley Appleton zuständig, dem kleinen Suizid?« Das war eine absolut plausible Begründung, doch so wie Josh sie ansah, musste ihr das Unbehagen ins Gesicht geschrieben stehen. »Eine seiner Mitschülerinnen hat bestätigt, dass er sich öfter selbst stranguliert hat, um high zu werden«, fügte sie hinzu. »Hoffentlich ergibt sich bei der Anhörung daraus etwas Konkretes. Wäre schön für die Eltern.« *Halt sofort den Mund.* Sinnlos immer weiterplappern, das war doch sonst nicht ihre Art.

Diplomatisch wandte Josh sich dem Lunchtresen zu. »O super, Fish and Chips! Sie nehmen bestimmt wieder den Salat, Sarge, oder?«

»Was zum Teufel denken Sie sich eigentlich dabei, mich in der Dienststelle anzurufen?«

Sie schleuderte Cassie die Worte entgegen, noch bevor diese durch die Tür war.

Wütend funkelte Cassie zurück. »Bleiben Sie in der Bluse, mir ist nichts anderes übrig geblieben. Sie sind nicht ans Handy gegangen.«

»Ich bin keine … *Privatdetektivin,* über die Sie nach Belieben verfügen können! Ich bin Polizeibeamtin und habe jede Menge Fälle zu bearbeiten!«

»Schön, Ent-*schul*-di-gung!« Cassie zuckte die Schultern. Ihre so gar nicht betretene Miene, kombiniert mit all dem Metall in ihrem Gesicht, gab Flyte den Rest.

»Haben Sie eigentlich eine Ahnung, was für ein Risiko ich eingegangen bin, um Ihnen den Autopsiebericht zu beschaffen? Wenn das rauskommt, bin ich raus. Erledigt. Das war's mit der Karriere. Das hier ist mein Leben! Ich *hab* sonst nichts!« Der letzte Satz kam als halber Aufschrei hervor.

Cassie blinzelte, schockiert über ihren Ausraster.

Nicht so schockiert wie ich, dachte Flyte im Stillen.

Lange war außer dem Dröhnen eines Busses draußen vor dem Fenster nichts zu hören.

»Hören Sie, Phyllida, es tut mir wirklich leid.« Cassie klang zerknirscht. »Ich bin Ihnen wirklich unheimlich dankbar für das, was Sie getan haben, um mir den Bericht zu besorgen. Es war blöd von mir, Sie bei der Arbeit anzurufen.« Sie drehte an einem der Stecker in ihrer Lippe herum. »Diese Nummer mit meiner Mutter? Um ehrlich zu sein, das hat mich ein bisschen irre gemacht.« Ein betretenes Achselzucken. »*Total* irre.«

Flytes Zorn verflog. Cassies Fähigkeit, innerhalb eines Augenblicks von frech auf reumütig zu schalten, brachte sie jedes Mal aus dem Konzept.

Sie machte richtigen Kaffee, mit ihrer italienischen Kaffeemaschine, die sogar Milch aufschäumen konnte, und servierte ihn in ihren Lieblingsbechern, aus dünnwandigem Knochenporzellan mit einem hübschen Wildvogel-Muster. In Winchester hatten sie und Matt ein Vogelhäuschen im Garten gehabt, und wenn man lange genug ganz still dasaß, kamen die Vögel in Scharen. In Camden sah man nur die allgegenwärtigen Tauben, und ab und zu einmal eine Krähe, die an irgendetwas Überfahrenem herumpickte.

Sie gingen mit ihrem Kaffee ins Wohnzimmer.

»Schöne Wohnung.« Cassie nickte, während sie den Stuck und die blanken Bodendielen betrachtete. »Irgendwann würde ich auch gern mal eine Altbauwohnung haben.« Sie strich über das Kaminsims aus Marmor. »Spüren Sie manchmal die Menschen, die früher hier gelebt haben? So, als wären sie noch da?«

»Nein, zum Glück nicht. Mit WGs bin ich nie besonders gut zurechtgekommen.«

Vorsichtig lächelten sie einander an.

»Ich wollte Sie etwas über den Autopsiebericht von meiner Mutter fragen«, sagte Cassie in sachlichem Tonfall, nachdem sie sich hingesetzt hatten. »Sie haben die Bilder ja gesehen – die schweren Gesichtsverletzungen. Der Pathologe meinte, das wäre passiert, als sie am Boden lag – nachdem ihr mit dem Ziegelstein der Hinterkopf zertrümmert worden war; das war der tödliche Schlag.«

Unfähig, eine angemessene Antwort zu finden, gab Flyte ein mitfühlendes Geräusch von sich.

»Es hat also den Anschein, dass der Mörder ihr nachgerannt ist, ihr mit dem Stein den Schädel eingeschlagen und dann wiederholt auf ihr Gesicht eingedroschen hat, während sie im Sterben lag. Meine Frage ist, wie kann jemand das mit einem Menschen machen, den er liebt – und erst recht mit der Mutter des eigenen Kindes?«

»Ich nehme doch an, der Ziegelstein ist auf DNA untersucht worden?«

Cassie nickte. »Jede Menge Blut des Opfers, aber nicht genug genetisches Material für ein Profil des Täters.«

Flyte nickte; sie hatte gelesen, dass in den Neunzigern für ein vollständiges DNA-Profil ein Blutfleck von der Größe einer Zehn-Pence-Münze nötig gewesen war.

Des Opfers. Flyte konnte verstehen, dass Cassie so auf Distanz gehen musste. Hatte sie nicht zwei Jahre lang versucht, sich von der Tatsachte zu distanzieren, dass Poppy tot war? Nur um festzustellen, dass sie damit die Abrechnung einfach nur aufgeschoben hatte. Sie sah Cassie eindringlich ins Gesicht und beschloss, dass sie offen sprechen konnte. »Ich fürchte, solche Gesichtsverletzungen sind nicht untypisch, wenn ein Mann die Beherrschung verliert, weil seine Frau ihm untreu war – oder weil er *glaubt,* dass sie ihm untreu war.« Genau so einen Fall hatte sie erlebt, als sie in Winchester im Morddezernat gearbeitet hatte. »Das ist eine Extremreaktion auf eine vermeintliche Zurückweisung – wenn ich dich nicht haben kann, kriegt dich auch niemand anderes, und wenn ich dabei das Gesicht zerstöre, das ich geliebt habe.«

»Und wenn die Zurückweisung nun gar nicht vermeintlich war? Wenn der Mörder nun jemand war, der sie umgebracht hat, weil sie ihn wirklich zurückgewiesen hat? Mit anderen Worten, ein Liebhaber?«

»Hören Sie, Cassie, ich kann mir nur ungefähr vorstellen, wie schwer es für Sie sein muss, sich damit abzufinden, was Ihr Dad getan hat. Aber Tatsache ist doch, dass die Polizei nie irgendwelche Beweise für diesen angeblichen Liebhaber gefunden hat, nicht wahr?«

»Vielleicht haben sie ja nicht besonders gründlich gesucht.« Ein trotziges Heben des Kinns. »Die haben einen Vaginalabstrich gemacht, aber in dem Bericht wird nirgends ein Befund erwähnt.«

Flyte sah, dass Cassie im Begriff war, ihren Kaffeebecher auf ihrem neuen Couchtisch abzustellen, und schob ihr demonstrativ einen Untersetzer hin. »Bestand denn ein Vergewaltigungsverdacht?«, erkundigte sie sich.

»Ich habe in dem Bericht nichts gesehen, was darauf hindeutet. Manche Pathologen machen bei solchen Fällen grundsätzlich Vaginalabstriche.«

Flyte runzelte die Stirn. »Hören Sie, Cassie, für mich hört es sich an, als hätte die Polizei gute Gründe gehabt, Ihren Vater als Hauptverdächtigen zu betrachten – es gab ein Motiv, einen Augenzeugen, ein wackeliges Alibi und eine Vorgeschichte häuslicher Gewalt.« Doch ihr fiel wieder ein, dass sie beim Lesen der Akte immer mehr das Gefühl gehabt hatte, dass die Anklage gegen Callum Raven nicht gerade auf sicheren Füßen stand.

»Die Sache ist die, ich glaube, die haben gar nicht in Betracht gezogen, dass es jemand anderes gewesen sein könnte.« Cassie beugte sich über den Couchtisch. »Wenn bei dem Abstrich jetzt DNA gefunden worden wäre, die nicht der von meinem Vater entspricht? Die bewiesen hätte, dass sie kurz zuvor Sex mit jemand anderem gehabt hatte? Hätten die, ich weiß nicht, den Abstrich irgendwie verschwinden lassen können?«

»Verschwinden lassen?«

Wieder hob Cassie das Kinn. »Ist das so aberwitzig? Nach allem, was ich gehört habe, gab's in den Neunzigern doch jede Menge Filz bei der Polizei.«

»Na ja, es stimmt, damals haben Polizeilabore die Tests gemacht, aber die Vorstellung, dass jemand einen Labortechniker bestechen würde, damit er Beweismittel vernichtet … Also, Sie reden hier von schwerer Korruption.«

Im Zuge ihrer Ausbildung war Flyte eingebläut worden, dass die Beweismittelkette sakrosankt war. Jedes einzelne Beweisstück, ob es nun von einem Tatort, einer Festplatte oder einer Leiche stammte, musste bis zum Prozess korrekt dokumentiert, identifiziert und verwahrt werden. Doch sie hatte Horrorgeschichten über den oft schlampigen Umgang mit Beweisen bis in die Zeit nach 2000 gehört … und jetzt fiel ihr Capaldis Bemerkung über »Unregelmäßigkeiten« in einem Fall, den Hobbs und Neville bearbeitet hatten, wieder ein.

»Haben Sie bei dem Pathologen nachgefragt, der die Autopsie durchgeführt hat?«, wollte sie wissen. »Es könnte doch eine ganz harmlose Erklärung dafür geben.«

»Der ist anscheinend 2005 gestorben. Und Hobbs' Boss Neville ist auch tot. Bleibt also nur noch der Sergeant, Gerry Hobbs.«

»Warum sollte denn jemand Laborbefunde verfälschen wollen?«

Cassie zuckte die Schultern. »Vielleicht haben die ja jemanden geschützt? Oder vielleicht waren Hobbs und Neville auch einfach nur so überzeugt, dass mein Vater der Mörder war, dass sie eine unerwünschte neue Spur gleich abwürgen wollten. So, wie die meiner Großmutter versprochen haben, dass sie ihn einbuchten würden – das hört sich für mich danach an, als hätten sie da persönlich ganz schön dringehangen.«

Flyte machte ein skeptisches Gesicht. »Hören Sie, das Wahrscheinlichste ist, dass der Abstrich kein Hinweis auf einen sexuellen Kontakt ergeben hat, und irgendein Labortechniker hat vergessen, das auf dem Formular einzutragen.«

Cassie stellte ihren leeren Becher auf den Untersetzer und rückte ihn so zurecht, dass er genau in der Mitte stand. »Ich habe mich mit Gerry Hobbs getroffen.«

»Sie haben was …?«

»Ich glaube, er hat was zu verbergen – als ich den Abstrich angesprochen habe, war er richtig komisch.«

Verflixter Mist.

Cassies private Nachforschungen waren also bereits in den Weg von DCI Capaldis Ermittlungen hineingeschleudert. Als würde ein Skateboard einen Sattelschlepper schneiden. Sie war schon drauf und dran, ihr zu befehlen, sich zurückzuhalten, als sie ihren störrischen Gesichtsausdruck sah und sich daran erinnerte, dass es nach hinten losgehen konnte, Cassie Befehle zu erteilen.

»Okay … und wie hat sich dieses ›Komisch-Sein‹ dargestellt, wenn ich fragen darf?«

»Ist schwer zu erklären«, antwortete Cassie mit verdrossener Miene. »Ich hab einfach manchmal so ein Gefühl.«

»Tatsächlich?« Flyte zog eine Braue empor.

»Hören Sie, es ist mein Job, alles Mögliche zu bemerken, okay?« Ungeduldig rückte Cassie in ihrem Sessel hin und her. »Zum Beispiel … das Foto da.« Mit dem Kopf deutete sie auf eine gerahmte Fotografie in der Mitte des Kaminsimses. »Das ist offensichtlich Ihr Vater …«

»Na, wer soll es denn sonst sein?«

»Ich wollte noch sagen, und Sie haben sich mit ihm eindeutig besser verstanden als mit Ihrer Mutter.«

»Was? Nur weil ich kein Foto von ihr hier stehen habe?« *Die alte Krähe.*

Cassie studierte das Foto mit schief gelegtem Kopf. »Nein … weil Sie sie aus dem Foto rausgeschnitten haben.«

Flyte blinzelte. Das Bild war eines ihrer Lieblingsfotos: Sie war achtzehn gewesen, hatte die Ferien in Akrotiri verbracht und ihren Vater in seinem Gemüsegarten fotografiert. Er hatte einen Fuß auf dem Spaten, hielt sein Armee-Schanzzeug in der Hand und schaute in die Kamera. Dass ihre Mutter auch auf dem Foto gewesen war, hatte sie ganz vergessen.

»Woher …?«

Mit zusammengekniffenen Augen starrte Cassie das Bild an. »Der Fokus ist nicht richtig zentriert, als wäre es ursprünglich ein weiterer Blickwinkel gewesen. Aber da ist auch noch der Hund.«

Monty, der Golden Retriever, stand ganz außen am linken Rand des Fotos.

»Wie er den Kopf hält, und die Schnauze … als ob ihm jemand einen Hundekuchen hinhält«, erklärte Cassie.

Grundgütiger! Keinen Hundekuchen – ihre Mutter hatte ihm einen Gummiring hingehalten. Weil sie Monty auch auf dem Foto haben wollte, hatte Flyte ihre Mutter schließlich mitfotografiert. Nichts, was sich mit ein wenig umsichtiger Schneidearbeit nicht hatte beheben lassen, nachdem das Foto entwickelt worden war.

»Es ist ganz eindeutig, dass Sie da fotografieren.« Cassie lächelte. »Er versucht zwar, ein strenges Gesicht zu machen, aber seine Liebe zu Ihnen leuchtet so richtig aus dem Bild raus.«

Flyte speicherte das, was sie bei diesen Worten empfand, für später ab.

Selbst in seinen Gartenklamotten – »in Zivil«, wie er gesagt hätte – hatte Pops die Aura eines Majors. Doch seine Versuche, zu Hause eine Exerzierplatz-Haltung zu wahren, scheiterten kläglich, wenn es um seine Tochter ging, sein einziges Kind. *Philly.* So hatte er sie genannt. Noch immer konnte sie die Beschwerden ihrer Mutter hören: *Da gebe ich ihr einen wunderschönen Namen, und du nennst sie nach einem Frischkäse.* Und Pops' kaum merkliches Zwinkern. *Das bleibt unter uns.*

»Das ist das letzte Foto, das ich von ihm habe«, sagte Flyte. »Im Jahr darauf ist er gestorben, da war ich neunzehn.«

»Ah. Sie haben ihn viel zu früh verloren.«

Flyte fiel wieder ein, dass Cassie ja beide Eltern verloren hatte, und das in sehr viel jüngeren Jahren.

»Und Ihre Mutter, lebt sie noch?«, erkundigte sich Cassie.

Flyte musste sich bremsen, um nicht *Das geht Sie einen feuchten Kehricht an* zu sagen.

»Sie lebt noch immer auf Zypern, ist schon seit einer Ewigkeit wieder verheiratet.« Heutzutage bestand ihr einziger Kontakt zueinander in vorschriftsmäßigen Anrufen zu Weihnachten und zum Geburtstag, die unweigerlich damit endeten, dass Sylvia sagte: »Du musst uns unbedingt mal ein paar Tage besuchen kommen, Schatz.«

Immer mit dieser vernichtenden Einschränkung. *Ein paar Tage.*

Jegliche Aussicht auf eine Veränderung der lebenslangen Einstellung ihrer Mutter gegenüber ihrer einzigen Tochter –

unbeholfene, aber höfliche Kühle – hatte sich in Luft aufgelöst, nachdem Poppy gestorben war. Flyte konnte Sylvias Worte niemals vergeben oder vergessen: »Du kannst doch jederzeit wieder eins bekommen, Liebling, nicht wahr?« Als würde man sich ein neues Kätzchen anschaffen.

Sie sah den unverständlichen Krankenhausbericht über Poppy auf ihrem Laptop vor sich. Wenn sie wollte, dass Cassie ihr half, den zu entschlüsseln, musste sie sie irgendwie bei Laune halten und zugleich dafür sorgen, dass sie sichere Distanz zu Capaldis Ermittlungen wahrte.

»Hören Sie, Cassie, ich kann nicht erklären, wieso, aber es ist wirklich wichtig, dass Sie jeglichen Kontakt zu Hobbs einstellen – um genau zu sein, Sie müssen sich von allem fernhalten, was mit der Polizei von Camden zu tun hat.«

»Warum?«

»Da läuft irgendetwas Internes zu Aktivitäten des CID in den Neunzigern. Mit Ihrer Mutter hat das nichts zu tun; ich habe erst davon erfahren, nachdem ich ihre Akte aufgerufen hatte. Irgendwer könnte zwei und zwei zusammenzählen und kapieren, dass ich das für Sie getan habe. Die Datenbank ohne legitimen Grund zu durchsuchen ist ein Vergehen, für das man gefeuert werden kann.«

Cassie musterte sie kühl. »Okay. Unter einer Bedingung.«

»Bedingung?«

Dieses Mädchen war wirklich unglaublich.

Cassie biss sich nachdenklich auf die Lippe. »Okay, ich sage Ihnen, was ich wissen muss. Wenn man den Geschworenen bei Callums Prozess gesagt hätte, dass ein wichtiges Beweisstück verschwunden ist, hätte das gereicht, dass sie anders geurteilt hätten? Dass sie ihn für nicht schuldig befunden hätten?«

29. KAPITEL

Allmählich hatte Cassie Erfahrung darin, Phyllida Flytes Reaktionen zu deuten. Und wie sie auf den Namen Gerry Hobbs reagiert hatte – wie sie da plötzlich erstarrt war, wie sich die Muskeln um ihre Augen herum angespannt hatten –, zeigte eindeutig, dass er einer der Cops aus dem Revier von Camden war, gegen die ermittelt wurde. Vermutlich wegen zweifelhafter Praktiken in der Vergangenheit. Das wären ja gute Neuigkeiten – falls die Ermittler schlau genug waren, die Sache mit dem verschwundenen Abstrichbefund auf dem Schirm zu haben.

Doch sie konnte nicht einfach nur herumsitzen und warten und hoffen. Diese sonderbare Episode dort, wo früher die Pick-'n'-Mix-Theke von Woolworth gewesen war, hatte das Bedürfnis noch verstärkt, die Wahrheit über den Tod ihrer Mutter herauszufinden.

Damals hatte Callum bestimmt von all seinen Bekannten am meisten Zeit mit seinen Bandkollegen Barney Cotter und Maria Maguire verbracht. Wenn er wirklich Sorge gehabt hätte, dass Kath eine Affäre hatte – wenn das nicht nur ein ungeschickter Versuch war, die Schuld von sich abzulenken –, dann hätte er sich doch sicher einem von ihnen anvertraut?

Innerlich trat sie sich selbst in den Hintern, weil sie Maria nicht um ihre Telefonnummer gebeten hatte. Also googelte sie Barney, in der Annahme, dass er durch seine Firma leichter zu finden wäre, und folgte einer Spur, die von Twitter über LinkedIn schließlich zum Handelsregister führte. Dort war sein Musik-Management-Unternehmen Parallel Music gelistet und die Adresse von ihm und Maria angegeben, den beiden einzigen Geschäftsführern.

Cassie kannte die Straße, die, wie ihr auffiel, nicht mehr als zehn Gehminuten von der Prowse Place entfernt sein konnte.

Am nächsten Vormittag ging sie dorthin und fand ein winziges Vier-Zimmer-Cottage in einer ruhigen Nebenstraße, eins von den Häuschen aus der Zeit von Queen Victoria, die man damals wahrscheinlich für hundertfünfzigtausend hatte kriegen können. Heute müsste man für so etwas eine Million hinblättern.

Als sie auf die Klingel drückte, verspürte Cassie ein beklommenes Flattern in der Brust, weil sie unangekündigt hier aufkreuzte, doch als die Tür aufging, verflog das rasch.

»Cassie! Ich freu mich ja so, dich zu sehen!« Maria winkte sie herein. »Komm rein! Ich hab blöderweise nicht dran gedacht, mir deine Nummer geben zu lassen, also hab ich gehofft, dass du mich findest.«

In Alltagsklamotten sah sie aus wie die weniger glamouröse Zwillingsschwester der Sängerin, die im Dublin Castle auf der Bühne gestanden hatte. Doch sie war trotzdem attraktiv, auch fast völlig ungeschminkt und in einem zu großen Sweatshirt, das ihre gertenschlanke Figur verbarg.

Das Cottage war wie die Tardis, die Zeitmaschine aus der Fernsehserie *Dr. Who*: es war von innen wesentlich größer als es von außen wirkte. Im Erdgeschoss war eine Wand herausgenommen, sodass ein geräumiger Wohn-Ess-Bereich entstanden war, überwacht von einer großen Wanduhr. Auf deren Ziffernblatt war das Cover des Albums *London Calling* von The Clash abgebildet; Joe Strummer zertrümmerte seine Gitarre dort, wo die Fünf war.

Eine gläserne Doppeltür ging auf den Garten hinaus, in dem so ein trendiges Homeoffice-Büro aus Holz stand. Cassie sah Barney dort an seinem Laptop arbeiten und winkte ihm zu. Er musste offenbar zweimal hingucken, dann winkte er zurück.

»Er sitzt gerade an einem Vertrag für einen Künstler hier aus der Gegend. Hiphop.« Maria schaltete den Wasserkocher an und bedachte Cassie mit einem verschwörerischen Lächeln. »Ist nicht mein Ding, aber es bringt Geld.« In dem grellen Wintertageslicht, das durch die Fenster fiel, sah Maria älter und … gewöhnlicher aus als die Bluessängerin aus dem Pub. Ihre Krähenfüße und die allmählich erschlaffende Kinnlinie ließen eine verborgene Verletzlichkeit erahnen.

Sie stellte Becher auf den Esstisch und betrachtete Cassie dann eingehend. »Weißt du, du siehst Kath wirklich unheimlich ähnlich.«

»Echt? Ich dachte immer, ich habe die Augen von meinem Dad.«

Maria legte den Kopf schief und musterte sie. »Sie sind genauso dunkelblau, das stimmt. Weißt du, die Begegnung mit dir neulich, das hat bei uns beiden eine Menge Erinnerungen geweckt. Wir haben uns gefragt, ob du vielleicht Kontakt zu Callum hast oder gehört hast, wie's ihm jetzt so geht?«

Cassie schüttelte den Kopf. »Alles, was ich weiß, ist, dass er irgendwo in Nordirland lebt, seit er aus dem Knast raus ist, bei seinen Verwandten.« *Was ja auch stimmte.*

»Natürlich wär's total verständlich, wenn du nichts mehr mit ihm zu tun haben willst, unter den gegebenen Umständen.« Maria biss sich auf die Unterlippe. »Aber er ist doch immer noch dein Daddy«

Die unverbrämten Emotionen in ihrer Stimme verblüfften Cassie.

»Also, wolltest du mich irgendwas Bestimmtes fragen?«, fuhr Maria fort.

»Ja. Glaubst du, an dem, was Callum bei dem Prozess gesagt hat, war irgendwas Wahres dran?« Cassie stockte. Es widerstrebte ihr, ihre arme tote Mutter der Untreue zu bezichtigen.

»Was meinst du damit?« Maria machte ein verständnisloses Gesicht.

»An seiner Behauptung, Kath hätte was mit einem anderen gehabt.«

»Ach, das hatte ich ganz vergessen.« Mit gefurchter Stirn blickte Maria ins Leere. »Das war das erste Mal, dass ich davon gehört habe, damals bei dem Prozess … aber so etwas hätte Callum mir auch nicht erzählt.«

»Warum nicht?«

Sie lächelte schief. »Das kannst du nicht wissen, aber dein Dad und ich waren mal zusammen, in der ersten Zeit der Band, bevor er Kath kennengelernt hat. Ich war diejenige, die Schluss gemacht hat. Um die Wahrheit zu sagen, Callum war mir ein bisschen zu hundertprozentig.« Sie schnitt eine Grimasse, die Zuneigung und Genervtheit miteinander vereinte.

Cassie stellte sich die beiden zusammen auf der Bühne vor. Sie hätten ein tolles Rockstar-Pärchen abgegeben. »Und wie hat er das aufgenommen?«

»Nicht besonders gut, um ehrlich zu sein.« Wieder verzog sie das Gesicht. »Es war echt Glück, dass er so bald nach unserer Trennung Kath kennengelernt hat. Und ich habe mich mit Barney zusammengetan, es war also alles gut. Aber wahrscheinlich fand er's nicht richtig, sich bei mir über seine Beziehung mit Kath auszulassen.«

Cassie nickte. Wenn man mal mit jemandem zusammen gewesen war, könnte es sich wie Verrat anfühlen, mit dem oder der Ex über den gegenwärtigen Partner zu reden – für beide.

Maria schaute rasch aus dem Fenster auf das kleine Büro. »Du solltest Barney fragen, die beiden waren immer ganz dicke miteinander.«

Cassie fand diese Formulierung irgendwie merkwürdig. Wieder fragte sie sich, ob Barney Callum ein falsches Alibi gegeben hatte, um seinem Kumpel den Hals zu retten.

»Fühlt Barney sich … irgendwie schuldig?«, erkundigte sie sich vorsichtig.

»Weshalb denn?« Die jähe Schärfe in Marias Stimme zeigte Cassie klar und deutlich, dass sie ihren Mann gegen alles und jeden in Schutz nehmen würde, falls es notwendig wurde.

»Du weißt schon, als er vor Gericht ausgesagt hat und der Anwalt das Alibi angezweifelt hat, das er Callum gegeben hatte.«

»Der Typ war ein absolutes Arschloch!« Der Zorn ließ Marias irischen Akzent stärker werden. »Wie der ihn mit voller Absicht mit den Uhrzeiten durcheinandergebracht hat.« Sie stieß die Luft aus. »Entschuldige.« Wieder schaute sie zu dem Büro im Garten hinaus. »Aber du hast recht. Ganz unter uns, Barney war nach dem Prozess völlig im Eimer. Ich glaube, er hatte einen kleinen Nervenzusammenbruch. Er wollte nicht darüber reden, aber ich habe gemerkt, dass er sich die Schuld für das Urteil gegeben hat.«

Als sie aus dem Fenster blickte, sah Cassie, dass Barney zu ihnen herüberschaute, ehe er sich wieder seinem Laptop zuwandte.

»Die Verteidigung hat dich nicht als Zeugin aufgerufen, um Barneys Aussage zu bestätigen, wann Callum an dem Abend hier war – warst du nicht dabei?«

Maria schüttelte den Kopf. »Ich hatte ganz früh am nächsten Morgen Yoga, also bin ich zeitig ins Bett gegangen und hab Barney Fußball gucken lassen. Ich hab den Cops gesagt, ich hätte weder gehört, wie Callum gekommen, noch wie er gegangen ist.« Sie zog die Augenbrauen zusammen. »Es ist komisch, aber das ist alles schon so lange her, dass es sich manchmal anfühlt, als wäre es jemand anderem passiert. Als wär's einfach nur irgendetwas, was ich in der Zeitung gelesen habe.«

»Hör zu, versteh das nicht falsch«, setzte Cassie behutsam an, »aber als Barney behauptet hat, Callum wäre zur Tatzeit noch hier gewesen und hätte ferngesehen, glaubst du, er hat da die Wahrheit gesagt?« Marias Blick huschte an ihr vorbei in den Garten hinaus. »Ich meine, es wäre doch nur natürlich gewesen, dass er seinem besten Freund helfen wollte, wenn er sicher war, dass er unschuldig war.«

Cassie sah widerstreitende Gefühle in Marias Gesicht, als sie an die Ereignisse vor einundzwanzig Jahren dachte. Kummer, Zweifel … und Loyalität. Als sie schließlich antwortete, war ihre Stimme heiser. »Ich denke, Barney *glaubt*, dass dein Dad noch hier war. Aber das könnte auch deshalb so sein, weil er die Vorstellung, dass Callum zu einer solchen Gewalttat fähig sein sollte, nie akzeptieren konnte.«

»Und du? Glaubst du, dass er dazu fähig war?«

Maria hielt ihrem Blick stand. »Ganz ehrlich, Cassie, das habe ich mich auch schon tausendmal gefragt, und ich weiß es einfach nicht.«

30. KAPITEL

Cassie spürte, wie sich in ihrem Innern alles zusammenzog. Sie hatte gehofft, Maria würde ihren Vater verteidigen, würde sagen, dass Callum nie und nimmer einen Mord begehen könnte. Und nach ihrem mitfühlenden Blick zu urteilen, wusste sie auch ganz genau, was Cassie hatte hören wollen.

Maria berührte kurz Cassies Handrücken. »Hör zu, ich verstehe, wie dir zumute ist. Weißt du, ich hab meinen Daddy auch verloren. Als ich sieben war, hat er mich und meine Mum verlassen und ist mit irgendeiner anderen Frau nach Afrika gegangen.«

Deswegen also hatte es sie so getroffen, dass Cassie keinen Kontakt mehr zu Callum hatte. »Oh, das tut mir leid«, sagte Cassie.

»Die Leute haben immer gesagt, ich wäre sein Augenstern.« Maria lächelte bei dieser Erinnerung. »An dem Abend, als er weggegangen ist, ist er in mein Zimmer gekommen und hat gesagt, wenn ich ein bisschen älter bin, kommt er und holt mich. Ich habe stundenlang an meinem Fenster gesessen und darauf gewartet, dass sein Wagen draußen hält. Sogar einen kleinen Koffer hatte ich fertig gepackt unter meinem Bett. Aber ich habe ihn nie wiedergesehen.«

»Hast du je rausgefunden, was aus ihm geworden ist?«

Ein betrübtes Kopfschütteln. »Ich denke, er muss gestorben sein, bald nachdem er weggegangen ist. Verstehst du, ich glaube nicht, dass er mich im Stich gelassen hätte – nicht freiwillig.«

Cassie nickte; insgeheim jedoch hielt sie es für wahrscheinlicher, dass Marias Vater wieder geheiratet, noch ein

Kind bekommen und nicht zurückgeblickt hatte. So machten es manche Männer eben.

Maria wedelte mit der Hand. »Das reicht jetzt von mir und meinen Problemchen. Was kann ich dir sonst noch erzählen?«

Cassie dachte an den Artikel, den Kieran ihr gezeigt hatte, der, in dem Barney seine Pläne für die Band erläuterte. »Ich habe gehört, kurz bevor es passiert ist, hatte sich ein Plattenvertrag für Poitín angebahnt? War Kath damit einverstanden?«

Maria nickte. »Nachdem wir so lange knapp bei Kasse gewesen waren, waren wir alle Feuer und Flamme. Wir haben zu viert eine Flasche Schampus geköpft, als Barney uns davon erzählt hat.« Traurig zuckte sie die Schultern. »Aber nachdem Kath umgekommen ist und Callum verhaftet worden war, schien der Plattendeal irgendwie nicht mehr besonders wichtig zu sein.«

»Ja, klar. Aber das muss dir doch gefehlt haben, nachdem Callum im Knast war. Teil der Band zu sein.«

Marias einer Mundwinkel hob sich in einem nostalgischen Lächeln. »Ach, wir hatten schon tolle Zeiten, wir drei. Aber wenn es mit dem Vertrag was geworden wäre, wären wir die ganze Zeit unterwegs gewesen. Und mir wird im Auto immer schlecht – kein guter Look für einen Rockstar.« Eine verlegene Grimasse. »Nach dem, was passiert ist, als Callum ins Gefängnis gekommen ist, das hat mich und Barney einander wohl nähergebracht. Ein paar Monate später haben wir geheiratet. Diesen Sommer sind's einundzwanzig Jahre.« Ein Ausdruck des Staunens darüber, wo die Zeit geblieben war, huschte über ihre Züge. »Wir kommen finanziell gut über die Runden, und ich hatte eine ganz anständige Musikkarriere. '98 habe ich mit Paul Brady beim Fleadh gesungen.«

Cassie setzte eine ehrfürchtige Miene auf. *Paul wer? Und was zur Hölle war das »Flaeh«?*

»Ach, jetzt hör sich einer mich an, da erzähle ich hier alte Geschichten.« Maria lachte. »Damals warst du wahrscheinlich noch in der Grundschule.«

Cassie lächelte über den Rand ihres Bechers hinweg zurück. »Glaubst du, Barney hätte was dagegen, wenn ich ihm ein paar Fragen stelle?«

»Wenn man vom Teufel spricht«, bemerkte Maria.

Cassie fuhr zusammen, als die Tür hinter ihr aufging. Barney begrüßte sie mit unbeholfener Wärme, ehe er zum Wasserkessel hinüberging. Seine schmal geschnittenen Hosen und der enge Rollkragenpulli im Stil der Sechziger betonten seine schlanke Figur; zusammen mit dem fransigen Mod-Haarschnitt sah er ein bisschen aus wie Paul Weller.

»Wollt ihr auch noch was?« Sein Londoner Akzent klang nach Marias betörendem Singsang richtig ausdruckslos.

»Cassie wollte dich was über Callum fragen, Liebling.« Maria klang vorsichtig, aber nicht ermutigend.

Barney drehte sich zu Cassie um. »Klar, nur zu. Aber ich kann dir gleich sagen, er war's nicht.«

Bei seinem sachlichen Tonfall verspürte Cassie ein kleines Aufwallen der Hoffnung. »Weil du hundertprozentig sicher bist, dass er zum Zeitpunkt des Mordes bei dir war?«

Barney wandte sich ab, um Kaffee in einen Becher zu löffeln. Er seufzte. »Ich bin diesen Abend im Kopf jetzt so oft immer wieder durchgegangen, dass ich in Sachen Uhrzeit überhaupt nichts mehr schwören kann. Aber ich weiß einfach, dass er nicht imstande war, Kath etwas anzutun. Ich hab's auch den Cops gesagt, das muss irgendein Irrer gewesen sein.«

Aus dem Blick, den die beiden wechselten, schloss Cassie, dass die Frage nach Callums Schuld oder Unschuld schon lange ein heikles Thema war. Hielt Barney seinen besten Freund wirklich für unschuldig? Oder versuchte er, sich selbst davon zu überzeugen?

»Du und Callum, ihr habt euch offenbar sehr nahegestanden«, sagte Cassie. »Hat er je den Verdacht geäußert, dass Kath etwas mit einem anderen hat? Vor dem Prozess, meine ich.«

Sein Blick verschleierte sich. »Callum hätte nie etwas Schlechtes über Kath gesagt, selbst wenn er's gedacht hätte. Er hat sie angebetet.« Barney sah Cassie an. »Sie war schön, deine Mutter, innerlich und äußerlich. Und sie hat ihn geliebt – und dich auch.«

Plötzlich hätte Cassie ihn am liebsten gefragt: *Warst du der Typ, mit dem sie sich bei Woolworth getroffen hat?*

In das Schweigen hinein fragte Maria: »Bist du sicher, dass du nicht noch einen Kaffee schaffst?«

Sie sagte Nein, danke und bat darum, die Toilette benutzen zu dürfen. Das obere Stockwerk wirkte im Vergleich zum Erdgeschoss winzig – es entsprach dem Originalgrundriss des Cottage, zwei Türen und eine Wäschekammer. Warum hatte sie plötzlich das dringende Bedürfnis empfunden, Barney zu fragen, ob er der Mann bei Woolworth gewesen war? Sie hatte doch keinerlei Erinnerung daran, wie der Mann ausgesehen hatte, schließlich war sie erst vier gewesen. Während sie sich die Hände wusch, hörte sie unten das Radio angehen. Lautlos sang sie Amy Winehouses »Back to Black« im Spiegel mit.

Als sie wieder in die Küche kam, um sich zu verabschieden, kam es ihr so vor, als wären Maria und Barney eben erst verstummt, eine merkwürdige Atmosphäre herrschte im Raum, als hinge noch etwas zwischen ihnen. War sie gerade in irgendwas hineingeplatzt? In einen Streit vielleicht?

Es überraschte sie, dass es Barney war, der sich erhob, um sie zur Tür zu bringen.

»Ich hoffe, du kannst irgendwie damit abschließen«, sagte er. Diese New-Age-Phrase vertrug sich nicht recht mit seinem rauen Akzent. »Weißt du, nach dem Prozess hatte ich echt verdammt lange das Gefühl, ich hätte deinen Dad hängen gelassen.«

»Du hast bestimmt dein Bestes für ihn getan.«

Ein Zucken, das Reue gewesen sein könnte, huschte über sein Gesicht. »Na, jedenfalls … jetzt hat er seine Zeit ja abgesessen, und es ist zu spät, um irgendwas ungeschehen zu machen.«

Wie traurig war es, dachte sie, dass drei Menschen, die so viel miteinander geteilt hatten, sich einander so entfremdet hatten. »Wenn ich je von ihm höre, soll ich ihm dann sagen, er kann sich bei euch melden?«

»Nein, nein. Lieber keine alten Geschichten hochkochen.«

Während sie davonging, versuchte sie, Barneys Reaktion auf die Vorstellung zu deuten, von dem Mann zu hören, der sein bester Freund gewesen war. Und kam zu dem Schluss, dass seine plötzlich weit aufgerissenen Augen nur eins ausdrücken konnten. Angst.

FLYTE

Flyte hatte nicht die Absicht, in dem Mordfall Katherine Raven herumzuwühlen, nicht wenn die Dienstaufsicht gerade Hobbs' und Nevilles Vergangenheit durchleuchtete. Doch sie musste zugeben, dass der Fall sie interessierte, und im Gegensatz dazu, was sie Cassie gegenüber behauptet hatte, war es im Augenblick eigentlich ziemlich ruhig. Wenn im Januar die Temperaturen sanken, entschieden sich selbst die Kriminellen für Netflix und Chillen. Im Moment war das Aufregendste in ihrem Fach ein Internetbetrug, bei dem es um gefakte Airbnb-Buchungen ging.

Seit ihrem letzten Gespräch mit Cassie grübelte sie über das verschwundene Vaginalabstrich-Resultat nach und über die Frage, die Cassie gestellt hatte: Ob das Wissen, dass es abhandengekommen war, ausgereicht hätte, um die Geschworenen zu einem anderen Urteil zu bewegen.

»Geoff Gough, bitte.«

Das sicherste Vorgehen, hatte sie beschlossen, war, einen Kontakt bei der Staatsanwaltschaft anzurufen, und als ehemaliger Strafverteidiger, der seit über zwanzig Jahren für eben jene Staatsanwaltschaft arbeitete, war Geoff Gough die naheliegende Wahl.

»Hallo!« Geoffs goldbraune Stimme, voll und rund wie Oloroso-Sherry, dröhnte durch die Leitung. »Wie geht's denn meiner Lieblings-Zivilfahnderin?« Seine plump-vertrauliche Art mochte manchen Leuten gegen den Strich gehen, sie jedoch fand sie seltsam tröstlich. Geoff hatte ihr vor Kurzem in einem extrem komplizierten, auf einer Serie undurchsichtiger SMS-Nachrichten basierenden Drogenhandel-Fall geholfen, alles ordentlich auf die Reihe zu bekommen. Sein Rat hatte dazu beigetragen, dass sie den Haupttäter hatte anklagen können.

»Ich frage ausschließlich aus persönlichem Interesse, okay, Geoff? Mit irgendeinem aktuellen Fall hat das nichts zu tun.« Vorsichtshalber war sie in den Flur hinausgetreten, bevor sie ihn mit dem Handy angerufen hatte.

»Ein Gedankenexperiment? Großartig.« Sein sardonischer Unterton verriet, dass ihm klar war, dass das nicht stimmte, er aber gern bereit war, mitzuspielen.

Sie schilderte den theoretischen Fall eines Angeklagten, der den brutalen Mord an seiner Ehefrau abstreitet und vor Gericht behauptet, sie hätte Sex mit einem anderen gehabt – mit jemandem, den die Polizei, so er denn wirklich existierte, hätte ausfindig machen und vernehmen sollen. »Sagen wir also, es wurde ein Abstrich von dem Opfer genommen, um zu prüfen, ob Sperma vorhanden war – womit man die Behauptung des Ehemannes, dass sie einen Geliebten hatte, hätte bestätigen können –, aber der ist irgendwie abhandengekommen. Wenn der verschwundene Abstrich beim Prozess zur Sprache gekommen wäre, hätte das ausgereicht, um etwas an dem Schuldspruch zu ändern?«

»Wann ist dieser Schuldspruch denn erfolgt? Verzeihung, dieser *theoretische* Schuldspruch.«

»1997.«

»Als solche Proben noch in Polizeilaboren analysiert wurden. Wollen Sie etwa – Gott behüte! – andeuten, einer unserer Freunde und Helfer hätte Schindluder mit einem Post-mortem-Beweismittel getrieben?«

Wer A sagt … »Sagen wir, ja, nur mal so.«

»Nun, beispiellos war so etwas damals durchaus nicht. Wissen Sie, ein Detective Sergeant hat mir mal nach ein paar Drinks erzählt, was damals der entscheidende Unterschied bei solchen Geschichten war.« Geoff gluckste, er genoss diese nostalgische Ablenkung von seinem Alltag eindeutig. »Ein Cop, der für Geld Beweise verlegt hat, galt als ›eigenorientiert korrupt‹, wohingegen einer, der Beweise manipuliert hat, damit jemand verurteilt wird, von dessen Schuld er überzeugt war, als ›dienstorientiert korrupt‹ galt. Im Rückschluss standen Letztere also auf der Seite des Rechts. Was ist denn noch an Beweisen gegen Ihren fiktiven Beschuldigten vorgebracht worden?«

Sie listete alles auf. »Motiv und Gelegenheit waren vorhanden, es gab Hinweise auf häusliche Gewalt und einen Augenzeugen, der ihn am Tatort gesehen hatte, aber nichts Konkretes in Sachen Forensik. Auf der Mordwaffe war nicht genug DNA des Täters, um ein vollständiges Profil zu erstellen.«

»Klingt ganz schön dünn«, stellte Geoff fest, »aber wie wir immer zu sagen pflegten, als ich noch auf der anderen Seite des Zauns stand, je schlimmer das Verbrechen, desto dürftiger die Beweise, die für einen Schuldspruch nötig sind. Trotzdem, ich bin nicht überzeugt, dass ein Richter bereit gewesen wäre, die Verteidigung mit Ihrem verschwundenen Abstrich punkten zu lassen. Höchstwahrscheinlich war das einfach nur ein administrativer Fehler – und das Fehlen von Beweisen ist schließlich kein Beweis.«

»Hätte der Verteidigung das fehlende Ergebnis im Autopsiebericht nicht wenigstens auffallen müssen?«

»Wenn der Kollege auf Zack gewesen wäre, ja. Aber wenn der Pathologe es nicht speziell gekennzeichnet hatte, ist der Anwalt vielleicht davon ausgegangen, dass ein fehlendes Ergebnis ein negatives Ergebnis ist. Sie sagen, Ihr hypothetischer Beschuldigter hat die mutmaßliche Untreue seiner Frau erst im Zeugenstand erwähnt?«

»Richtig.«

Ein Seufzer drang durch die Leitung. »Zu spät, als dass

sein Anwalt diese Mutmaßung aufgreifen und in seine Verteidigung hätte einbauen können. Ich nehme mal an, Ihr Angeklagter ist jetzt auf Bewährung draußen?«

»Ja, aber natürlich würde er sich gern rehabilitieren. Theoretisch.« Flyte ertappte sich dabei, wie sie sich die tägliche Qual vorstellte, ein Kind zu haben, das glaubte, man hätte seine Mutter ermordet – wenn man unschuldig war. »Wenn es ans Licht käme, dass das Abstrichergebnis verschwunden war, würde das reichen, um eine Wiederaufnahme des Verfahrens beantragen zu können?«

»Nein. Nicht ohne etwas Neues, Substanzielles, das zeigt, dass der Schuldspruch nicht sicher war.« Wieder ein Glucksen. »Ich muss sagen, Phyllida, das ist eine ganze neue Erfahrung für mich.«

»Tatsächlich? Inwiefern?«

»Das ist das erste Mal, dass mich ein Polizeibeamter fragt, wie ein verurteilter Mörder entlastet werden könnte.«

Sie sagte nichts.

»Mein Rat ist folgender: Die beste Möglichkeit, einen Justizirrtum nachzuweisen, wäre, denjenigen ausfindig zu machen, der diese arme Frau ermordet hat, und unumstößliche Beweise zu finden, anhand derer Sie ihn des Verbrechens anklagen können.«

31. KAPITEL

Es gab unzählige Gründe, warum Cassie ihren Vater nicht kontaktieren sollte. Vor allem hatte sie dabei noch immer so ein ungutes Gefühl der Illoyalität ihrer Mutter und ihrer Großmutter gegenüber. Und ihr Bedürfnis, ihm zu glauben, war so groß, dass sie Angst hatte, seine Unschuldsbeteuerungen würden sich um sie schlingen wie Seidenfäden, bis sie völlig eingesponnen war.

Doch Barneys erschrockenes Gesicht bei der Vorstellung, wieder mit seinem ehemaligen besten Freund vereint zu sein, verwirrte sie noch immer, und das Treffen mit ihm und Maria hatte noch mehr Fragen aufgeworfen, auf die sie Antworten brauchte.

An diesem Abend rief sie die Mobilnummer an, die Callum ihr gegeben hatte, während sich tief in ihrem Innern Schuldgefühle und Vorfreude balgten.

»Cassie?«

Sie antwortete ganz kühl. »Ich wollte dich bloß ein paar Sachen über Mum fragen. Ich will nicht über … den Fall reden, über den Prozess und so, klar?«

»Sicher, Schatz, was immer du möchtest. Ich verstehe.«

Sie versuchte, den kläglichen Eifer in seiner Stimme nicht zu beachten. »Also, kannst du mir mehr über sie erzählen? Wie sie als Mensch war. Fang damit an, wie ihr euch kennengelernt habt.«

Callum schilderte ihr, was sie bereits wusste: dass Poitín nach High Wycombe gefahren war, um bei dem Oakwood-Common-Benefiz-Gig zu spielen, den Kath mitorganisiert hatte. »Ich weiß noch, an dem Abend damals, als ich sie vor der Bühne hab tanzen sehen, da konnte ich nichts anderes mehr anschauen. Nach dem Konzert bin ich sie suchen gegangen und hab sie gefragt, ob sie in den Pub mitkommt, in dem wir übernachtet haben. Wir haben noch lange mit Maria und Barney und einem Kumpel zusammengesessen, der für uns den Roadie gemacht hat. So nach und nach sind alle schlafen gegangen, bis nur noch wir zwei übrig waren.« Ein Lächeln schwang bei dieser Erinnerung in seiner Stimme mit. »Sie ist an dem Abend nicht ins Lager zurückgegangen. Und als am nächsten Tag alle wieder nach Camden zurückgefahren sind, bin ich dageblieben.«

»Aber was war mit der Band? Hatten die anderen nichts dagegen?«

Ein Auflachen. »Doch, Barney hat andauernd Nachrichten in dem Pub hinterlassen, dass ich meinen Arsch nach Camden zurückschaffen soll, damit wir wieder anfangen können, Konzerte zu spielen. Aber ich hab ihn ignoriert. Ich und deine Mum haben unter einem Zeltdach aus Müllsäcken gewohnt, kannst du dir das vorstellen?« Eine kurze Pause. »Aber für sie hätte ich auch bei Gewitter auf der Straße gepennt.«

Die Liebe in seiner Stimme war nicht gezwungen und eindeutig nicht gespielt, doch Cassie war klar, dass überwältigende romantische Liebe genau das Gefühl war, das in besitzergreifende und potenziell gewalttätige Kontrollsucht umschlagen konnte.

Es ist Zeit, ihn ein bisschen aufzumischen.

»Ich hab gehört, sie hatte vor dir einen Freund in Oakwood.«

»Ach, du weißt von ihm?« Sein Tonfall wurde unwirsch. »Das war ein Drecksack erster Güte, Kath war viel zu gut für den. Ein paar Wochen, bevor ich da aufgeschlagen bin, hatten sie sich getrennt. Kath hatte den Verdacht, dass er ein

Mädchen gebumst hatte, von dem sie *dachte,* es wäre ihre Freundin. Als sie ihn deswegen zur Rede gestellt hat, hat er gesagt, was er für die andere empfinden würde, wäre *wahre Liebe.*« Die letzten beiden Worte gab er mit hoher, pompöser Stimme zum Besten. »So ein Schwein.«

Selbst nach zwei Jahrzehnten klang sein Zorn noch immer frisch.

»Das hat die ganze Atmosphäre ziemlich versaut, aber Kath ist die Szene da eh schon auf den Geist gegangen. Als ich kam, war sie schon aus dem Organisationskomitee zurückgetreten.«

»Hat sie gesagt, warum?«

Er hielt kurz inne. »Deine Mum war eine komische Mixtur – lieb und resolut und ein bisschen irre zugleich. Für Politik war sie eigentlich nicht gemacht – dieses ganze interne Hickhack über Protesttaktiken und wer mit Kochen dran war, mit Abwaschen und damit, das Chemie-Klo zu leeren … Nach ein paar Wochen haben wir unsere Sachen gepackt und sind nach Camden zurückgefahren.«

Politischer Hickhack und Chemie-Klos? Unwillkürlich revidierte Cassie ihre rosaroten Vorstellungen von der Öko-Protestszene in den Neunzigern.

Dann wappnete sie sich für Die Große Frage. »Was glaubst du, warum hat Mum angefangen zu trinken? War das … nachdem ich geboren war?«

»Ach nein, um Gottes willen, das war nicht der Grund!« Sein Akzent war plötzlich stärker. »Sicher, die Geburt war traumatisch, vor allem, weil du ein bisschen zu früh gekommen bist, aber als sie das alles überstanden hatte, hat sie dich heiß und innig geliebt.«

»Hm. Und später, als ich so drei oder vier war? Hört sich an, als wäre ich ganz schön schwierig gewesen.«

»Cassie, hör mir zu. Mit den Nerven, das war bei deiner

Mum schon immer eine ziemliche Achterbahnfahrt gewesen. Als Teenager hat sie Antidepressiva genommen, aber sie fand's ätzend, wie sie sich damit gefühlt hat. Als würde man unter Wasser leben, hat sie gesagt.«

Cassie war wie vor den Kopf geschlagen – durch ein paar wenige Gespräche mit ihrem Vater, mit Barney und mit Maria hatte sie ein authentischeres Bild von ihrer Mutter bekommen, als ihre Großmutter es ihr in einundzwanzig Jahren vermittelt hatte.

»Es war bestimmt … nicht leicht, mit ihr zusammenzuleben. Aber du sagst, du hast sie nie geschlagen …«

»Niemals.« Seine Stimme wurde hart.

Sie sah die fingerförmigen Quetschungen auf den Oberarmen ihrer Mutter vor sich, die auf den Autopsiefotos dokumentiert waren. »Okay … aber damals in den letzten Tagen, bevor sie umgekommen ist, hast du sie da mal an den Oberarmen gepackt?«

»Da hatten wir Mordskräche«, gab er zu, »aber ich habe sie nie angerührt. Ich weiß noch, der Typ von der Anklage hat gesagt, sie hätte blaue Flecken gehabt, aber ich kann dir versichern, von mir hatte sie die nicht.« Wieder eine Pause. »Damals hat sie sich mir nicht mehr nackt gezeigt. Ich dachte, das wäre, weil sie etwas mit einem anderen hatte. Später habe ich zu den Cops gesagt, vielleicht hat der ihr ja die blauen Flecken verpasst.«

Woolworth. Ein Fremder tanzt mit Mummy.

Packt sie an den Armen, versucht, sie festzuhalten.

Ein Augenblick absoluter Klarheit. Cassie begriff, dass das geheime Treffen bei Woolworth nur Tage vor dem Mord stattgefunden hatte. Die blauen Flecken an den Armen ihrer Mutter stammten nicht von ihrem Vater, sondern von einem Fremden, von einem Mann, mit dem sie sich heimlich getroffen hatte.

Eine Glückswoge flutete über sie hinweg. Was die Affäre anging, sagte Callum die Wahrheit. Doch sie war noch nicht bereit, diese Erkenntnis mit ihm zu teilen – nicht bevor sie sich auf mehr stützen konnte als auf die wiedergefundenen Erinnerungen einer Vierjährigen.

»Als du im Knast warst, hast du Gran da jemals Geld für mich geschickt?« Im Geist sah sie den Stapel Nachrichten vor sich, die jedes Jahr an ihrem Geburtstag gekommen waren, seit ihre Mutter tot war.

Schweigen. Als er antwortete, schwang Scham in seiner Stimme mit. »Ich wünschte, ich hätt's gekonnt, Schatz, aber ich war total pleite. Das meiste, was ich da verdient habe, war ein Fünfer die Woche in der Gefängniswäscherei – und das ist mir ständig wegen ›Regelverstößen‹ abgezogen worden.«

»Bist du deswegen nicht früher entlassen worden?«

»Nein, sondern weil ich nie zugegeben habe, Kath umgebracht zu haben. Den Mord nicht zu gestehen hat mich anscheinend ›daran gehindert, die Ursache und den Auslöser meiner Tat zu ergründen.‹« Er schnaubte abfällig. »Vorm Bewährungsausschuss ist es ein bisschen wie bei der Beichte: Die Länge deiner Buße ist abhängig von einem vollen und ernstgemeinten Eingeständnis deiner Sünden.«

»Gab's denn keine Tantiemen von dem Poitín-Album?«

»Ach nein, Schatz.« Er lachte leise. »Und außerdem war Barney bei allen Profiten immer als Erster dran.«

»Echt?«

»Das war doch nur fair.« Callum klang ein wenig gekränkt, bereit, seinen ehemaligen besten Freund zu verteidigen. »Er hat das Album aus seiner eigenen Tasche finanziert und noch eine Menge mehr fürs Marketing ausgegeben. Ich denke echt ungern an die Schulden, auf denen ich ihn habe sitzen lassen, weil ich in den Bau gewandert bin.«

Interessant. Barney hatte also das größte Interesse daran, den Plattenvertrag zu realisieren.

»Zu denken, dass deine Gran mich all die Jahre lang für tot und begraben erklärt hat!« Ein trockenes Auflachen drang durch die Leitung. »Wie hat sie denn erklärt, dass ich kein Grab habe?«

»Du bist in Irland begraben worden, hat sie gesagt, bei deiner Familie. Du bist wieder dahin, um bei ihnen zu sein, stimmt's?«

Seine Stimme klang heiser, als er antwortete. »Ja. Mein Dad ist gestorben, während ich im Knast war, aber als ich rausgekommen bin, hat Ma sich um mich gekümmert, Gott segne sie. Ein paar Jahre lang hab ich an der Flasche gehangen. Und als sie letztes Jahr gestorben ist, wurde es mit dem Saufen noch schlimmer, bis ich schließlich ganz unten war.«

Cassie verstummte. Plötzlich war sie tieftraurig, dass sie ihre Großeltern väterlicherseits niemals kennenlernen würde.

Vielleicht erriet Callum, was sie dachte. »Weißt du, du hast zwei Tanten – Ciara und Siobhan –, und außerdem zwei Cousinen und drei Cousins. Eines Tages lernst du sie bestimmt mal kennen, wenn ich bewiesen habe, dass ich Kath nicht umgebracht habe.«

Cassie stellte sich vor, mitten in einer lautstarken Familienfeier zu stecken, mit herumrennenden Kindern … Genau so eine Szene, wie sie selbst als Kind niemals erlebt hatte.

»Und wie läuft's jetzt mit dem Trinken?«, wollte sie wissen und fragte sich insgeheim, ob ihr eigener Geschmack am Alkohol wohl ererbt war.

»Ich bin seit fast fünf Monaten trocken. Und ich bin Mitglied bei der Automobile Association.«

»Bei der was …? Oh, du meinst die Anonymen Alkoholiker.«

»Ich wusste, ohne das Trinken aufzugeben, würde ich nie

den Mumm aufbringen, dich zu suchen und dir die Wahrheit zu sagen. Ich habe gerade Schritt vier des Zwölf-Schritte-Programms geschafft«, verkündete er mit ein wenig selbstironischem Stolz. »Nur das mit dem fünften, das kriege ich nicht so richtig hin.«

»Was ist denn der fünfte Schritt?«

»Einer höheren Macht und einem anderen Menschen meine Fehler zu gestehen.«

»Wie jetzt, Gott oder so?«

»Das ›G-Wort‹ mögen sie nicht besonders, aber ja, dem- oder derjenigen eben, der oder die in diesem Scheißladen das Sagen hat. Du verstehst, ich kann natürlich nicht zugeben, deine Mum umgebracht zu haben. Aber dass jeder *glaubt,* ich hätt's getan, das ist wie eine mentale Straßensperre, die all meinen echten Fehlern im Weg steht. Ich kann mir nicht mal vorstellen, ihr Grab zu besuchen, nicht, bevor ich mich rehabilitiert habe.«

Cassies Blick fiel auf eine der Geburtstagsnachrichten, die neben ihr auf dem Sofa lag, auf die eine Zeile. *Für Cassandra* – mit so einem kleinen Abwärtsschnörkel hinten am »a«. Wenn ihr Vater die nicht geschickt hatte, wer dann? Sie beschloss, ihm davon zu erzählen.

Er schwieg so lange, dass sie schon dachte, sie wären getrennt worden. »Bist du noch da?«

»Ich bin noch da, Liebling.«

»Also, fällt dir dazu irgendwas ein? Wer könnte mir all die Jahre Geld geschickt haben?«

»Jemand mit einem schlechten Gewissen.« Seine Stimme war rau vor Zorn.

»Mit einem schlechten Gewissen …?«

»Ach, Cassie, Schatz, ist das nicht offensichtlich? Es muss der Kerl sein, mit dem deine Mum etwas hatte. Der Drecksack, der sie uns genommen hat.«

32. KAPITEL

Nach ihren paar Tagen Zwangsurlaub hatte Cassie sich nicht darauf gefreut, wieder zur Arbeit zu gehen – und Dr. Curzon gegenübertreten zu müssen –, doch als sie in die Leichenhalle kam, stellte sie fest, dass für diesen Tag keine Autopsie angesetzt war. Sogar Jason hatte heute frei; das hieß, sie bekam ein seltenes Geschenk: einen ruhigen Tag, nur mit ihren verstorbenen Gästen als Gesellschaft.

Mit ihren Fragen ganz allein zu Hause sitzen, hatte sie völlig wahnsinnig gemacht, und die letzte Frage war, wer ihr all die Jahre lang Geld geschickt haben könnte. Wenn es wirklich vom Mörder ihrer Mutter kam, dann schloss das doch wohl »irgendeinen Irren« aus, den Barney für das Verbrechen verantwortlich machte. Aber hatte ihr Vater recht mit der Annahme, dass die Kohle Blutgeld vom heimlichen Liebhaber ihrer Mutter war – von dem Mann, der sie seiner Meinung nach umgebracht hatte? Könnte das Geld von Gerry Hobbs sein, dem ermittelnden Polizeibeamten? Nicht aus Mitleid, sondern weil er sich schuldig fühlte, weil sie den Falschen für das Verbrechen eingebuchtet hatten?

Wenigstens hatten Cassies Albträume von ihrer weinenden Mutter neuen Träumen Platz gemacht, in denen sie wieder quicklebendig war. Gestern Nacht hatte sie geträumt, sie würde in einem riesigen Pick-'n'-Mix-Trichter voller Zuckerschaum-Erdbeeren ertrinken, als das lächelnde Gesicht ihrer Mutter über ihr erschienen war und Mum sie mit Leichtigkeit aus dem Trichter gehoben hatte. Als sie im warmen Nachglühen des Traums erwachte, tauchte eine neue Erinnerung auf: Sie war nach dem Baden in ein riesengroßes flauschiges Badehandtuch gehüllt und wurde von ihrer Mutter geknuddelt, die ihr ein Lied vorsang, das sie nicht einordnen konnte.

Im Kühlraum begann sie mit dem morgendlichen Durchzählen, zog nacheinander die Laden des gewaltigen Kühlschranks heraus, um jeden Bewohner auf ihrer Liste abzuhaken. Das einzige Geräusch war das Brummen des Kühlaggregats und das leise Summen der Entlüftungsanlage. Doch für Cassie war dies nicht die Stille eines leeren Raumes; es war ein kameradschaftliches Schweigen, geteilt mit fünfzehn anderen, die hinter der Wand aus blankem Edelstahl lagen.

Es war eine Erlösung, ausnahmsweise mal allein zu sein und nicht die Stimme senken zu müssen, wenn sie mit ihren Schützlingen sprach. »Morgen, Mr. Iqbal. Heute kommen die Leute vom Bestattungsinstitut, um Sie abzuholen. Bald sind Sie im Dschanna, bei Ihren Eltern.« Das muslimische Bild vom Paradies als einem Garten der Seligkeit fand sie immer wieder schön. »Die Ärzte mussten Sie untersuchen, um herauszufinden, woran Sie gestorben sind, aber wir haben es geschafft, das alles sehr schnell durchzuziehen, für Saira und die Familie.« Muslime sollten nach ihrem Tod eigentlich innerhalb von vierundzwanzig Stunden beerdigt werden. War eine Autopsie notwendig, so war das nicht möglich, doch normalerweise gelang es ihr, dafür zu sorgen, dass muslimische Gäste vorgezogen und innerhalb von einem oder zwei Tagen ihrer Familie übergeben wurden.

Die Inventur war eine Routineaufgabe, bei der sie den Kopf frei hatte, um noch einmal durchzugehen, was sie im Laufe der letzten paar Tage herausgefunden hatte. Natürlich hatte sie noch keinen unumstößlichen Beweis dafür, dass ihr Vater unschuldig war, doch sie war überzeugt, dass ein wesentlicher Teil seiner Geschichte stimmte: Kath hatte sich wirklich heimlich mit einem anderen Mann getroffen. War dieser Mann auch der Mörder gewesen?

Ein Klopfen ließ ihren Gedankenfaden abreißen. Durch die Glasscheibe der Tür, die auf die saubere Seite hinausführte, sah sie Doug und hinter ihm einen hochgewachsenen, athletischen Mann Anfang fünfzig, der bereits OP-Sachen über seinem Anzug trug.

Ein Besucher. *Verdammt.* Da ging er hin, ihr ruhiger Vormittag.

Ihr war, als ob Doug ihn als »DCI Baldy« vorstellte, Inspektor Kahlkopf, und das konnte ja wohl nicht stimmen. Er hatte nämlich einen dichten Haarschopf, fast schwarz und nach hinten aus der hohen Stirn gekämmt, und dunkle, bräunliche Haut, die auf ein Elternteil mit südeuropäischen Wurzeln schließen ließ. Anscheinend hatte Baldy »auf gut Glück« vorbeigeschaut und gehofft, dass man ihn in der Leichenhalle herumführen könnte. Cassie biss unwillkürlich die Zähne zusammen, doch Dougs Miene sagte deutlich, dass man einen Detective Chief Inspector nicht abblitzen ließ.

Als Doug weg war, sagte sie: »Entschuldigung, ich habe Ihren Namen nicht richtig mitbekommen.«

»Sagen Sie einfach Tony.« Er lächelte sie an, und sein Blick verweilte ein wenig länger als nötig. Aber sie war es ja gewohnt, dass die Leute sie ihres Looks wegen anglotzten. Stets waren es die Älteren; bei der Vorstellung, die Jungen hätten ein Monopol auf Unhöflichkeit, musste sie immer lachen.

»Also, Tony«, sagte sie. »Sie haben doch bestimmt schon ein paar Leichenhallen von innen gesehen?« Sie lächelte, um ihren Verdruss darüber zu verbergen, dass sie ihre Zeit damit verschwenden musste, Babysitter für einen Bullen zu spielen.

»Sicher. Aber heutzutage verbringt man als Polizist zu viel Zeit hinterm Schreibtisch. Also bin ich, wie ich Ihrem Boss gesagt habe, gerade auf einer Mission, so einiges daran zu ändern, wie wir unseren Nachwuchs von der Uni ausbilden.« Wieder ließ er seinen intensiven Blick auf ihr ruhen, und ihr fiel auf, dass seine Augen von tiefem Dunkelblau waren, eine auffällige Kombination mit dem mediterranen Teint und dem dunklen Haar. »Ich möchte unsere Polizeischüler sofort in die Leichenhalle schicken, damit sie sich mit dem rechtsmedizinischen System vertraut machen und bei einer Autopsie zusehen können. Ich möchte, dass sie kein Problem mit Toten haben und dass sie eine Ahnung davon vermittelt bekommen, Leichen zu analysieren, so wie Sie es tun.« Er klang richtig leidenschaftlich, als sei dies ein Herzensprojekt, an dem er schon seit einer ganzen Weile arbeitete.

»Super Idee«, sagte sie und erwärmte sich allmählich für diesen Typen. »Heutzutage kriegen wir fast nie einen Ermittler zu sehen. Selbst bei einer forensischen Autopsie sind manchmal nur Leute von der Spurensicherung dabei.« Das mochten ja gut ausgebildete forensische Spezialisten sein, doch sie konnte nicht verstehen, warum sich nicht jeder Detective, der etwas auf sich hielt, entschied, bei einer forensischen Autopsie dabei zu sein – den Leichnam zu sehen, den Pathologen auszufragen, ein Gefühl für die Verletzungen zu bekommen. Dass Flyte hier aufgetaucht war, um Bradley Appleton in Augenschein zu nehmen, war eine Ausnahme, und dabei war Bradley nur Kategorie zwei, also ein unerwarteter Todesfall und kein verdächtiger gewesen.

»Genau.« Tony nickte. »Als ich in der Probezeit war, frisch von der Polizeiakademie, da war das mit das Erste, was wir tun mussten. Der Sarge hat uns losgeschickt, damit wir uns eine Autopsie ansehen« – er grinste sie an –, »*vor* dem Lunch, wenn wir Glück hatten. Heutzutage haben manche von den jungen Detectives noch nie einen Fuß in eine Leichenhalle gesetzt.«

Nachdem klar war, dass er nicht einfach nur ein sensationsgeiler Schreibtischhengst war, der mal einen Tag bürofrei machen wollte, führte sie ihn mit mehr Einsatz herum.

Als sie in den Sektionssaal kamen, stieß er einen Pfiff aus. »Also, hier hat sich einiges getan, seit ich das letzte Mal hier war.«

»Wann war denn das?«

»Ach, lange vor Ihrer Zeit. Anfang der Zweitausender habe ich mal kurz im Revier von Camden gearbeitet. Da bin ich immer hergekommen, um mir forensische Autopsien anzugucken, auch wenn's gar nicht mein Fall war.« Er bedachte sie mit einem verlegenen Blick. »Ich weiß, das klingt ein bisschen … gruselig, aber ich habe so viel von den Pathologen gelernt, über die Hinweise, die ein Mörder an einem Leichnam zurücklässt. ›Jeder Kontakt hinterlässt eine Spur‹, richtig?«

»Jep. Das Locard'sche Prinzip.« Edmund Locard galt als der Vater der modernen Forensik.

Die Frage, ob er damals Gerry Hobbs oder Spud Neville gekannt hatte, lag ihr auf der Zunge. Aber wo würde das hinführen? Sie konnte ja wohl kaum fragen, ob die beiden die Sorte Cops gewesen waren, die sich schmieren ließ, um ein entscheidendes Abstrichresultat verschwinden zu lassen.

DCI Baldy, alias Tony, ließ seinen Suchblick über den blanken Edelstahl des nächsten Sektionstisches wandern, bevor er auf den Rost rund um den Rand des Tisches deutete. »Wofür ist das?«

»Das ist das Dunstabzugssystem. Das saugt bei der Eviszeration alles Eklige in der Luft ab.«

Er sah sie abermals unverwandt an. »Nach einer Weile gewöhnt man sich wohl daran, Leichen aufzuschneiden?«

Da sie diese Art Fragen schon lange leid geworden war, zuckte sie lediglich die Achseln.

»Entschuldigung, dämliche Frage.« Er bedachte sie mit einem bewundernden Blick. »Wissen Sie, für mich waren die Sektionsassistenten ja immer die unbesungenen Helden des plötzlichen Todes.«

Baggerte der Typ sie etwa an? Unattraktiv war er ja nicht, aber jetzt mal im Ernst? Der war doch mindestens fünfzig.

»Hören Sie, Cassie, ich plane gerade ein Programm für junge Detectives, Einführungsveranstaltungen in der Leichenhalle. Könnten Sie sich vorstellen, so etwas zu leiten? Ihnen würden die eher zuhören als einem alten Knacker wie mir. Und natürlich würde Ihnen Ihre Zeit vergütet werden.«

Er hatte eine schöne Stimme, nicht direkt vornehm … aber manchmal benutzte er Londoner Straßenslang wie »alter Knacker«. Sprechtraining gehörte wahrscheinlich zu den Medienschulungen, die ranghohe Polizeibeamte heutzutage absolvieren mussten.

»Das würde ich gern machen«, antwortet sie. »Aber ich würde kein Geld dafür wollen.«

Er strahlte und ließ den Blick wieder ein klein wenig zu lange auf ihrem Gesicht ruhen.

Als er gegangen war, um sich umzuziehen, versuchte sie, diese merkwürdige Art und Weise zu enträtseln, wie er sie angesehen hatte. Was da von ihm rübergekommen war, fühlte sich nicht erotisch an. Die beste Definition, die ihr einfiel, war *spekulativ* – als wäre sie ein Rätsel, das er zu lösen versuchte. Vielleicht war er ja auch bloß ein bisschen exzentrisch und fand es toll, einen anderen Leichenhallen-Freak kennenzulernen.

Zehn Minuten später hörte sie das Klopfen an der Scheibe von der sauberen Seite her.

»Denken Sie über meinen Plan mit den Einführungsveranstaltungen nach.« Er reichte ihr eine Karte durch die offene Tür. »In ein paar Monaten gehe ich in Pension, deswegen hätte ich das alles vorher gern geregelt. Falls Sie interessiert sind, lassen Sie's mich wissen, dann stelle ich bei Doug einen offiziellen Antrag. Ich habe meine Handynummer hinten draufgeschrieben.«

Während sein breiter Rücken den Korridor hinunter verschwand, betrachtete sie die Karte und lächelte. Witzigerweise hieß er gar nicht Baldy.

Sein Name war Capaldi. DCI Antony Capaldi.

33. KAPITEL

Kieran war gern bereit, sich nach der Arbeit zum Quatschen zu treffen, und als er das Costa am Uferweg entlang des Kanals vorschlug, östlich vom Markt, war Cassie einverstanden. Nach drei Tagen Enthaltsamkeit – abgesehen von einem täglichen Joint – konnte sie die Versuchungen eines Pubs nicht brauchen, und obwohl sie Kaffeehausketten normalerweise boykottierte, hatte man vom Costa doch einen tollen Blick über den Kanal.

Es war vier Uhr nachmittags, und die Sonne hatte sich bereits hinter die Dächer von Camdens alten Reihenhäusern verzogen, doch der Himmel war von jenem klaren Blau, das man nur im Winter zu sehen bekam, und verwandelte den Kanal in ein geriffeltes Band aus Silber und Aquamarin.

»Du siehst viel besser aus als beim letzten Mal, Cassie Raven. Hast du aufgehört zu saufen?«

Kierans sonnige Miene machte es unmöglich, ihm dergleichen übel zu nehmen.

Sie beschloss, ihm von den Treffen mit ihrem Dad zu erzählen, und von ihren wachsenden Zweifeln an seiner Schuld.

Kieran nickte aufgeregt. »Hab ich nicht gesagt, das klingt alles ganz schön dürftig?«

Sie erzählte auch den Rest: von den Geburtstags-Postanweisungen und der Theorie ihres Vaters, dass die vom Mörder ihrer Mutter kamen, und von den Kindheitserinnerungen, die in dem Sportgeschäft aufgetaucht waren.

»Da gibt's nur eine mögliche Interpretation«, schloss sie. »Mum hat sich bei Woolworth mit einem Fremden verabredet und mich vor der Pick-'n'-Mix-Theke geparkt, um mit ihm reden zu können.«

»*Fuck!*« Kieran rutschte auf seinem Stuhl herum. »Und wie hat der Kerl ausgesehen?«

»Das ist es ja gerade, Kieran, ich habe keinen blassen Dunst. Eigentlich habe ich bloß so ein vages Bild von einem Mann, der sie an den Armen festhält. Das ist jetzt nur geraten, aber vielleicht habe ich deshalb Angst gekriegt, weil es aussah, als würde sie sich gegen ihn wehren.« Sie kniff die Augen zu und versuchte, das Bild von Neuem heraufzubeschwören. »Wenn ich es mit Erwachsenenaugen sehe, würde ich sagen, er hat versucht, sie zu überreden oder sie unter Druck zu setzen.«

Stirnrunzelnd starrte Kieran auf den Kanal hinaus. »Wieso sagst du, sie hat sich mit ihm ›getroffen‹? Was ist, wenn er sie gestalkt hat und ihr zu Woolworth gefolgt ist?«

»Aber warum hat sie's dann niemandem erzählt? Und Dad sagt, er hat mitgekriegt, wie sie zu Hause Anrufe bekommen hat, die sie nicht erklären konnte.« Schlagartig wurde Cassie klar, dass sie ihn gerade »Dad« genannt hatte, nicht »Callum« oder »mein Vater«. »Ich tippe darauf, dass der Liebhaber immer mehr Druck gemacht hat, und ihr ist nichts anderes übriggeblieben, als sich mit ihm zu treffen.«

»Und was glaubst du ist da abgegangen?«

»Ich glaube, sie hatte eine Affäre – ich weiß noch, dass sie mich hin und wieder tagsüber bei meiner Gran gelassen hat, also hatte sie Gelegenheit dazu. Und dann, als mein Dad Verdacht schöpft und die Streitereien anfangen, da beschließt sie vielleicht, den Lover abzuschießen. Sie trifft sich bei Woolworth mit ihm, aber er ist sauer und versucht, sie zu überreden, Callum zu verlassen.«

Kieran trank einen Schluck von seiner heißen Schokolade und nickte bedächtig. »Vielleicht hat sie sich ja mit Absicht in aller Öffentlichkeit mit ihm getroffen, weil sie sich schon gedacht hat, dass er ausrasten würde. Was darauf hinweisen würde, dass sie Angst vor ihm hatte.«

»Na ja, sie hatte Quetschungen von Fingern an den Armen, denen zufolge dieses Treffen ein paar Tage vor dem Mord stattgefunden haben müsste.«

»Und was glaubst du ist dann an dem Abend damals passiert?« Kieran konnte seine faszinierte Neugier nicht verbergen.

»Ich nehme an, der abgeblitzte Lover konnte nicht loslassen und hat Kath gestalkt. Er verfolgt sie und Callum zu dem Pub. Vielleicht treibt er sich draußen herum; es ist doch erst Anfang Oktober, also ist es nicht zu kalt. Oder vielleicht ist er auch drinnen, hockt in irgendeiner Ecke. Vielleicht hat er sogar ihren Riesenkrach mitgekriegt und denkt, er hat wieder eine Chance.«

»Und dann wird Callum rausgeschmissen, Kath geht später allein – und er folgt ihr.«

»Und sie landen schließlich in der Prowse Place, wo das Ganze ausartet.«

Cassie schloss die Augen, versuchte, sich vorzustellen, wie es gewesen war. »Sie sagt ihm, sie würde Callum niemals verlassen, er verliert die Beherrschung und greift sich die nächstbeste Waffe.«

»Okay, da bin ich dabei. Aber ich kapier nicht, wieso der Arsch der Tochter seines Opfers Geld schicken sollte?«

»Vielleicht ist er ja total entsetzt darüber, was er getan hat, als er wieder zu sich kommt? Und dann sieht er, wie der betrogene Ehemann – ein Unschuldiger – für das Verbrechen ins Gefängnis kommt. Von Schuldgefühlen gequält schickt er dem Kind Kohle, das beide Eltern verloren hat.«

Kieran lehnte sich zurück und strich sich über die Oberlippe. »Wenn ihm sein Gewissen so sehr zusetzt, warum gesteht er dann nicht lieber, anstatt den ›Unschuldigen‹ in den Knast wandern zu sehen?«

Cassie hob eine Schulter. »Jemandem Blutgeld zu schicken, um etwas wiedergutzumachen, was man getan hat, ist eine Sache, lebenslänglich in den Bau zu gehen, ist 'ne ganz andere Nummer.«

Kieran neigte zustimmend den Kopf, war jedoch immer noch nicht ganz überzeugt. »Du sagst, das Geld kommt noch immer – und die Summen sind größer geworden? Würde der Mörder *immer noch* ein schlechtes Gewissen haben, nach über zwanzig Jahren?«

Dieser Einwand war Cassie auch schon durch den Kopf gegangen. Eigentlich neigten die Menschen ja dazu, im Laufe der Zeit Narrative zu konstruieren, mit denen sie ihr früheres Handeln entschuldigten oder sich sogar völlig von jeder Schuld freisprachen.

»Ich weiß nicht«, antwortete sie. »Vielleicht ist er religiös geworden?« Kierans skeptischer Gesichtsausdruck ärgerte sie, also fragte sie: »Okay, Sherlock, also, was hast du rausgekriegt? Hast du in einem von diesen alten Fanzines, von denen du gesprochen hast, etwa ein Mordgeständnis entdeckt?«

»Pete, der Typ, der die Dinger sammelt, also, der hat mir gestern 'ne SMS geschickt. Er hat bei Bob im Plattenladen einen Haufen Fanzines für mich hinterlegt.« Grinsend fügte er hinzu: »Ich wäre ja schon da gewesen, aber ich hatte ein bisschen damit zu tun, mein kleines Gummientchen-Business auf die Beine zu stellen.«

»O Mann, tut mir leid, Kieran, ich hätte fragen sollen. Wie läuft's denn damit?«

Er zückte sein Mobiltelefon, um ihr etwas zu zeigen. »Ich hab eine Crowdfunding-Website eingerichtet, fürs Startkapital, damit ich Ware aus China bestellen kann.«

Sie lächelte ihn an. »Früher hätte ich nie gedacht, dass ich dich mal so was sagen höre.«

»Und ich kann ein wenig Platz in einer von den Buden auf dem Stables Market nutzen, um ein bisschen Test-Marketing zu machen.« Er zog eine Grimasse, als wolle er sich über sich selbst lustig machen.

»Muss ich mich künftig an deine Sekretärin wenden, um einen Termin bei dir zu kriegen?«

»Für alte Freunde findet die immer eine Lücke in meinem Terminkalender.«

Er spielte ihr das kurze Video auf der Crowdfunding-Seite vor, das er selbst mit dem Handy aufgenommen hatte. Das Intro zeigte ihn, wie er über den belebten Camden Market schritt, ehe er am Kanal ankam, wo er vom Uferweg aus zwei seiner Enten zu Wasser ließ. Die eine sah aus wie Mr Spock, die andere trug den Helm und den Umhang von Darth Vader. Es endete mit einer kurzen Rede in die Kamera, die den typischen Crowdfunding-Aufruf, doch bitte zu investieren, ganz sachte auf die Schippe nahm.

Cassie strahlte ihn an. »Das ist fantastisch, Kieran. Da werde ich doch gleich selbst ein paar Kröten investieren, aber hallo.«

Bescheiden zuckte er die Schultern. »Na ja, Millionär werde ich damit nicht, aber wenn ich damit aus dem Wohnheim rauskomme, bin ich schon glücklich. Weißt du, wie wir damals in den besetzten Häusern gelacht haben, das fehlt mir.«

»Mir auch, Kieran.« Es stimmte: Sie hatte sich immer als Einzelgängerin betrachtet, doch in letzter Zeit fiel ihr das Alleinleben zunehmend schwerer. »Hör mal, du weißt doch, dass ich demnächst aus meiner Wohnung fliege? Die von der Gemeinde müssen mir einen Ersatz anbieten, aber das könnte irgendwo in der Pampa sein, in Enfield oder so.« Sie machte dramatische Glubschaugen.

»Krass.«

»Ich hab gedacht, was hältst du davon, wenn wir uns zusammen was suchen? Ich würde natürlich mehr Miete zahlen, und wir könnten uns auch nur einen Karnickelstall über irgendeinem Laden oder so leisten, aber das könnte doch ganz lustig werden …«

Als Kieran nicht antwortete und stattdessen nur auf die Tischplatte starrte, war es ihr unangenehm, das Thema angesprochen zu haben, und sie fügte rasch hinzu: »Aber wenn du andere Pläne hast, dann ist das total …«

Er schaute auf. Sein Mund zuckte. »Nein, das ist es nicht. Ich hab wohl einfach nur nie gedacht, dass irgendwer mal mit jemandem wie mir in 'ner WG wohnen will.«

Es war dunkel, als Cassie nach Hause kam. Als sie die Wohnungstür öffnete und in den dunklen Tunnel des Flurs blickte, stellte sie sich vor, wie es wäre, beim Heimkommen Licht und Kierans fröhliche Gegenwart vorzufinden.

Nachdem sie ihn davon überzeugt hatte, dass er als Mitbewohner ganz oben auf ihrer Liste stand, waren sie übereingekommen, die Fühler nach einer billigen Wohnung auszustrecken.

»Macavity?« Während der letzten paar Tage hatte der Kater sie wieder an der Tür empfangen, heute Abend jedoch war nichts von ihm zu sehen.

In der Küche war er auch nicht, und sie bekam es schon mit der Angst, als sie ihn schließlich unter dem Sofa entdeckte. Eigentlich war da gar nicht genug Platz für ihn; er hatte sich also tief geduckt dort hineinquetschen müssen.

»Was machst du denn da, du Dummerchen?«

Er funkelte sie nur böse an; das Ganze erinnerte an sein kürzliches Misstrauen, nachdem sie bei ihrer Großmutter gewohnt hatte. Trotz allen Lockens und einem Tellerchen mit

Sheba, das sie ihm vor die Nase hielt, rührte er sich nicht von der Stelle, und schließlich gab sie es auf und klopfte nebenan bei Desmond.

»Vielleicht hatte er ja so eine Art Rückfall«, meinte sie, als sie zusammen wieder zu ihr hinübergingen, »und denkt, du bist der Einzige, dem er trauen kann.«

Doch als Desmond sich auf ein Knie niederließ, was ihm angesichts seines steifen Beins einige Schwierigkeiten bereitete, starrte Macavity ihn genauso feindselig an.

»Hast du heute mal irgendwas Komisches gehört?«, erkundigte sich Cassie. »Ein Gewitter zum Beispiel? Oder wieder einen Überschallknall?« Vor ein paar Wochen hatte alle Welt gedacht, hier wäre irgendwo eine Bombe hochgegangen, als ein Militärjet von einem Flugfeld östlich von London die Schallmauer durchbrochen hatte.

Desmond schüttelte den Kopf. »Überhaupt nichts.« Vorsichtig erhob er sich. »Alles, was du tun kannst, ist, ihn in Ruhe lassen, Schätzchen. Der kommt schon raus, wenn er so weit ist.«

Desmond blieb auf eine Tasse Tee und Kekse. Doch als Cassie ihren Lieblingsbecher vom Abtropfbrett holen wollte, war er nicht da. Sie suchte die Arbeitsplatte ab und schaute sogar in den Schränken nach – nichts. Es war merkwürdig: Nachdem sie ihren Morgenkaffee getrunken hatte, ließ sie den schmutzigen Becher immer neben dem Spülbecken stehen und wusch ihn erst ab, wenn sie ihn wieder brauchte. Wahrscheinlich würde er an irgendeinem bescheuerten Ort wieder auftauchen, im Mülleimer vielleicht, in einem Moment des Wahnsinns dort hineingeschmissen.

Als Cassie ins Bett ging, war Macavity noch immer nicht herausgekommen, allerdings hatte er ein bisschen von dem Sheba gefressen, das sie ihm unters Sofa gestellt hatte. Sie lag stundenlang wach, während ihr Gehirn vor sich hin surrte –

ausnahmsweise mal nicht wegen der Schuld oder Unschuld ihres Vaters – und versuchte, ihre vibrierenden Nerven zur Ruhe zu bringen, die ihr zuschrien, dass hier irgendetwas nicht stimmte.

Kurz nach zwei stand sie auf und ging in die Küche, um nach dem verschwundenen Becher zu suchen. Er war aus einfachem blauem Porzellan und nicht besonders schön, doch ihr gefiel, wie er in ihre Hand passte, und der Rand war genau richtig, nicht zu dick und nicht zu dünn.

»Okay, Sherlock«, sagte sie halblaut zu sich. »Das Ding muss ja hier irgendwo sein.« Eine halbe Stunde später hatte sie jeden Mülleimer und Schrank in der ganzen Wohnung durchsucht und unter dem Sofa und dem Bett nachgesehen. *Nada.*

Ihr fiel wieder ein, dass Desmond ihr vor ein paar Monaten von einem Einbruch in einer Wohnung ein Stockwerk tiefer erzählt hatte. Wenn jemand heute hier reingekommen war, könnte das erklären, warum Macavity so von der Rolle war.

Aber welcher Einbrecher klaute denn nur einen Kaffeebecher?

34. KAPITEL

Am nächsten Tag erwachte Cassie mit einem Ruck – und dem Gefühl einer schweren Last auf der Brust. In heller Panik versuchte sie, sich auf die Ellenbogen hochzustemmen, ehe das Motorsägen-Geräusch eines lauten Katerschnurrens sie in die Realität zurückholte.

»Hallo, Kleiner«, sagte sie in Macavitys grüne Augen hinein. »War gestern jemand in der Wohnung? Bist du deswegen so durch den Wind?«

Sie liebkoste den seidigen Kopf und grübelte darüber nach. Einbrecher hätten mit dem altertümlichen Schloss der Wohnungstür bestimmt nicht viel Mühe gehabt, aber warum hatten sie sonst nichts mitgehen lassen?

Nachdem sie Macavity gefüttert hatte, drehte sie eine weitere Runde durch die Wohnung. Das einzig Interessante wäre ihr Laptop gewesen, der auf dem Küchentisch stand, wo sie ihn zurückgelassen hatte. Jetzt, wo sie noch einmal genau hinschaute, verspürte sie so ein Kribbeln, wie sie es immer bekam, wenn sie einen Leichnam betrachtete und etwas entdeckte, das nicht ganz stimmig war. Die Maus lag links neben dem Laptop, dabei legte sie – als Rechtshänderin – sie immer auf die andere Seite.

Hatten die Eindringlinge den Becher versehentlich vom Abtropfbrett gefegt und dann die Scherben mitgenommen, damit der Einbruch nicht bemerkt wurde? Hatten sie vor, noch einmal wiederzukommen, in der Hoffnung auf reichere Beute? »Da könnt ihr lange warten«, sagte sie halblaut.

Zum ersten Mal in den fünf Jahren, die sie jetzt hier wohnte, hatte Cassie ein mulmiges Gefühl. Jetzt, wo die Gemeinde leerstehende Wohnungen nicht mehr vermietete, waren sie und Desmond die letzten beiden Bewohner auf diesem Stockwerk. Sie beschloss, morgen zur Wohnungsvermittlung zu gehen und zu schauen, ob es dort irgendetwas gab, was sie und Kieran sich leisten konnten.

Nachdem sie für den Abend einen Termin mit einem Schlosser gemacht hatte, um ein neues Schloss einzubauen, rief sie Flyte an – eingedenk des Anpfiffs, den sie dafür kassiert hatte, dass sie sie auf dem Revier angerufen hatte, diesmal auf ihrem Handy.

»Gestern ist jemand bei mir eingebrochen, während ich bei der Arbeit war. Aber die haben nichts mitgenommen«, berichtete sie.

»Rufen Sie an, um einen Einbruch zu melden?«, erkundigte sich Flyte trocken. Sie klang erheitert.

»Nein. Aber jetzt mal im Ernst, Phyllida, ich hab nachgedacht. Wer immer das war, hat sich große Mühe gegeben, seine Spuren zu verwischen. Und ich glaube, die waren an meinem Laptop.«

»Moment.« Ungeduld in ihrer Stimme. Das Öffnen einer Tür, gefolgt von einer Veränderung der Hintergrundgeräusche ließ darauf schließen, dass sie auf den Flur hinausgetreten war. »Der ist doch bestimmt passwortgeschützt?«

»Ja. Im wahrsten Sinne des Wortes.«

»Und das heißt?«

»Mein Passwort ist ›Passwort‹.«

Cassie konnte förmlich hören, wie Flyte die Augen verdrehte.

»Hören Sie, das hat irgendwas damit zu tun, dass ich mich mit dem Mord an meiner Mutter beschäftige.«

»Tatsächlich? Und wie kommen Sie zu diesem Schluss?«

Cassie sah im Geiste vor sich, wie die perfekt gezupften Brauen einen Doppelbogen bildeten. »Glauben Sie mir, die

Einbrecher hier in der Gegend, das sind entweder Kids oder Junkies. Die stellen einem die Bude auf den Kopf, und es ist ihnen scheißegal, ob man merkt, dass sie da waren.«

»Und, haben Sie einen Namen für mich?«

»Einen Namen?«

»Ja, für den Haftbefehl.«

Diese »Zynischer Cop«-Nummer ging Cassie allmählich auf den Geist.

»Sie könnten damit anfangen, dass sie Gerry Hobbs nach dem verschwundenen Abstrichergebnis fragen.«

»Also, dazu habe ich mich bei einem Rechtsexperten erkundigt. Laut dem hätte sich an dem Schuldspruch auch dann nichts geändert, wenn das verschwundene Ergebnis beim Prozess zur Sprache gekommen wäre.«

Cassie verarbeitete das. »Okay, aber was ist, wenn Hobbs das Resultat zurückgehalten hat, weil er jemanden geschützt hat? Dann hätte er doch ein Motiv für einen Einbruch, oder? Vielleicht ist er nervös geworden, weil ich zu ihm gekommen bin, und er wollte rausfinden, ob ich irgendwelche Beweise habe.«

»Glauben Sie wirklich, ein pensionierter Detective kommt her und bricht bei anderen Leuten ein? Außer in Fernsehkrimis natürlich«, erwiderte Flyte.

Der Spott in ihrer Stimme gab Cassie den Rest. »Schön, dann kümmern Sie sich eben nicht drum«, fauchte sie. »Wissen Sie, Sie sind nicht der einzige Kontakt, den ich bei der Polizei habe. Einen DCI, der sich gestern die Leichenhalle hat zeigen lassen, darf ich sogar beim Vornamen nennen.«

Das brachte sie zum Schweigen. Nach einer kurzen Pause fragte sie: »Jemand, den ich kenne?«, und klang sehr viel weniger abweisend.

»DCI Antony Capaldi.« Cassie nahm die Karte zur Hand, die er ihr gegeben hatte. »Arbeitet anscheinend bei der

Dienstaufsichtsbehörde. Die ermitteln gegen korrupte Polizisten, nicht wahr?« Sie grinste in sich hinein.

»Und wieso interessiert der sich für die Leichenhalle?« Flyte versuchte vergeblich, ganz unbeteiligt zu klingen.

»Er will Einführungsveranstaltungen für frisch gebackene Detectives organisieren.«

Langes Schweigen, dann sagte Flyte: »Hören Sie, überlassen Sie das mit dem fehlenden Abstrichergebnis mir. Ich versuche, eine Möglichkeit zu finden, da nachzuforschen – *inoffiziell.*«

»Super.«

»Unter einer Bedingung.«

»Bedingung?« Frech imitierte Cassie Flytes Antwort von neulich, als es andersherum gewesen war.

»Dass Sie versprechen, nicht mit DCI Capaldi über den Abstrich zu reden – oder Gerry Hobbs zu erwähnen.«

Nachdem sie das Gespräch beendet hatte, wartete Cassie ganze zehn Minuten, bevor sie eine neue Nummer wählte.

Eine tiefe Stimme meldete sich. »DCI Capaldi.«

FLYTE

Flyte rief die Nummer ihrer Mutter ein halbes Dutzend Mal in ihrer Kontaktliste auf, ehe sie endlich auf das grüne Icon tippte.

»Hallo, wie geht's dir?«, fragte sie fröhlich, als sie Sylvias Stimme hörte. Einen Moment lang herrschte peinliche Stille. »Hier ist Phyllida, Mutter.«

»Ach, Phyllida. Was für eine nette Überraschung … Du weißt aber schon, dass ich *nächsten* Monat Geburtstag habe?«

Flyte presste die Kiefer aufeinander, fest entschlossen, sich Mühe zu geben. »Passt es gerade nicht?« Sie ertappte sich dabei, wie sie den knappen, hochgestochenen Sprachduktus ihrer Mutter übernahm. Sylvia war »aus gutem Hause«, wie sie gesagt hätte, und im Laufe der Jahre hatte sie unzählige Male auf subtile Art zu verstehen gegeben, dass sie »eine schlechte Partie gemacht hatte«, als sie Pops' Antrag angenommen hatte.

»Nein, nein. Ich habe ungefähr zehn Minuten Zeit, bevor der Gärtner kommt.« Wieder ein unbehagliches Schweigen. »Und … gibt's etwas Neues bei deiner Scheidung?« Ihr Versuch, Empathie zu zeigen, war beinahe erheiternd.

»Ach, du weißt schon, das schleppt sich so durchs System.«

»So ein Jammer. Matt war ein sehr … angenehmer junger Mann, allerdings hätte ich dir gleich sagen können, dass er der Typ war, der später mal fett wird.«

»Mm.«

»Jedenfalls, wenigstens redet ihr zwei noch miteinander. Das ist doch gut, oder?«

»Ja, ich denke schon.«

»Und ich muss sagen, es ist wirklich ein Segen, dass ihr keine Kinder habt, um die ihr streiten müsst.«

»Ein *Segen …?*« Es war wie ein physischer Schlag. Flyte hielt das Handy ein Stück von sich weg und schloss die Augen, um Poppys Gesicht besser heraufbeschwören zu können. Als sie es wieder ans Ohr nahm, sagte ihre Mutter gerade: »Ich meine einfach nur, Kinder können bei einer Scheidung doch ganz schön für Ärger sorgen, nicht wahr? All diese traurigen Männer, von denen man so hört, die mit ihren Kindern zu McDonald's gehen müssen.« Sie sagte »McDonald's«, wie jemand anders vielleicht »Auschwitz« gesagt hätte.

»Ich betrachte es als *Segen*, dass ich ein Kind bekommen habe, Mutter. Auch wenn es nicht überlebt hat. Und in letzter Zeit habe ich mich gefragt … Warum hast du mich nicht unterstützt, als ich eine Bestattungszeremonie für sie wollte? Anstatt dich auf Matts Seite zu schlagen?«

»Ich habe doch nur gedacht, das könnte das Ganze noch schlimmer für dich machen, Liebling.«

»Noch schlimmer? Scheiße, wie hätte es denn noch schlimmer werden können? Meine kleine Tochter ist *gestorben!*«

Das Echo des S-Wortes hallte in der Stille wider.

»Also, Phyllida …«

»Weißt du, was, Mutter? Ich hoffe, ich komme in Sachen Menschlichkeit nach Pops und nicht nach dir, verdammte Scheiße!«

Nachdem sie das Auflege-Icon gedrückt hatte, stand Flyte da und starrte erstaunt das Display an. Noch nie hatte sie ihrer Mutter gegenüber Kraftausdrücke gebraucht oder einfach aufgelegt. Tatsächlich hatte sie Konfrontationen stets vermieden, genau wie Pops es getan hatte.

Es fühlte sich ziemlich gut an.

Sie feierte mit einer Tasse Earl Grey und einem Schokoladenkeks aus der Belohnungsdose. Wieso hatte sie ihre Mutter überhaupt angerufen?

Irgendwie hing das damit zusammen, dass Cassie ihr leidtat, beschloss sie. Da sie so früh beide Eltern verloren hatte, war es ja nur natürlich, dass sie verzweifelt bemüht war, ihren Vater vor der lebenslangen Ächtung zu bewahren, die sein Verbrechen ihm auferlegt hatte. Zeuge ihrer Bemühungen zu sein hatte Flyte schuldbewusst daran denken lassen, dass sie ja noch eine Mutter hatte, mit der sie kaum jemals sprach.

Nun, sie hatte ihr Bestes gegeben, und das Ganze hatte so geendet, wie es vorauszusehen gewesen war.

Während sie ihre Tasse abwusch, dachte sie abermals über Cassies Begegnung mit DCI Capaldi nach. Auf dem Papier war es plausibel, dass ein unterbeschäftigter hochrangiger Beamter der Dienstaufsicht es sich in den Kopf setzen könnte, etwas dagegen zu unternehmen, dass eine neue Generation Detectives nie in einer Leichenhalle gewesen war. Andererseits konnte sie nicht glauben, dass sein Zusammentreffen mit Cassie reiner Zufall war.

Es war eher wahrscheinlich, dass Capaldi im Zuge seiner Ermittlungen gegen Gerry Hobbs und Spud Neville von Cassies eigenständigen Recherchen erfahren und beschlossen hatte, sich anzuschauen, wie die beiden den Fall Kath Raven gehandhabt hatten. Doch wenn dem so war, warum dann mit einer Ausrede in der Leichenhalle aufkreuzen, anstatt Cassie auf dem Dienstweg anzusprechen? Sie wurde das Gefühl nicht los, dass sein Verhalten ein bisschen merkwürdig war.

Was immer auch seine Motive waren, Flyte konnte nur hoffen und beten, dass Capaldi nicht auf ihre Verbindung zu

Cassie stieß und merkte, dass sie gelogen hatte, was ihren »versehentlichen« Zugriff auf Callum Ravens Polizeiakte betraf.

Jedenfalls war damit die Idee, Gerry Hobbs nach dem verschwundenen Abstrich zu fragen, wie Pops gesagt hätte, »endgültig vom Tisch.«

35. KAPITEL

Dem großen Büro in King's Cross und der davor geparkten eleganten Sekretärin nach zu urteilen, war Capaldi bei der Dienstaufsicht ein ziemlich hohes Tier.

Als er Cassie sah, lächelte er breit und weckte damit ein wenig von ihrem früheren Unbehagen. Sollte sie sich mehr in Acht nehmen? War dieser ganze Leichenhallen-Einführungsplan am Ende nur ein Trick, eine Gelegenheit, sie anzubaggern?

Nachdem sie den angebotenen Kaffee abgelehnt hatte, winkte er sie zu einer Sitzgruppe hinüber, von der aus man eine beneidenswerte Aussicht nach Südosten auf die fernen Bürotürme des Bankenviertels hatte. Er folgte ihrem Blick.

»So ungefähr jedes Jahr ziehen sie einen neuen hoch, der höher ist als die anderen. *Ad astra.*«

»Zu den Sternen.« Als sie sein verblüfftes Lächeln sah, fügte sie hinzu: »Ich habe ein bisschen Latein gelernt – das hilft enorm bei den anatomischen Fachausdrücken.«

Er nahm eine Satsuma aus der Drahtschale mit Obst auf dem Couchtisch. »Und, haben Sie sich entschieden, ob Sie bei meinem Projekt mitmachen wollen?«, erkundigte er sich.

»Oh. Ja, klar, da würde ich sehr gern mitmachen.«

»Aber Sie haben noch etwas anderes auf dem Herzen?«

Auf dem Weg hierher hatte sie in der U-Bahn eingeübt, was sie sagen wollte: Wie sie Interesse für den Mord an ihrer Mutter in ihm wecken könnte, ohne dabei Phyllida Flyte reinzureißen. Ihrem quengelnden Gewissen sagte sie, sie hätte schließlich nie wirklich versprochen, Capaldi nicht zu kontaktieren, sondern nur, nichts von Hobbs und dem verschwundenen Abstrich zu sagen.

Wortklaubereien, antwortete ihr Gewissen.

»Mein Vater ist in den Neunzigern ins Gefängnis gekommen, weil er meine Mutter ermordet haben soll, und ich glaube, das war ein Justizirrtum.« Es fühlte sich gut an, es zum ersten Mal laut auszusprechen.

»Weiter.« Stirnrunzelnd betrachtete er die Satsuma und konzentrierte sich darauf, die Schale in einem Stück abzulösen.

»Ich habe überlegt, ob Ihnen der Fall vielleicht mal untergekommen ist, als Sie im Revier von Camden gearbeitet haben. Meine Mutter hieß Katherine Raven.« Sie roch den süßlich-scharfen Zitrusgeruch und stellte sich vor, wie die Moleküle über ihre Riechschleimhaut wanderten, die Hintertür zum Gehirn.

»Der Name kommt mir bekannt vor«, meinte er nachdenklich, während er den Äquator der Frucht erreichte. Für einen Mann hatte er elegante Finger, bis auf die gerötete Haut rund um die Nagelbetten; da hatte er entweder dran herumgepult oder -gekaut.

Sie zählte die grundlegenden Fakten des Falls auf und erklärte, dass sie erst vor Kurzem herausgefunden hatte, was mit ihren Eltern geschehen war.

»Dann sind Sie also ohne Vater aufgewachsen« – er sah sie mit seinen dunkelblauen Augen merkwürdig eindringlich an –, »nur um zu erfahren, dass Sie doch einen Vater haben, aber einen, der Ihre Mutter umgebracht hat … einen Vater, den niemand wollen würde. Was für eine furchtbare Entdeckung.«

»Ja, aber jetzt bin ich nicht mehr so überzeugt davon. Beim Prozess hat mein Vater behauptet, meine Mutter hätte einen Geliebten gehabt, und neulich habe ich mich plötzlich an etwas erinnert, das kurz vor dem Tod meiner Mutter passiert ist. Ein Fremder hat damals meine Mutter bedrängt, und zwar ausgerechnet bei Woolworth.«

Capaldis Blick zuckte empor und begegnete ihrem, ehe er wieder auf die Satsuma hinabsah. »Selbst wenn sie einen Geliebten hatte, dann folgt daraus doch nicht, dass der sie umgebracht hat.«

»Nein, aber ich habe ziemlich viel über den Fall gelesen«, antwortete Cassie, »und die Polizei hat eindeutig von Anfang an beschlossen, dass es mein Dad war, und hat gar keine anderen Spuren in Betracht gezogen.«

Nachdem er die Satsuma fertig geschält hatte, legte Capaldi die Schale auf den Couchtisch, wo sie sich ringelte wie ein orangefarbenes Fragezeichen, ehe er sich ein Stück der Frucht in den Mund schob. »Wie hat er denn ausgesehen? Dieser Mann bei Woolworth?«

Die Frage erwischte sie kalt. »Äh …«

»Ich überlege, ob Sie nach all diesen Jahren einen neuen Verdächtigen wirklich sicher identifizieren könnten.«

Sie schüttelte den Kopf. »Nein. Ich weiß nur noch, dass er sehr viel größer war als meine Mum.«

Er lehnte sich auf dem Sofa zurück. »Und was glauben Sie, wer sie ermordet hat?«

»Ich habe ganz ehrlich keinen Schimmer. Aber ich überlege schon … ob die Polizei vielleicht jemanden gedeckt hat. Über so was liest man ja immer mal wieder.«

»Mit ›so was‹ verdiene ich mir meinen Lebensunterhalt«, bemerkte er mit wehmütigem Grinsen. »Aber zum Glück sind schwere Korruptionsfälle bei der Polizei heute lange nicht mehr so häufig. Aber damals in den Neunzigern … da war die Polizei eine andere Welt.«

Wieder musterte Capaldi ihr Gesicht, als wolle er es sich ins Gedächtnis einprägen. »Hatten Sie Kontakt zu Ihrem Vater?«

Irgendetwas, vielleicht der instinktive Wunsch, Callum zu schützen, falls seine Bewährungsauflagen ihm jeglichen Kontakt verboten, ließ sie den Kopf schütteln.

»Hören Sie, Cassie.« Er hatte die Satsuma vertilgt und wischte sich die Hände mit einem Papiertaschentuch ab. »Sie werden nicht von mir erwarten, dass ich mich zu laufenden Ermittlungen äußere, aber ich sage Ihnen im Vertrauen, dass ich mich gerade mit gewissen … Praktiken der Dienststelle von Camden in den Neunzigern befasse. Der Name Kath Raven kommt mir wirklich bekannt vor, aber mir ist nichts Zweifelhaftes über den Fall zu Ohren gekommen. Aber Sie sind eindeutig eine sehr kluge junge Frau, daher nehme ich das, was Sie sagen, ernst. Würden Sie das Ganze mir überlassen?«

»Natürlich. Danke.« Sie merkte, wie sich ihre Muskeln, Sehnen und Bänder entspannten – eine Spannung, die sich im Laufe der letzten Wochen aufgebaut hatte, ohne dass sie es gemerkt hatte. Capaldi hatte nicht nur den nötigen Einfluss, um den Fall zu untersuchen, er war auch sicher intelligent genug, dass ihm das mit dem fehlenden Abstrichresultat auffallen und er Gerry Hobbs danach fragen würde. Es kam ihr komisch vor, dass er ihre Mutter »Kath« genannt hatte und nicht »Katherine«, aber vielleicht hatten die Cops ja damals so über den Fall geredet.

»Waren Sie schon mal in Italien?«, wollte er aus heiterem Himmel wissen.

»Äh … nein. Aber irgendwann möchte ich mal nach Rom. Ich wollte immer schon das Pantheon sehen.«

»Ich frage wegen Ihrer Lateinkenntnisse.« Mit perfekter Aussprache ließ er einen Wortstrom auf Italienisch vom Stapel und übersetzte dann: *»Ein Narr, wer andere Städte bewundert, ohne Rom zu besuchen.«* Als er ihr verdutztes Gesicht sah, fügte er hinzu: »Entschuldigung. Mein Vater ist Italiener. Sie erinnern mich an meine kleine Schwester.«

Als Cassie im Lift abwärts rauschte, dachte sie bei sich, dass Capaldi ja schon ein bisschen schräg war. Andererseits – als jemand, der selbst öfter exzentrisch genannt worden war, als sie zu zählen vermochte, musste sie gerade reden.

36. KAPITEL

Cassie hatte das Wochenende frei und stellte fest, dass sie sich zum ersten Mal entspannen konnte, seit ihre Großmutter ihr die Wahrheit über den Tod ihrer Mutter offenbart hatte – und das sogar ohne Wodka. Das kam von ihrer mittlerweile festen Überzeugung, dass ihr Vater wirklich zu Unrecht beschuldigt worden war, gestützt von der Zuversicht, dass jetzt, wo Capaldi sich des Falls annahm, Beweise, die ihn rehabilitieren würden, in greifbarer Nähe sein könnten.

Seit sie mit siebzehn von zu Hause ausgezogen war, war das Sonntags-Mittagessen bei ihrer Großmutter zu einer tröstlichen Routine geworden, die Cassie in acht Jahren selbst als Hausbesetzerin nur ein- oder zweimal versäumt hatte.

Sicher, der Altersunterschied – der *gewaltige* Altersunterschied – zwischen ihnen hatte für einige Riesenkräche gesorgt, als sie sich als Teenager verzweifelt danach gesehnt hatte, die Zwänge der Schule abzuschütteln und anzufangen, zu leben. Doch selbst wenn ihre Hausbesetzerphase die Bindung zwischen ihnen vielleicht strapaziert hatte, war sie doch niemals in Gefahr geraten, abzureißen. Eigentlich hatte Cassie erst in den letzten Jahren wirklich begriffen, was ihre Gran für sie getan hatte, als sie mit Mitte fünfzig eine frisch verwaiste, hyperaktive Vierjährige bei sich aufgenommen hatte.

Als Cassie zum ersten Mal ein totes Tier mit nach Hause gebracht hatte – eine Elster, die sie draußen auf dem Gang vor den Wohnungen gefunden hatte –, war Weronika vernünftig genug gewesen, keinen Anfall zu bekommen und sie zum Kinderpsychiater zu schleifen. Statt entsetzt zu reagieren, hatte sie die Schönheit des Vogels bewundert und vorgeschlagen, ein Begräbnis zu veranstalten, damit seine Seele frei wurde, um wieder zu fliegen. Noch immer sah Cassie das schillernde blau-schwarze Gefieder auf dem Bett aus Potpourri in dem Schuhkarton-Sarg vor sich, den sie in der Abenddämmerung nach Art der Wikinger im Kanal hatten davonschwimmen lassen.

Inzwischen wusste sie, dass ihr Bedürfnis, tote Tiere zu sammeln, mit dem Verlust ihrer Mutter und ihres Vaters zusammenhing. Vielleicht ein kindlicher Versuch, ihren Tod zu leugnen? Dass ihre Großmutter sie nicht zur Beerdigung mitgenommen hatte, war wahrscheinlich nicht hilfreich gewesen … und erst jetzt verstand sie, warum: Selbst eine Vierjährige hätte gefragt, warum da nur ein Sarg stand.

Weronika hatte Zeit und Mühe investiert und ein *bigos* gekocht, einen Jägereintopf auf Sauerkrautbasis, in dem sie die traditionellen Fleisch- und Wurststückchen für ihre vegetarische Enkelin durch Pilze und in Paprika marinierten Räucher-Tofu ersetzt hatte. Für Cassie war das größte Vermächtnis des Schlaganfalls das ganz neu geschärfte Bewusstsein, dass ihre Großmutter nicht unsterblich war. Und das Wissen, dass sie vielleicht nie wieder Gelegenheit dazu bekommen würde, wenn sie gewisse Fragen nicht jetzt stellte.

»Können wir uns noch mal deine Bilder von Mama anschauen?«, fragte sie, als sie nach dem Essen auf dem Sofa saßen. Seit sie sich in der Leichenhalle die Autopsiefotos angesehen hatte, war sie imstande, über ihre Mutter zu sprechen, ohne innerlich total aus dem Gleichgewicht zu kommen. Es war, als hätte das einen Hebel in ihrem Kopf umgelegt, der sie in die Lage versetzte, ihre Mutter als eine der Leichen zu betrachten, mit denen sie bei der Arbeit umging: Nicht länger ihre Mutter, sondern das Mordopfer Katherine Raven. Ihr war klar, dass das ein Abwehrmechanismus war, und zwar einer auf Zeit. Der Trauerprozess ließ sich nicht bis in alle Ewigkeit aufschieben.

Unter dem Blick ihrer lächelnden Großmutter blätterte sie das Album durch, vorbei an den ersten Fotos von Kath als perfektem Kleinkind in hübschen Kleidchen und bunten Strumpfhosen und hinein in ihre Teenagerjahre, als sie angefangen hatte, ihre Persönlichkeit auszudrücken und ihre wallenden Hippieklamotten und Halsketten aus Muscheln trug, während ihr das wellige rotbraune Haar über die Schultern fiel.

»Babica, dieser Detective, der uns besuchen gekommen ist, nachdem sie … gestorben ist. Gerry Hobbs, hieß der so? Hast du dich je gefragt, ob der mir vielleicht Geld zum Geburtstag geschickt hat?«

Das trug ihr einen forschenden Blick ein. »Warum sollte er denn so was tun?«

»Ach, ich weiß nicht, es ist nur, er hat mir doch die Puppe gekauft. War das nicht ein bisschen ungewöhnlich für einen Polizisten?«

Ein Schulterzucken. »Ich glaube, der Tod deiner Mama hat ihn ganz schön mitgenommen.«

Oder er hatte wegen irgendwas ein schlechtes Gewissen?

»Hat die Polizei eigentlich jemals irgendwen anderes verdächtigt?«

Ein scharfer Blick. »Nein. Warum auch?«

Diesmal war es an Cassie, die Achseln zu zucken; sie hatte nicht vor, ihre Gran zu fragen, ob Kath eine heimliche Affäre gehabt hatte. »Ich weiß nicht, ich nehme an … Wenn eine Frau nachts auf dem Nachhauseweg ermordet wird, ist es dann nicht üblicherweise irgendein x-beliebiger Gewalttäter?“«

Ihre Großmutter sah sie an, den Kopf zur Seite geneigt wie ein Vogel. »Es ist bestimmt schrecklich herauszufinden, was dein Vater getan hat, *tygrysek*. Es ist sicher sehr schwer, sich an den Gedanken zu gewöhnen.«

Ihr Blick fiel auf eins der Fotos von ihrer Mutter in dem Album auf ihrem Schoß. Darauf trug sie ein langes Sommerkleid mit rosa-weißem Rosenmuster und Rüschen über der Brust und eine ihrer typischen Halsketten – winzige pinkfarbene Muscheln, auf eine dünne Silberkette gefädelt. Aus irgendeinem Grund, den Cassie nicht zu nennen vermochte, kehrte ihr Blick immer wieder zu dieser zarten Kette zurück. Die hatte so ein fragendes Kribbeln in ihrem Gehirn ausgelöst, wie ein mentaler Juckreiz, an den sie nicht herankam.

37. KAPITEL

Auf dem Weg zur Arbeit schaute Cassie am Montagmorgen bei der schmuddeligsten Wohnungsvermittlung in der ganzen Gegend vorbei, wo sie Informationen zu der einzigen Immobilie bekam, die sie und Kieran sich leisten konnten: eine Zweieinhalb-Zimmer-Wohnung über einem chinesischen Restaurant am falschen Ende des Viertels. Allerdings war sie akzeptable fünfzehn Gehminuten von der U-Bahn entfernt, und durch die Tatsache, dass das halbe Zimmer eine Abstellkammer war, war es machbar, wenn sie zwei Drittel der Miete übernahm – Kierans Wohngeld sollte locker für den Rest reichen, bis sein Geschäft richtig angelaufen war.

Als sie in der Leichenhalle ankam, eröffnete ihr Jason, dass Archie Cuff die fünf Autopsien übernehmen würde, die heute auf der Liste standen. Erst verspürte sie bei dieser Neuigkeit ein kleines Freudenkribbeln, doch dann wurde ihr rasch heiß und kalt vor Verlegenheit, als ihr wieder einfiel, wie sie bei ihrem letzten Treffen auf besoffene Nymphomanin gemacht hatte.

Im Sektionssaal rollte Jason gerade den ersten Kunden zu seinem Tisch, um mit der Eviszeration anzufangen, und pfiff dabei »Always Look on the Bright Side of Life«, während sie die Liste durchging.

Da stand nichts allzu Schwieriges drauf. Drei plötzliche Todesfälle zu Hause, eine alte Dame, die auf dem Operationstisch gestorben war, und ein nicht identifizierter Toter, der aus dem Kanal gefischt worden war. Keine Verwesten, Gott sei Dank – den Geruch eines verwesten Leichnams bekam man tagelang nicht mehr aus der Nase –, und keine Expresszug-Selbstmörder. So einen hatte sie vor ein paar Wochen reinbekommen, vom Bahngleis nach King's Cross, und um den Leichnam aus einem Sack voller Stücke wieder zusammenzusetzen, die die armen Leute von der Bahnpolizei eingesammelt hatten, war Erfahrung mit 3D-Puzzles nötig gewesen.

»Ich hab hier die Wasserleiche«, meldete Jason vom anderen Ende des Saales her. Er wackelte auffordernd mit den Brauen. »Ich wette zwei zu eins auf Tod durch Wasserlassen.«

Cassie konnte diese Formulierung nicht leiden – die Leichenhallen-Abkürzung für einen Betrunkenen, der auf dem Heimweg beschlossen hatte, in den Kanal zu pissen, und dabei das Gleichgewicht verloren hatte. In den meisten Jahren bekam sie zwei oder drei Tote herein – immer Männer –, die auf diese Weise ertrunken waren.

Als sie ihren ersten Gast aus dem Kühlraum holte – einen alten türkischstämmigen Gentleman namens Jusuf Pamuk, der tot auf dem Boden seines Badezimmers aufgefunden worden war –, kaute ihr Gehirn immer noch an der Halskette herum, die ihre Mutter auf dem alten Foto getragen hatte. Doch einer Antwort auf die Frage, warum ihr das so zu schaffen machte, war sie nicht näher gekommen. Nachdem sie den Leichensack auf den Sektionstisch geschoben hatte, zog sie den Reißverschluss auf und beugte sich vor, um leise zu sagen: »Dann holen wir Sie mal da raus, Mr Pamuk, und machen Sie bereit für den Doktor.«

Drüben am anderen Tisch sah sie, wie Jason den Sack vom Kopf der Wasserleiche zog, und erhaschte einen flüchtigen Blick auf kurzgeschnittenes Haar, nass vom Kanalwasser. Helles Haar.

Sie fuhr damit fort, den Leichensack unter Mr Pamuk hervorzuziehen, doch jetzt war da so ein hartnäckiges Klingeln in ihrem Kopf, wie vom Timer eines Backofens, und das war nicht mehr wegen der Halskette. Jäh hielt sie inne und strebte auf Jasons Tisch zu. Die Luft schien dickflüssig geworden zu sein, sodass sie nur schmerzhaft langsam vorankam, und ihre Beine fühlten sich an, als hätten sie sich in Marmor verwandelt, ein Gefühl, das sie manchmal im Traum hatte.

Als sie schließlich neben Jason ankam, blickte sie auf den Leichnam hinab, der auf dem Tisch lag. Das Letzte, woran sie sich erinnerte, war Jasons Mondgesicht, das sich ihr zuwandte, während sein Mund sich öffnete. Sie fühlte, wie sie in diese riesige rote Höhle hineinstürzte.

Das Nächste, was sie sah, war eine verschneite Landschaft, von welligen Linien durchzogen. *Schlittenspuren?*

Nein. Bloß die Decke des Sektionssaals, von Rissen entstellt. Dann tauchte das Gesicht der Sekretärin Deborah in ihrem Gesichtsfeld auf. Die Bodenfliesen drückten sich hart in ihren Rücken, und sie spürte, dass ihre Füße auf irgendetwas hochgelegt worden waren.

»Du bist ohnmächtig geworden«, verkündete Deborah, die die lästige Gewohnheit hatte, das Offensichtliche auszusprechen.

Da erinnerte sie sich. Hastig kam sie auf die Beine und stieß Deborahs Hand weg, die sie daran hindern wollte. Ohne auf das Gewirr protestierender Stimmen zu achten, schaffte sie es bis zu Jasons Tisch, wo der Ertrunkene, den er gerade hatte aufschneiden wollen, nunmehr wieder in dem geschlossenen weißen Leichensack lag.

»*Lasst* mich!« Sie schüttelte die Hand ab, die auf ihrer Schulter gelandet war, und zog den Reißverschluss auf.

Ein freudiger Hoffnungssatz. Sie hatte sich geirrt, er war es doch nicht.

Doch dann dämmerte es ihr. Die Abwesenheit seines fröhlichen Dauerstrahlens hatte ihn einen Moment lang wie einen Fremden aussehen lassen. Sie strich ihm über die Stirn, die sich kalt und feucht anfühlte.

»Ist ja gut, Kieran. Ich bin ja da.«

»Cassie …«

Als sie sich nach der Stimme umdrehte, wurde ihr klar, dass die Hand, die sie abgeschüttelt hatte, Archie Cuff gehörte, der noch immer einen Tweedmantel anhatte. Doug stand neben Jason und Deborah im Hintergrund. Sie sahen aus wie Schauspieler in einer nachmittäglichen Seifenoper, die angewiesen worden waren, »schockiert« auszusehen.

»Ist schon okay«, versicherte sie ihnen. »Das ist Kieran Byrne.« Sie legte ihm die Hand auf die Schulter, als würde sie ihn auf einer Party vorstellen. Sein T-Shirt war feucht unter ihrer Hand. »Er ist ein guter Freund von mir.« Sie war vollkommen ruhig. »Ich rufe im Revier an, dass die jemanden herschicken, damit ich ihn offiziell identifizieren kann.«

Doug nickte unsicher. »Bist du sicher, dass du okay bist, Cassie? Warum kommst du nicht mit auf die saubere Seite und setzt dich ein bisschen hin? Und trinkst einen Tee, während du wartest?«

»Nein.« Sie blickte von Doug zu Archie und merkte, dass sie dabei den Kopf drehte, obwohl das gar nicht nötig war. Wie ein Roboter. Es fühlte sich an, als müsste ihr Körper erst wieder lernen, menschlich zu agieren. »Dr. Cuff, wären Sie so freundlich, Kieran zu untersuchen?«

»Selbstverständlich. Ich zieh mich nur kurz um, dann bin ich da.« Sein Blick suchte den ihren, doch Mitgefühl war das Letzte, was sie jetzt brauchte.

»Du solltest dich wenigstens hinsetzen«, drängte Deborah. »Du bist ganz blass.«

»Mir fehlt nichts, wirklich, danke.« Cassie war vage bewusst, dass sie angefangen hatte, zu reden wie Phyllida Flyte. »Jason, würdest du Mr Pamuk für mich übernehmen?« Dann entließ sie die anderen mit einem Kopfnicken und wandte sich wieder Kierans Leichnam zu.

Nachdem sie ihn aus dem Leichensack herausgeholt hatte, zog sie ihm die Kleider aus – ein schwarzes Def-Leppard-T-Shirt, Jeans und eine Daunenjacke, am Rücken noch immer klatschnass. Der Kanalwassergeruch, der aus seinen Klamotten aufstieg, war nicht unangenehm. In der Tasche seiner Jeans war eine Brieftasche mit einem Zwanzig-Pfund-Schein darin; falls er eine Girokarte oder irgendetwas anderes mit seinem Namen drauf bei sich gehabt hatte, lag das jetzt bestimmt zusammen mit seinem Handy auf dem Grund des Kanals.

Während all dessen fühlte sie sich völlig leer, jedoch vollkommen ruhig.

»Hab nicht damit gerechnet, dich so bald wiederzusehen, Alter«, sagte sie zu ihm, und es war ihr egal, ob irgendwer sie hören konnte. »Was zum Teufel hast du im Kanal getrieben?«

Freistil.

»Haha. Die ältesten Witze sind doch immer noch die besten. Aber jetzt mal im Ernst, Kieran? Ich hab gerade 'ne Wohnung für uns gefunden, verdammte Scheiße.«

Sein Gesicht blieb versteinert, die Lippen noch immer zu dieser unnatürlich strengen Linie geschlossen. Schaum quoll aus seinen Atemwegen und sickerte aus den Mundwinkeln – ein klassisches Zeichen für Tod durch Ertrinken. Anstatt das blaue Papier von der Rolle zu nehmen, das sie normalerweise für so etwas benutzten, holte Cassie ein frisches Päckchen Papiertaschentücher hervor und wischte ihm mit einem davon behutsam die Lippen ab. »So.«

Sie drehte sich um und sah Archie in OP-Kluft herankommen.

»Na schön, dann schauen wir uns den jungen Mann mal an«, sagte er und zog sich dabei Einmalhandschuhe an. »Hallo, Kieran.«

Einen Moment lang drohte die Freundlichkeit in seiner Stimme Cassie aus der Fassung zu bringen.

»Sein Name ist Kieran Patrick Byrne. Er ist neunundzwanzig.«

»Angehörige?«

Sie schüttelte den Kopf. »Niemand, mit dem er Kontakt hat.«

»Irgendwelche Anzeichen dafür, dass er … dringend aufs Klo musste?«

Wieder schüttelte sie den Kopf. »Sein Hosenschlitz war zu.«

Archie betrachtete den hingestreckten Leichnam eingehend. Kierans Arme waren bis dicht über den Ellenbogen gebräunt – von zahllosen Sommersprossen übersät wäre vielleicht akkurater gewesen –, weiter oben waren sie dann genauso weiß wie der Rest von ihm. Archie drehte einen Arm nach außen und beugte sich vor, um die Innenseite des Ellenbogens zu inspizieren. »Intravenöse Drogen?«

Cassie blickte auf die violetten Narben über der Vene hinab. »Früher ja. Aber er war seit ein paar Monaten clean, keine Drogen und keinen Alkohol. Er war gerade dabei, sich ein Geschäft aufzubauen.«

Archie nickte. »Wir lassen die Toxikologie natürlich die üblichen Tests machen.«

Innerlich jedoch überlegte sie: War Kieran rückfällig geworden? In den Kanal zu fallen war ein Unfall, den man eigentlich überleben sollte – solange man nicht zu besoffen war oder sich zu viel Ketamin reingezogen hatte, um ans Ufer zu schwimmen und herauszuklettern.

Archie betastete mit den Fingerspitzen vorsichtig Kierans vorstehende Rippen. »Einiges an Frakturen. Aber die sind alt.«

Cassie dachte daran, wie Kieran in dem Imbiss angedeutet hatte, dass sein Dad ihn als Kind geschlagen hatte.

Archie ging zum Kopfende des Tisches und umfasste Kierans Kopf mit den Händen. Er tastete die Kopfhaut ab – angefangen vom hinteren Haaransatz, von einer Seite zur anderen und Stück für Stück zum Scheitel hinauf – und sah dabei aus wie ein alternativer Masseur. Als er zu einem Bereich auf der rechten Seite kam, dicht über dem Ohr, sah sie, wie seine Augen schmal wurden. Die Finger seiner rechten Hand glitten auf derselben Stelle vor und zurück. »Hier ist ein ganz schönes Hämatom.«

Cassie spürte das Rauschen und Hämmern des Pulses in ihrem Hals.

»Komm, schau's dir an«, sagte er.

Die Beule – ein klassisches »Entenei« – war groß und fühlte sich matschig an, voller Blut.

»Legen wir ihn mal auf den Bauch, damit wir uns das richtig ansehen können«, meinte Archie. Er fasste Kopf und Schultern, während Cassie an den Hüften zupackte, um Kieran zu drehen. Schwer war das nicht – er konnte nicht mehr als fünfundsechzig Kilo wiegen –, doch Cassie sah dankbar, wie Archie mit einer Hand Kierans Kopf hielt, als wäre er noch am Leben.

Sie beugten sich gemeinsam vor, und Cassie teilte das helle Haar am Hinterkopf, während Archie eine kleine, starke Taschenlampe auf die Verletzung richtete.

»Ein Hämatom von etwa vier mal drei Zentimetern, dem Aussehen nach ein paar Stunden alt«, meinte er. »Die Haut ist abgeschürft, aber nicht eingerissen.« Er richtete sich auf. »Von außen kann man unmöglich sagen, ob ein SHT vorliegt.«

Ein Schädel-Hirn-Trauma.

»Könnte das von einer Waffe stammen?«

Von einem Ziegelstein zum Beispiel.

»Das kann ich nicht ausschließen«, antwortete er vorsichtig. »Aber es ist auch möglich, dass er sich beim Reinfallen verletzt hat. So oder so, er hätte lange genug bewusstlos sein können, um zu ertrinken.«

Archie streifte die Handschuhe ab und sah ihr in die Augen. »Für Kieran brauchen wir eine komplette forensische Autopsie. Wenn die von der Polizei kommen, sagst du ihnen, dass ich die Rechtsmedizin informiere?«

Eine forensische Autopsie war die gründlichste Untersuchung, die man einem Leichnam angedeihen lassen konnte. Sie würde fast den ganzen Tag dauern und von einem vom Innenministerium zugelassenen Pathologen vorgenommen werden. Der Zweck dahinter: Herauszufinden, ob ein Tötungsdelikt vorlag.

Cassies erste Reaktion war Erleichterung, dass Kierans Tod angemessen untersucht werden würde, doch das machte bald einem Schwall Schuldgefühlen Platz. Wenn es kein Unfall gewesen war, dann gab es nur eine einzige logische Erklärung.

Jemand hatte Kieran umgebracht. Jemand, der verhindern wollte, dass er Nachforschungen zu dem Mord an ihrer Mutter anstellte.

FLYTE

Eins war Flyte sofort klar, als sie Cassie erblickte: Ihre unnatürliche Ruhe war wie eine Glasscheibe – und ungefähr genauso stabil.

Sie standen im forensischen Sektionsraum im hinteren Teil der Leichenhalle, wo der Verstorbene, Cassies Freund Kieran Byrne, jetzt in einem gesonderten Kühlschrank darauf wartete, dass der Rechtsmediziner eine forensische Autopsie genehmigte. Auf einem Tisch zwischen ihnen lagen Kierans Kleider und seine Brieftasche, die Cassie alle sorgfältig eingetütet hatte, für den Fall, dass daran irgendwelches Beweismaterial zu finden war.

Nachdem sie die offizielle Identifizierung vorgenommen hatten, berichtete Cassie ihr, was der Pathologe über Kierans Kopfverletzung gesagt hatte.

»Okay. Also, wir überprüfen natürlich die Aufnahmen der Überwachungskameras rund um den Kanal«, sagte Flyte. »Und wir werden herausfinden, was Kieran in den Stunden und Minuten vor seinem Tod getan hat. Das sollte uns dabei helfen, festzustellen, ob ein Tötungsdelikt vorliegt.«

Cassies Gesicht hatte die Farbe von Magermilch. Sie lächelte, ein scheinbar nach innen gerichtetes Lächeln. »Oh, hier liegt ein Tötungsdelikt vor.« Ganz sachlich.

»Haben Sie dafür irgendwelche Beweise? Irgendetwas, das helfen könnte, nachzuweisen, dass hier nicht nur mal wieder jemand nach ein paar Bier zu viel in den Kanal gefallen ist?«

»Er war seit Wochen trocken.« Cassie reckte das Kinn empor. »Der toxikologische Befund wird das bestätigen. Er wollte ein Geschäft aufmachen.«

Flyte wies sie nicht darauf hin, dass trockene Alkoholiker und Ex-Junkies manchmal rückfällig wurden. »Also gut … Was glauben Sie also, was passiert ist?«

Cassie berührte die Beweismitteltüte, in der Kierans Kleider steckten. Durch das durchsichtige Plastik hindurch konnte Flyte ein schreiendes Gesicht und zackige Buchstaben ausmachen. »Def Leppard« stand vorn auf dem T-Shirt. Wahrscheinlich eine Rockband oder so etwas.

»Ich habe ihn umgebracht.« Cassie klang vollkommen ruhig.

»Wieso sagen Sie das?«

»Er hat mir geholfen, Nachforschungen über den Tod meiner Mutter anzustellen. Ich glaube, er war zu dicht dran, etwas herauszufinden.« Ein freudloses Grinsen. »Als ob's das wert gewesen wäre, dass er dafür draufgeht.«

»Okay … Und wer hätte ein Interesse daran, ihn zum Schweigen zu bringen?«

»Das wissen Sie doch.« Cassies Miene war trotzig. »Die Cops. Gerry Hobbs, um genau zu sein. Der verschwundene Abstrich. Das hier hängt bestimmt damit zusammen.«

Verflixter Mist, nicht das schon wieder.

»Sie glauben also, DS Hobbs hat Kieran eins auf den Schädel verpasst und ihn in den Kanal gestoßen?«, fragte Flyte mit ruhiger Stimme.

»Vielleicht nicht Hobbs. Aber wenn er sich nun schmieren lassen und dafür gesorgt hat, dass das Labor den Befund verschwinden lässt, um jemanden zu decken? Hören Sie, ich habe nichts, was *Sie* als Beweis bezeichnen würden, aber ich bin mir zu neunundneunzig Prozent sicher, dass mein Dad meine Mutter nicht ermordet hat. Ich glaube, sie ist wahrscheinlich von ihrem Geliebten umgebracht worden. Vielleicht war der Kerl, mit dem sie etwas hatte, ja jemand Mächtiges, irgendein ganz ranghoher Ganove. Und als Kieran angefangen hat, herumzufragen, hat der vielleicht davon erfahren. Kieran könnte ihm doch in die Quere gekommen sein, ohne zu wissen, wer er war.«

Flyte merkte, wie sie allmählich die Geduld verlor. »Okay, wenn Sie mir Namen und Adresse dieses mysteriösen Geliebten geben, dann bestelle ich ihn zum Verhör ein.«

Cassie sah sie mit einem kalten, feindseligen Blick an, der schlimmer war als jeder Wutausbruch.

»Hören Sie, Cassie, Sie müssen mich auf meine Art und Weise ermitteln lassen. Geben Sie mir die Namen und Telefonnummern von allen, von denen Sie wissen, dass Kieran Kontakt zu ihnen hatte. Und von dem Wohnheim, in dem er gewohnt hat. Okay?« Sie versuchte, Cassies Blick einzufangen, doch die junge Frau war offensichtlich mit den Gedanken ganz woanders. »Sie haben einen schweren Schock erlitten. Lassen Sie mich dafür sorgen, dass Sie jemand nach Hause fährt.«

Jetzt sah Cassie Flyte an. Im Licht der Wintersonne, die durch die Fenster der Leichenhalle schien, waren ihre Augen von noch tieferem Blau als sonst.

»Sie können nur eins für mich tun. Finden Sie raus, wer Kieran umgebracht hat.«

38. KAPITEL

Obwohl Doug sich alle Mühe gab, sie zum Nachhausegehen zu überreden, blieb Cassie und führte sogar zwei Eviszerationen durch, bevor sie einen ordentlichen Teil ihres Verwaltungskrams erledigte.

Archie kam in seinem Tweedmantel herein, bevor er ging.

»Du hattest einen grauenvollen Tag, Cassie. Hast du Lust, was trinken zu gehen? Ich könnte dich später noch zu was Scharfem einladen.«

Das war ein alter Witz, der auf ihre schwierigen ersten Begegnungen anspielte, als sie ihn gern mit Wortspielen auf die Palme gebracht hatte. Sie brachte ein schwaches Lächeln zustande, schüttelte den Kopf und dachte ungläubig daran, wie ihr heute Morgen die Aussicht, ihm zu begegnen, peinlich gewesen war. Jetzt kam ihr das so trivial vor.

»Aber danke, dass du bei Kieran so toll warst«, sagte sie zu ihm. »Ich war so froh, dass du es warst, der ihn untersucht hat.«

»Gern geschehen.« Besorgt betrachtete er ihr Gesicht. »Ruf mich ruhig jederzeit an, okay?«

Eine Stunde später, um drei Uhr nachmittags, klopfte Doug an die Scheibe und erklärte ihr freundlich, aber bestimmt, dass er ab jetzt alle zehn Minuten wiederkommen würde, bis sie das Gebäude verließ.

Es gab hier etwas, was anscheinend niemand verstand: Das Einzige, was sie aufrecht hielt, war, dass sie in der Leichenhalle war, umgeben von all ihren Gästen – eine Gemeinschaft, zu der jetzt auch ihr einziger richtiger Freund zählte.

Die Tür des Gebäudes zu schließen fühlte sich an, als kappe sie die Rettungsleine, die sie mit einem Raumschiff verband, um haltlos ins All davonzutreiben. Ehe sie es sich versah, fand sie sich in einem Schnapsladen wieder, wo sie die Flaschen begutachtete. Als sie feststellte, dass sie hier keinen polnischen Wodka hatten, stand sie lange da und starrte die Etiketten an, ehe sie aufs Geratewohl eine Flasche aussuchte und damit zur Kasse ging.

Eine Bewegung im Fenster ließ sie aufblicken. Es war Kieran, ganz eindeutig, der die Augen mit den Händen abschirmte, um durch die Scheibe zu spähen. Er trug sein Dauergrinsen zur Schau, und sein Haar war noch immer dunkel und angeklatscht vom Kanalwasser. Bei seinem Anblick – unmöglich und kostbar zugleich – verspürte sie einen Schwall aus Liebe und Trauer. Als sie die Hand hob, um zu winken, antwortete er mit einem kleinen, betrübten Kopfschütteln, und ihr wurde klar, dass er die Flasche in ihrer Hand ansah. Als sie wieder aufblickte, war er fort.

War Kieran wirklich von den Toten zurückgekehrt, nur um sie daran zu hindern, sich Wodka zu kaufen?

»Wer hätte gedacht, dass du im Jenseits so eine Spaßbremse sein würdest?«, knurrte sie und tauschte die Flasche gegen ein Miniatur-Fläschchen. »Du könntest mir stattdessen vielleicht mal einen Tipp geben, wer dich verdammt noch mal umgebracht hat.«

Ihr Blick fiel auf die besorgte Miene des Ladenbesitzers. Sie schmiss ihm einen Fünf-Pfund-Schein hin und ging. Draußen schaute sie die Straße hinauf und hinunter und rechnete halb damit, Kieran mit seinem kecken Piratenhinken die Straße entlanghopsen zu sehen.

Cassie erreichte den Uferweg und fand die Stelle, wo Kieran Flyte zufolge aus dem Wasser gezogen worden war. Noch immer kam ihr das Ganze fast wie ein Traum vor, bis sie im schwindenden Licht ein Stück blau-weißes Polizei-Absperrband flattern sah. Das traf sie wie ein Faustschlag in den Magen und drohte, die Aura zu zerbrechen, die sie den ganzen Tag eingehüllt hatte.

Kieran war tot – und sie war genauso schuld an dem Mord wie die Person, die ihn bewusstlos geschlagen und in den Kanal gestoßen hatte, damit er ertrank.

Sie setzte sich auf eine niedrige Mauer neben dem Kanal und schraubte das Wodkafläschchen auf. Ihre Großmutter hatte ihr einmal erzählt, dass es in Polen bei Beerdigungen für die Trauernden Sitte war, Wodka auf das Grab eines frisch bestatteten geliebten Menschen zu gießen.

Wahrscheinlich rührte das von einem Ritual im alten Rom her. Sie wusste, dass dort dem Geist des Verstorbenen ebenfalls Trankopfer dargebracht worden waren.

Sie hielt das Fläschchen über das dunkelgrüne Wasser und zermarterte sich das Hirn nach einem passenden lateinischen Sprichwort. Am Ende jedoch sagte sie nur: »Kieran … du warst ein ganz toller Kumpel. Ich werde dich rächen.«

Ungefähr eine halbe Stunde lang saß Cassie da, schaute aufs Wasser und wartete auf die Tränen, doch es kamen keine. Nach einer Weile zog sie ihr Handy hervor und öffnete ihre Kontaktliste. Kieran brauchte ihre Tränen nicht. Was er brauchte, war, dass sie Stress machte.

FLYTE

Nachdem sie an diesem Morgen die Leichenhalle verlassen hatte, war Flyte am belebten Ende des Kanals zu Josh gestoßen, am Fußgängerzugang zum Markt. Er hatte zwei Streifenpolizisten auftreiben können, um die siebzig Meter des Uferwegs abzusperren, wo Kieran ihrer Berechnung nach wahrscheinlich ins Wasser gestürzt war.

Die beiden Kollegen – ein älterer Mann und eine jüngere Frau – sahen nicht gerade begeistert darüber aus, ein paar Stunden lang das Kanalufer absuchen zu müssen, vor allem jetzt, da der frühe Hauch des Frühlings einem feinen, aber eiskalten Nieselregen gewichen war.

»Der könnte doch überall reingefallen sein, oder?«, brummte der Ältere und wedelte mit dem Arm. »Sarge.« Er hängte ihren Rang erst an, nachdem sie ihm einen vielsagenden Blick zugeworfen hatte.

»Ich habe mit dem Schleusenwärter gesprochen; er sagt, hier ist kaum Strömung. Der Leichnam ist gleich hinter der Brücke herausgefischt worden, aber um sicher zu sein, müssen wir bis zur Treppe da unten alles absuchen. Da wäre er hinaufgegangen, um zu seinem Wohnheim zu kommen.«

Kelly, die Streifenpolizistin, drehte sich um, um einen jungen Mann im Kapuzenpullover zurechtzuweisen, der sich gerade unter dem Absperrband hindurchduckte, um auf den Uferweg zu gelangen. Es gefiel Flyte, wie sie mit dem Kerl umging – höflich, aber unerbittlich. Sie reckte sich zu ihren ganzen eins dreiundsiebzig auf, um ihre Autorität zu unterstreichen. Nachdem der Typ maulend und pöbelnd aufgegeben hatte, bedachte Flyte die junge Kollegin mit einem beifälligen Lächeln und sagte: »Ich hätte es gern, dass Sie hierbleiben, wo so viel los ist, um Übertretungen zu verhindern.«

»Sarge?« Kelly blinzelte verwirrt. Sie hatte hübsche Augen, so ein Goldgrün.

»Damit hier niemand einfach durchgeht«, erläuterte Flyte. Dann wandte sie sich an den Streifenpolizisten. »Mark, könnten Sie das andere Ende übernehmen? Da ist es ruhiger, aber Sie müssen alle daran hindern, die Absperrung zu missachten.«

Sie und Josh sahen zu, wie er den Uferweg hinab davontrödelte. Seine Uniform spannte über dem Rücken und den muskelbepackten Schultern. Wahrscheinlich sparte er sich seine ganze Energie fürs Fitnessstudio auf.

»Wonach suchen wir denn, Sarge?«, fragte Josh.

»Nach irgendetwas, womit man ihn hätte niederschlagen können. Und nach Habseligkeiten, die er vielleicht bei einem Kampf fallen gelassen haben könnte – sein Handy und seine Karten sind weg.«

»Versuchter Raubüberfall?«, schlug Josh vor.

»Und seine Brieftasche lassen die in seiner Tasche stecken?« Sie schüttelte den Kopf. »Nein, ich setze eher auf etwas Persönliches.«

»Sie glauben, er hat eins über die Rübe gekriegt und ist reingestoßen worden?«

Flyte zögerte; ihr war bewusst, dass Cassies Verdacht sie möglicherweise beeinflusst haben könnte. »Wir müssen abwarten, ob bei der Autopsie Beweise dafür gefunden werden, aber nach der Stelle zu urteilen, wo er verletzt ist, würde ich sagen, das ist sehr gut möglich.« Sie tippte sich seitlich gegen den Kopf, gleich hinter dem rechten Ohr. »Ich denke, es wäre schwierig, sich beim Reinfallen den Kopf genau hier anzuschlagen.« Sie drehte den Oberkörper, um einen Sturz zu mimen und zu verdeutlichen, was sie meinte.

Sie begannen zu suchen, Flyte auf der Seite des Weges direkt neben dem Kanal und Josh dort, wo der Weg an die graue Ufermauer stieß. Dort war der Rand des Weges von Unkraut überwuchert und mit Glasscherben, Bierdosen und Fastfood-Schachteln vermüllt.

Sie arbeiteten schweigend, schoben dies und das mit den Füßen vor, um es besser sehen zu können, und bückten sich gelegentlich, um etwas genauer zu überprüfen.

Ein paar Meter vor der Stelle, wo die Feuerwehr Kierans Leichnam geborgen hatte, sah Flyte Josh plötzlich in die Hocke gehen.

»Sarge?«

Mit einem Papiertaschentuch hob er etwas auf und schob es in eine Beweismitteltüte, ehe er es ihr reichte. Es war eine einfache schwarze Plastikkarte, so groß wie eine normale Kreditkarte. »Sie haben doch gesagt, er hat im Zed gewohnt?«, fragte er.

Kierans Wohnheim, Zephyr House. Allgemein als das Zed bekannt.

»Vor ungefähr einem Monat habe ich da einen von den Bewohnern wegen Taschendiebstahl einkassiert«, fuhr Josh fort. »Ich würde schwören, dass das hier eine von deren Karten ist.«

»Gut gemacht. Wenn ich da bin, überprüfe ich, ob es Kierans ist.«

»Weiß aber nicht, ob uns das Ding irgendwas verrät, Sarge.«

Sie blickte den Uferweg hinauf, zu der Treppe, die zu der Straße hinaufführte, in der das Zed lag. »Es verrät mir, dass er wahrscheinlich allein war. Wenn man sich beim Gehen mit jemandem unterhält, holt man meistens nicht so früh den Schlüssel aus der Tasche.«

»Da ist was dran.«

»Also hat ihn vielleicht jemand von hinten angegriffen. Das passt auch zum Ort der Verletzung. Drehen Sie sich mal kurz um.«

Sie holte mit einem imaginären Baseballschläger aus, über die rechte Schulter hinweg, führte dann in Kopfhöhe einen Schlag gegen Josh und folgte diesem fiktiven Bogen mit den Augen noch ein Stück weit auf den Kanal hinaus.

Milo, der junge Schwarze am Empfang des Zed, schien Flytes Dienstausweis nicht zu überraschen. Anscheinend waren Besuche der Polizei hier nichts Ungewöhnliches. Er identifizierte die Schlüsselkarte aus Plastik als eine der ihren und führte sie nach oben zu dem Zimmer, das Kieran sich mit drei anderen geteilt hatte. Tatsächlich ertönte ein Summen, und das Schloss entriegelte mit einem Klick, als sie die noch immer eingetütete Karte an den Sensor über der Klinke hielt.

»Ist Kieran was passiert?«, wollte Milo mit plötzlich beklommener Miene wissen.

»Wieso fragen Sie?«

Mit einem Kopfnicken deutete er auf die Karte. »Hey, ich guck fern, ich weiß, wie 'ne Beweistüte aussieht. Das verheißt nie was Gutes.«

Als sie es ihm sagte, war er sichtlich schockiert. »Ich meine, ich hab ihn nicht gut gekannt, nur so, dass wir ›Hi‹ gesagt haben, wenn er gekommen oder gegangen ist. Aber er war einer von denen, die immer ein Lächeln oder einen Witz für einen übrig haben, wissen Sie?«

In Kierans Mini-Schlafsaal standen vier Stockbetten, jedes mit einem eigenen abschließbaren kleinen Spind, der an der Wand festgeschraubt war. Nachdem Milo den Code eingetippt hatte, der Kierans öffnete, holte Flyte den Inhalt heraus. Es war nichts Bemerkenswertes dabei – kein Telefon, keine Drogen, nicht einmal ein Päckchen Zigarettenpapier. Nur ein bescheidener Stapel Kleidungsstücke, eine Gummiente mit einer Perlenkette und einer Krone, die vermutlich die Queen darstellen sollte, und noch etwas persönlicher Kleinkram.

Ganz unten in dem Schränkchen fand sie einen Stapel Fotokopien von irgendwelchen grob produzierten Newslettern über die Musikszene von Camden aus den Neunzigerjahren, und darunter eine alte Vinyl-Schallplatte mit zwei Männern und einer Frau auf dem Cover. Das Coverfoto war auf demselben Stück des Uferweges aufgenommen worden, wo Kieran ins Wasser gestürzt sein musste. Der attraktivere der beiden Männer fiel ihr auf, und sie erkannte Callum Raven von seinem Verhaftungsfoto her.

Flyte tütete alles ein, um es mitzunehmen. Nichts davon fiel in die Rubrik »nützliche Beweise«, doch sie nahm an, dass diese Andenken an die kurzlebige Musikerkarriere ihres Vaters für Cassie kostbar sein würden.

39. KAPITEL

Cassie fühlte sich noch immer wie abgekoppelt von allem und isoliert in ihrer Blase, als sie ungefähr eine Stunde später ihre Wohnungstür öffnete.

»Ich bin gekommen, so schnell ich konnte.« DCI Capaldi sah aufrichtig besorgt aus.

»Das ist wirklich nett von Ihnen«, sagte sie und lotste ihn in die Küche, um den Wasserkocher einzuschalten. »In Anbetracht dessen, was ich Ihnen erzählen muss, war's mir einfach lieber, nicht zu Ihnen ins Büro zu kommen.« Am Telefon hatte Cassie nur gesagt, dass sie Informationen zu Korruptionsfällen in der Polizeidienststelle von Camden hätte. Sie war verblüfft, aber dankbar gewesen, als er nicht weiter gefragt, sondern sich ohne Zögern bereit erklärt hatte, auf dem Nachhauseweg vorbeizuschauen.

Macavity schlabberte in der Küche gerade Milch, doch als er ihren Besuch erblickte, schoss er wie eine Silvesterrakete aus der Küche. »Nehmen Sie's ihm nicht übel«, bat sie Capaldi, während sie Kaffee machte. »Letzte Woche ist hier jemand eingebrochen, und er hat immer noch Angst vor Fremden.«

»Oh, das tut mir leid. Ist Ihnen etwas Wertvolles weggekommen?«

»Nur mein Lieblingsbecher.«

Das kommentierte er nicht, sondern bemerkte nur: »So als alleinstehende junge Frau, vielleicht sollten Sie da mal darüber nachdenken, irgendwo hinzuziehen, wo es … sicherer ist.« Seine hochgezogenen Brauen zeigten deutlich, was er von ihrem Wohnblock hielt.

»Oh, meine Zeit hier läuft sowieso ab – auf dem ganzen

Stockwerk sind nur noch ich und der Typ nebenan. Die Gemeinde will das Haus abreißen.«

Am Küchentisch erzählte sie ihm die ganze Geschichte – diesmal auch von dem verschwundenen Abstrichbefund und ihrer Überzeugung, dass Gerry Hobbs etwas zu verbergen hatte. Zum Glück fragte er nicht, wie sie an den Autopsiebericht ihrer Mutter herangekommen war; zweifellos nahm er an, dass ihr Job ihr für dergleichen eine Hintertür bot.

»Ich kann mir sicher mal genauer ansehen, wie Hobbs und Neville den Fall gehandhabt haben, und diesen Abstrich, von dem Sie glauben, dass er abhandengekommen ist.« Der Blick seiner indigoblauen Augen begegnete einen Moment lang dem ihren, ehe er wegschaute. »Aber wie ich schon gesagt habe, selbst wenn Ihre Mutter etwas mit einem anderem hatte, macht den das nicht automatisch zum Verdächtigen.«

Irgendetwas war anders an Capaldis Verhalten, doch ihr Hirn war zu benebelt, um genau sagen zu können, was es war.

»Was den Tod Ihres Freundes Kieran betrifft, könnte sein Interesse an dem Mord an Ihrer Mutter natürlich relevant sein«, fuhr er fort. »Aber ohne eine sehr deutliche Verbindung zu einem meiner eigenen Fälle kann ich mich nicht in laufende Ermittlungen einmischen – das läge sehr weit außerhalb meiner Zuständigkeit.«

Er verstummte, und die Finger seiner rechten Hand spielten eine lautlose Sonate auf der Tischplatte. »Befasst sich denn die Polizei mit Ihrer Theorie, dass Ihre Mutter einen Geliebten hatte?«

Er wirkte zerstreut. Nein, mehr noch; sie spürte da eine Unterströmung von noch etwas anderem in seiner Körpersprache. Etwas, das nicht passte.

Freudige Erregung.

Plötzlich war ihr kalt, und sie hatte ein Bild vor Augen,

dass das Blut aus ihren Extremitäten strömte wie eine rasch ablaufende Flut. Die Reaktion des Körpers auf eine vermeintliche Gefahr.

Capaldi erhob sich und ging zur Spüle, um seinen Becher hineinzustellen. Dann blieb er einen Moment lang dort stehen, bevor er sich zu ihr umdrehte. Hinter ihm war die Wintersonne im Fenster hinter den Dächern versunken, doch der Himmel war noch hell genug, dass sein Gesicht im Schatten lag.

»Weißt du, du siehst genauso aus wie sie im selben Alter.«

Sie brauchte nicht zu fragen, wen er meinte.

»Ich hatte Kaths Fallakte schon seit einer Ewigkeit mit einer automatischen Signalfunktion versehen, falls jemand die aufruft. Also, seit das System so was erlaubt«, fuhr er fort. »Du kannst dir also vorstellen, wie mir zu Mute war, als die Meldung in meinem Postfach aufgetaucht ist, nach über zwanzig Jahren. Danach war's ganz leicht, rauszufinden, dass diese DS Flyte eine Verbindung zur Familie Raven hatte – durch dich. Ihr beide habt bestimmt eine Menge Zeit miteinander verbracht, wegen deiner ermordeten Lehrerin?«

War Capaldi 1997 an den Ermittlungen zum Mord an ihrer Mutter beteiligt gewesen? War es das? Dann fiel ihr ihre letzte Begegnung mit ihm wieder ein, die Art und Weise, wie er sie so vertraut »Kath« genannt hatte.

»*Sie* waren der Freund.« Die Worte waren heraus, bevor sie darüber nachdenken konnte, ob es klug war, ihn so festzunageln. Sofort scannte ihr Gehirn die nähere Umgebung: Am Montag fuhr Desmond immer zu seiner Mutter nach Haringey, was bedeutete, dass das ganze Stockwerk bis auf sie und ihren Besucher leer war.

»Ja und nein.«

Ein merkwürdiges Gefühl überkam Cassie. Es war, als sei ihr ganzes Selbst an einem Scharnier aus ihrem Körper herausgeklappt, hinge über ihr und sähe die Szene quasi von oben. Völlig leidenschaftslos fragte sie sich, ob es das wohl war, was die Leute als außerkörperliches Erlebnis bezeichneten. Dieses Auskoppeln betäubte die Furcht, die sie sonst vielleicht empfunden hätte, so ganz allein mit dem Mann, der wahrscheinlich ihre Mutter getötet hatte.

»Das waren Sie, den ich bei Woolworth mit ihr habe streiten sehen, stimmt's?«

»Ich war überrascht, als du gesagt hast, du würdest dich daran erinnern. Da waren Kath und ich gar nicht mehr zusammen, schon seit Jahren nicht mehr, allerdings gebe ich zu, ich habe versucht, sie dazu zu überreden, dass sie sich's noch mal überlegt. Nicht dass ich da irgendwas erreicht hätte.«

Cassies Gehirn arbeitete auf Hochtouren. »Das verstehe ich nicht. Sie waren mit ihr zusammen, *bevor* sie Callum kennengelernt hat? Wie ist denn ein Mädchen wie Kath an einen Bullen geraten?«

»Ich bin nicht als Bulle zur Welt gekommen, weißt du?« Jetzt meldete sich sein altes Grinsen zurück.

Er kam zum Tisch herüber und nahm erneut ihr gegenüber Platz. »Ich habe Kath mit siebenundzwanzig kennengelernt, fünf Jahre, bevor ich zur Polizei gegangen bin. Nach meinem Psychologiestudium bin ich die nächsten paar Jahre … so in der Gegend rumgezogen. Mein Vater hatte eine Baufirma, und ich habe ab und zu für ihn gearbeitet, aber ich war nicht gerade ein zuverlässiger Angestellter, und wir haben uns zerstritten.« Er machte ein wehmütiges Gesicht. »Ich bin in ein besetztes Haus in der Nähe der Camden Road gezogen und hab mir meinen Lebensunterhalt mehr schlecht als recht als Straßenmusiker verdient, mit der Gitarre vor der U-Bahn. Damals bin ich dann bei der Anti-Straßenbau-Kampagne gelandet.«

»Sie waren beim Oakwood Common?« *Klick*. Es war wie

auf dem alten Polaroid-Foto, das sie einmal gesehen hatte; ein undeutlicher Umriss tauchte ganz allmählich aus dem Grau auf.

Er lachte leise über das Gesicht, das sie machte. »Ist jetzt wahrscheinlich schwer, sich mich mit langen Haaren und völlig auf Kurt Cobain fixiert vorzustellen. Gleich nachdem ich in Oakwood angekommen bin, hat Kath mich überredet, ihr dabei zu helfen, ein Benefizkonzert auf die Beine zu stellen, und wir haben uns total ineinander verknallt. Und falls du dich fragst, ich entschuldige mich nicht für das, was wir da unten getan haben – die Politiker haben die Landschaft zerstört, um Straßen zu bauen. Tun sie immer noch.«

Also war Capaldi der Freund gewesen, den Kath vor Callum in Oakwood gehabt hatte. Der, von dem Callum gesprochen hatte. Den er einen Drecksack genannt hatte.

»Jedenfalls, leider muss ich gestehen, dass ich die Sache mit Kath versaut habe.« Düster starrte er auf die Tischplatte. »Blöderweise habe ich was mit einem von den anderen Mädchen angefangen. Hat nicht lange gehalten, ich bin nämlich nie wirklich über Kath hinweggekommen.«

»Und wie haben Sie sie dann nach all den Jahren wiedergetroffen?«

»Nach Oakwood habe ich ein paar Jahre auf Bauernhöfen im West Country gearbeitet – Obstpflücken und so –, bin aber schließlich doch nach Camden zurück. Und war immer noch in Kath verknallt. Eines Tages habe ich auf dem Stables Market Gitarre gespielt, und da habe ich sie gesehen.« Er starrte über Cassies Schulter hinweg, als ließe er den Moment noch einmal vor seinem inneren Auge ablaufen. »Wenn überhaupt, war sie noch schöner als früher, und sie hatte dich im Schlepptau – eine Mini-Kath mit dunklem Haar und Stupsnase. Ich war sofort wieder hin und weg und hab versucht, die Beziehung wiederzubeleben. Habe rausgefunden, wo sie wohnt, und bin ihr gefolgt, wenn sie ausgegangen ist.«

»Mit anderen Worten, Sie haben sie gestalkt.«

Den Bruchteil einer Sekunde lang verhärteten sich seine Züge. »Du nennst es Stalking, ich nenne es romantisch. Ich war verrückt nach ihr. Ein- oder zweimal war sie bereit, einen Kaffee mit mir zu trinken, und es war ganz klar, dass sie todunglücklich war, so zu Hause eingesperrt, während Callum die ganze Zeit irgendwelche Gigs gespielt hat.«

Cassie war so wütend, dass sie ihm am liebsten eine geknallt hätte. »Sie war verheiratet und hatte ein Kind! Mein Dad hätte Ihnen die Fresse polieren sollen. Sie waren glücklich miteinander, und dann … dann tauchen Sie auf und machen sie kirre, und sie versinkt in einer Depressionsspirale.«

Er schüttelte abfällig den Kopf. »Kath hatte immer schon ihre Hochs und Tiefs.« Mit gefurchter Stirn legte er beide Hände auf den Tisch. Wohlgeformt, aber groß. Hände, in denen sie sich ohne Weiteres einen Ziegelstein vorstellen konnte.

Ihre harte Schutzschicht hatte sich aufgelöst. Jetzt war sie nur noch eine Frau, die bei Einbruch der Nacht in einer Wohnung allein war, und keine Menschenseele in Hörweite. Allein mit einem über eins achtzig großen Mann, der ihre Mutter gestalkt und sie höchstwahrscheinlich ermordet hatte.

»Es wird dunkel«, sagte sie und stand auf. »Ich mach mal schnell Licht an.« Doch als sie die Tür erreichte, sauste sie los, zur Wohnungstür. Drehte den Riegel. Nichts geschah. *Scheiße, was war denn jetzt los?* Rüttelte völlig bescheuert daran. Nichts.

Sie fuhr herum und sah Capaldi hinter sich, sein Umriss blockierte das Licht. »Ich habe abgeschlossen.« Mit dem Kinn deutete er auf das neue Schloss, das sie nach dem Einbruch hatte einbauen lassen. »Freut mich zu sehen, dass du sicherheitstechnisch aufgerüstet hast.«

O Gott. Capaldi war der Einbrecher gewesen. Deswegen war Macavity abgehauen, sobald er ihn gesehen hatte.

Sie schlug mit den Fäusten zu, trat nach ihm, versuchte, ihn irgendwo zu treffen, wo es weh genug tat, damit es ihr Zeit verschaffen könnte, um die Tür aufzuschließen und zu türmen. Doch er bekam mit Leichtigkeit ihre beiden Handgelenke zu fassen und drückte sie mit dem Oberkörper gegen die Tür. Er war einfach zu stark.

»Sie waren es«, zischte sie. »Sie haben sie ermordet!«

»Schsch. Cassie, Cassie.« Seine Lippen waren so dicht an ihrem Ohr, dass sie die Feuchtigkeit in seinem Atem spüren konnte. »Ich hab sie nicht ermordet. Ich hätte doch niemals die Mutter meines eigenen Kindes umgebracht.«

40. KAPITEL

Schlagartig verging Cassie jegliche Gegenwehr, und sie kam freiwillig mit zurück in die Küche. Sie hing an dem Haken seiner Behauptung fest und wünschte sich doch verzweifelt, dass es nicht stimmte.

»Sie lügen.« Sie reckte das Kinn empor und weigerte sich, sich hinzusetzen.

Er schüttelte den Kopf. »Es ist wahr, Cassie. Ich bin dein Dad.«

»Beweisen Sie's.«

Sie würde dafür sorgen, dass er weiterredete und dabei auf Desmonds Rückkehr lauschen; er müsste bald nach Hause kommen. Wenn sie seinen Schlüssel nebenan im Türschloss hörte, würde sie aus vollen Hals losschreien. Geräusche drangen leicht durch die dünnen Wände.

»In dem Moment, als ich dich mit Kath gesehen habe – beim allerersten Mal –, da wusste ich es einfach. Du hast genauso ausgesehen wie meine jüngere Schwester, als sie klein war – mit den dunklen Haaren von meinem italienischen Dad.« Er suchte ihren Blick. »Und meinen blauen Augen.«

»Das ist alles? Mein Vater hat auch dunkles Haar und blaue Augen.«

»Und die Daten haben auch gestimmt. Nachdem ich dich mit Kath gesehen habe, bin ich als Allererstes ins Standesamt von Camden geflitzt und habe dein Geburtsdatum überprüft. Neun Monate vor deiner Geburt waren Kath und ich noch zusammen.«

Jedes Atom ihres Seins wehrte sich gegen diese Vorstellung. »Na und? Ich bin ein paar Wochen zu früh gekommen;

ich weiß noch, das hat mein Dad mir gesagt.« Ihr Gehirn scrollte durch alle ihre Begegnungen mit Capaldi. Diese intensiven Vibes, die sie von ihm gespürt und aus denen sie geschlossen hatte, dass er scharf auf sie war? Jetzt wurde ihr klar, dass es das Gebaren eines Mannes gewesen war, der dachte, er würde wieder mit seinem seit lange verschollenen Kind vereint.

Capaldi glaubte das jedenfalls mit Sicherheit: Sein selbstzufriedenes kleines Lächeln schien anzudeuten, dass seine Vaterschaft eine unumstößliche Tatsache war. War der einfach nur total durchgeknallt?

Dann klickte es.

»Sie haben meinen Becher geklaut.«

»Ich sage doch, du bist klug.« Er sah ihr unverwandt in die Augen, und sie musste zugeben, dass seine Iriden eine unheimliche Ähnlichkeit mit denen hatten, die ihr jeden Morgen aus dem Spiegel entgegenblickten.

Er tippte auf seinem Handy, ehe er es ihr über den Tisch hinweg hinschob. Auf dem Display war ein Dokument geöffnet. Ein Laborbefund. In der linken Spalte eine Abfolge aus Ziffern und Buchstaben, die, wie sie erkannte, für jede einzelne Region getesteter Chromosomen standen. Drei Spalten. *Allelgrößen, DNA des Kindes, DNA des Vaters.* Widerstrebend scrollte sie nach unten ans Ende des Dokuments.

Vaterschaftswahrscheinlichkeit: 99,999998 %

Todsicher.

Cassie sackte in sich zusammen. Sosehr sie auch versucht war, das Resultat zurückzuweisen, wusste sie doch, dass selbst eine winzige Speichelmenge von einem benutzten Becher genug DNA für einen zuverlässigen Abgleich enthielt.

Sanft nahm Capaldi ihr das Telefon aus der Hand. »Hör zu, es tut mir wirklich leid, dass ich das alles tun musste, um eine Probe zu kriegen, aber ich habe einfach keine andere

Möglichkeit gesehen. Das hat all die Jahre an mir genagt, dieses Nicht-Wissen.«

Du hättest zu mir kommen und mit mir reden können.

»Bist du okay? Mir ist klar, was das für ein Schock sein muss.« Er gab sich Mühe, ein angemessen ernstes Gesicht zu machen, doch er konnte seine Freude nicht verbergen.

Sie nickte nur; in ihrem Kopf schwirrte es. Es passte ja alles zusammen. Als ihre Mutter sich mit Callum zusammengetan hatte, war sie bereits von ihrem vorigen Freund schwanger gewesen und hatte die paar Wochen Diskrepanz einfach als eine etwas verfrühte Geburt erklärt, als Cassie zur Welt gekommen war.

Nach Capaldis Offenbarung fühlte sie sich nicht sicherer. Der Kerl hatte nicht nur ihre mental angeschlagene Mutter gestalkt und bedrängt und ihr blaue Flecken an den Armen verpasst, er hatte sich auch nichts weiter dabei gedacht, in Cassies Wohnung einzubrechen. Und durch die Tatsache, dass er ihr leiblicher Vater war, hatte er doch nur ein noch stärkeres Motiv, ihre Mutter zu ermorden, nachdem sie ihn hatte abblitzen lassen.

Bleib cool und spiel mit.

»Und warum hast du dann so lange gewartet? Ich meine, als Mum tot war und Callum in den Knast gegangen war, warum hast du da die Vaterschaft nicht anerkennen lassen?«

»Nachdem Kath umgekommen war, habe ich lange unter Schock gestanden. In meiner Vorstellung von der Zukunft waren wir immer alle drei zusammen. Ich habe beschlossen, dir nicht noch einen Sorgerechtsstreit zuzumuten, nachdem du beide Eltern verloren hattest – das war undenkbar. Ich musste akzeptieren, dass deine Großmutter deine beste Hoffnung auf ein sicheres Heranwachsen war.«

Ein Aufwallen der Wut. »Aber mir diesen Scheiß jetzt um die Ohren zu hauen, das ist nicht undenkbar?«

Er legte den Kopf schief, als wolle er sich entschuldigen. »Vor Kurzem ist meine Scheidung endlich durchgegangen. Wir haben keine Kinder; vor Jahren haben wir diese ganze künstliche Befruchtungs-Nummer durchgezogen, aber es hat nicht geklappt. Wahrscheinlich ist mir da allmählich der Gedanke gekommen, dass ich ja schon eine Tochter habe. Und als ich dann rausgefunden habe, dass du im Fall deiner Mutter recherchierst, das hat sich angefühlt wie ein Aufruf, zu handeln.«

»Und du glaubst also, mein … Callum hat meine Mutter umgebracht?«

Mit schmalen Augen blickte er ins Leere. »Das habe ich jedenfalls damals geglaubt. Weißt du, als es passiert war, bin ich zur Polizei gegangen, weil ich sie doch erst ein paar Tage vorher gesehen hatte. Aber mehrere Leute konnten bezeugen, dass ich zur fraglichen Zeit nicht in London war, also haben sie mich als Verdächtigen ausgeschlossen.« Er lächelte betrübt. »Weißt du was? Ich schulde Kath meine Karriere.«

»Wieso?«

»Es war der Mord an ihr, der mich dazu inspiriert hat, zur Polizei zu gehen, Detective zu werden. Wenn ich mir den Fall jetzt so anschaue, dann kann ich sehen, dass die Anklage gegen Callum nicht gerade ein Selbstläufer war. Hör zu, wenn der Falsche für den Mord an Kath eingebuchtet worden ist, dann ist das natürlich schrecklich.« Er zuckte die Achseln. »Aber die Zeit, die er abgesessen hat, kann ihm doch niemand zurückgeben.«

»Du hast gar keine Nachforschung über Polizeikorruption in Camden angestellt oder darüber, wie Hobbs und Neville mit dem Fall umgegangen sind, stimmt's?«

»Ich fürchte nein.« Ein entschuldigendes Lächeln.

Also waren die »Ermittlungen« gegen das CID von Camden bloß eine Coverstory gewesen, erfunden, damit Capaldi

Phyllida Flyte fragen konnte, warum sie den Fall Kath Raven aufgerufen hatte. Aber warum hatte er da überhaupt eine digitale Meldefunktion eingerichtet? Weil er irgendetwas zu befürchten hatte, falls der Fall neu aufgerollt wurde?

»Jedenfalls«, sagte er, »Callums Unschuld nachzuweisen ist doch jetzt nicht mehr dein Problem, oder?«

In diesem Moment hörte sie ein leises Geräusch draußen auf dem Gang und dann das Klappern von Desmonds Schlüssel im Schloss seiner Wohnungstür.

»Das ist mein Nachbar. Wenn du nicht willst, dass ich nach ihm schreie, dann würde ich vorschlagen, du gehst. Es könnte ein bisschen schwierig werden, deinen Bossen zu erklären, warum du hier bist.«

Er blinzelte, als sei er überrascht, dass sie ihn hinauswarf.

Unverschämtes Arschloch!

An der Tür hielt er inne und sah sie hoffnungsvoll an. »Ich weiß, es ist ein Schock, aber ich hoffe, wenn du Gelegenheit gehabt hast, das alles zu verarbeiten, können wir ganz neu anfangen.«

»Hör zu. Wenn du mich kontaktierst oder noch einmal versuchst, an mich ranzukommen, hänge ich's an die ganz große Glocke, dass du hier eingebrochen bist. Ist das klar, *Daddy?*«

41. KAPITEL

Cassie kam sich vor wie die Lachnummer in einem gigantischen Witz der Weltgeschichte. Mehr als zwanzig Jahre lang hatte sie gedacht, sie wäre Waise, bevor sie unverhofft wieder einen Vater bekommen hatte – wenn auch einen, der ihre Mutter umgebracht hatte. Dann, als sie gerade anfing, ernsthaft an seiner Schuld zu zweifeln, tauchte ein neuer Anwärter auf die Vaterschaft auf ... und die Kirsche auf dem Scheiß-Sahnehäubchen war, der Kerl war auch noch ein Bulle.

Sie beschloss, dass sie sich mit alldem neben Kierans Tod jetzt nicht auch noch befassen konnte. Neben dem *Mord* an Kieran. Ganz tief im Bauch wusste sie, dass es genau das war und dass es mit ihren Nachforschungen über den Tod ihrer Mutter zu tun haben musste.

Zuerst einmal musste sie Flyte überreden, Hobbs wegen des verschwundenen Abstrichresultats an die Wand zu nageln. Sie machte sich keine Sorgen mehr darum, dass Capaldi Flyte ans Messer liefern könnte. Die Londoner Polizei würde absolut nicht erbaut darüber sein, dass einer ihrer Officers eine junge Frau stalkte, leibliche Tochter hin oder her. Wenn er Flyte verpfiff, konnte er seine Karriere in die Tonne treten.

Am nächsten Morgen wählte Cassie Flytes Nummer und fühlte sich plötzlich sehr sicher, als sie ihre vornehm akzentuierte Stimme hörte. Nachdem sie sich die Kurzversion dessen angehört hatte, was geschehen war, blaffte Flyte: »Wir treffen uns in fünfundzwanzig Minuten im Café«, ehe sie auflegte.

Fünfundzwanzig Minuten.

Unwillkürlich musste Cassie lächeln. Diese Präzision war so typisch für Flyte. Nicht »in ungefähr zwanzig Minuten« oder »in einer halben Stunde«.

Als Flyte im Café eintraf, reichte sie Cassie eine Einkaufstasche. »Das hier war in Kierans Spind im Wohnheim. Da ist auch eine alte Schallplatte dabei; ich habe Ihren Vater auf dem Cover erkannt. Und ein paar Kopien, sieht aus wie Newsletter über Bands aus Camden. Nichts davon hat Beweiswert, und da er keine nächsten Angehörigen hatte, dachte ich, Sie möchten das vielleicht haben.« Ihr Tonfall war sachlich, doch der Blick, mit dem sie Cassie musterte, war sanft und besorgt. »Wie kommen Sie mit alldem zurecht?«

Cassie schüttelte nur ungeduldig den Kopf. »Hören Sie, wir müssen in die Hufe kommen. Sie *müssen* sich Hobbs vorknöpfen. Capaldi kann Ihnen nichts mehr anhaben, nicht nach dem, was er getan hat … Sie denken doch nicht etwa, dass ich mir das aus den Fingern gesogen habe, oder?«

Mit zusammengekniffenen Augen nippte Flyte an ihrem Tee. »Nein, ich glaube Ihnen. Im Rückblick war es ein bisschen … mysteriös, wie er mich angesprochen hat, und die Typen von der Dienstaufsicht sind normalerweise *sehr* direkt. Ganz offensichtlich hat er mich nur benutzt, um sich Infos über Ihr Interesse am Fall Ihrer Mutter zu beschaffen.« Sie schüttelte den Kopf. »Dass er bei Ihnen einbricht und einen DNA-Test macht, also, für einen Polizeibeamten ist das wirklich ein erstaunliches Verhalten. Ich könnte mit meinem Vorgesetzten sprechen und fragen, wie wir weiter damit verfahren sollen?«

»Nein, tun Sie das bloß nicht. Jedenfalls jetzt noch nicht.« Das Letzte, was Cassie wollte, war, dass Flyte in irgendwelche zeitaufwändigen internen Eiertänze hineingezogen wurde; sie hatte andere Pläne für sie.

»Ich richte mich nach Ihren Wünschen als Beschwerdeführerin«, antwortete Flyte. »Der Einbruch beweist nicht, dass er Ihre Mutter umgebracht hat, nur dass er unbedingt den Vaterschaftsnachweis wollte.«

Cassie gab ein skeptisches Geräusch von sich. »Also, ich glaube immer noch, dass er mich über irgendwas anlügt, ich weiß nur nicht genau, über was. Er behauptet, er hätte sich bei der Polizei gemeldet und denen ein Alibi für die Tatzeit gegeben, das sich hat nachweisen lassen. Wieso fragen Sie Hobbs nicht mal nach ihm?«

»Hören Sie, Cassie, ich habe immer noch keinen Anlass, Hobbs Fragen zu stellen – zumindest habe ich keine vertretbare Rechtfertigung dafür, falls mein Boss davon erfahren sollte.«

»Hobbs deckt jemanden!«, brach es aus Cassie heraus. »Vielleicht Capaldi, vielleicht jemand anderen. Und Kieran ist umgebracht worden, während er Nachforschungen zum Mord an meiner Mutter angestellt hat. Wie können Sie ihn da nicht vernehmen wollen?«

»Ich will ja, ich brauche nur etwas, das auch nur in etwa einem Grund nahekommt.«

»Dafür haben wir jetzt keine Zeit«, entgegnete Cassie. »Wenn Sie nicht mit ihm reden, tue ich es.«

Flyte fiel im wahrsten Sinne des Wortes die Kinnlade herunter. »Was, und kompromittieren damit einen möglichen Ermittlungsansatz?«

»Lieber das riskieren als auf unseren Hintern sitzen, während Hobbs seine Spuren verwischt!«

Ihr Tonfall war während dieses Wortwechsels immer hitziger geworden. Jetzt saßen sie schweigend da und starrten einander an.

»Das wäre doch bloß ein Schuss ins Blaue«, grollte Flyte. Doch Cassie merkte, dass sie nachgegeben hatte. Sie würde es tun.

Dann holte Flyte ein paar Blätter Papier aus ihrer Handtasche und reichte sie Cassie. Sie wirkte seltsam gehemmt. Es war eindeutig ein Arztbericht; ganz oben stand HAMPSHIRE NHS TRUST.

»Ich habe da zufällig etwas, wobei ich gern Ihre Hilfe hätte.« Als Cassie ihr in die Augen blickte, war sie verblüfft über das, was sie dort sah. Verletzlichkeit gehörte normalerweise nicht zu Phyllida Flytes Repertoire.

FLYTE

Es war nicht das erste Mal, dass Flyte sich für Cassie Raven aus dem Fenster gelehnt hatte, und sie hatte das deutliche Gefühl, dass es nicht das letzte Mal sein würde.

Doch ungeachtet dessen ging ihr der Fall Kath Raven unter die Haut, und man konnte nicht leugnen, dass einige von Cassies »Intuitionen« sich schon früher als richtig erwiesen hatten. Ein bisschen unheimlich war die junge Frau ja schon – wie sie winzige Details bemerkte, die andere übersahen. Und in einem hatte sie absolut recht: DCI Capaldis Verhalten bedeutete, dass er Flytes Karriere nicht mehr gefährlich werden konnte.

Nachdem Capaldis Sekretärin sie durchgestellt hatte, verschwendete Flyte keine Zeit mit Nettigkeiten oder höflichem Small talk, sondern ging sofort in medias res.

»Ich habe gehört, Sie haben einer jungen Frau inoffizielle Hausbesuche abgestattet, die nichts mit irgendwelchen Polizeiangelegenheiten zu tun hatten.« Das war eine bessere Angriffstaktik als der Einbruch, der zudem noch schwerer zu beweisen sein würde.

Capaldi brachte ein wenig überzeugendes Glucksen zustande. »Immer schön vorsichtig, Sergeant. Vergessen Sie nicht, wer hier den höheren Rang hat.«

»Oh, ganz bestimmt nicht, *Sir.* Allerdings hat man mir gesagt, je höher der Rang, desto schwerer die Strafe für Verstöße gegen den Polizeikodex.«

»Ist Beschwerde eingereicht worden?«

»Ich hoffe, das können wir vermeiden«, erwiderte sie, ganz liebreizende Vernunft.

»Was kann ich für Sie tun, Sergeant Flyte?« Seine Stimme war so kalt und hart wie gefrorenes Eisen.

»Ich habe vor, Gerry Hobbs in Bezug auf den Fall Katherine Raven zu vernehmen, da ich Grund zu der Annahme habe, dass zwischen diesem Fall und einer laufenden Ermittlung eine Verbindung besteht.« Bei den letzten Worten kreuzte sie die Finger, wie sie es in der Schule immer gemacht hatte. Tatsächlich hatte sie rein gar nichts, was den Tod von Kieran Byrne mit dem von Kath Raven verknüpft hätte. »Und außerdem habe ich vor, ihm zu sagen, dass ich dabei für die Dienstaufsicht tätig bin.« Wenn Hobbs argwöhnte, dass sie in eigener Sache handelte, könnte er bei ihrem Vorgesetzten Wind machen, doch wenn er dachte, dass die Dienstaufsicht sein früheres Verhalten untersuchte, würde der einzige Mensch, an den er sich zu wenden wagte, sein Anwalt sein. Vor allem wenn er etwas zu verbergen hatte.

Diesmal schwang ein Hauch von Bewunderung in Capaldis Lachen mit, fast so, als machte ihm die Trickserei Spaß. Sie hatte größte Lust, zu sagen: *Noch bist du nicht aus dem Schneider, Freundchen.*

»Na schön, Sergeant Flyte. Sie können sagen, dass Sie unter meiner Ägide arbeiten. Ich wimmele alle Anrufe von Hobbs oder seinen Vertretern ab. Nur nehmen Sie ihn nicht allzu hart in die Mangel, in Ordnung?«

Jetzt saß sie in ihrem Auto auf dem Besucherparkplatz der Wohltätigkeitsorganisation, bei der Hobbs arbeitete, mit einem unscharfen alten Foto von ihm aus dem *Camden Journal* auf ihrem Handy und einem Auge auf dem Eingang. Sie war zu dem Schluss gekommen, dass ein Überraschungsangriff nach Dienstschluss das Vielversprechendste war. Nach nicht ganz einer Stunde, um 17 Uhr 05, wurde ihre Geduld belohnt. Keine Überstunden für Gerry Hobbs.

Sie folgte ihm zu seinem Auto, einem blitzblanken BMW

mit neuem Nummernschild. Als sie bei ihm ankam, saß er bereits auf dem Fahrersitz, doch auf ihre Geste hin ließ er das Fenster hinunter.

»Gerald Hobbs?«

»Wer will das wissen?«

Als sie das Zauberwort »Dienstaufsicht« aussprach, wurden seine Augen wunderbar groß, doch er fing sich rasch wieder.

»Wenn ich vernommen werden soll, will ich einen Vertreter der Berufsgenossenschaft der Polizei dabeihaben.«

»Hören Sie, Gerry. Wir können das Ganze mit jeder Menge Anwälten durchziehen, mit einer kompletten Anhörung, das volle Programm …«, erwiderte sie. »Aber eigentlich bin ich nur auf einen kleinen Schwatz aus, ganz inoffiziell.«

Als sie auf dem Beifahrersitz saß, wanderte ihr Blick wohlwollend über die weichen Lederpolster und das Armaturenbrett, das auch im Cockpit eines Passagierjets durchaus passend gewirkt hätte. »Schickes Auto, Gerry. Das ist einer der Vorteile dieses Jobs, nicht wahr? Eine nette Pension?«

»Um was geht's hier überhaupt?« Von nahem konnte sie sehen, dass sein normalerweise gerötetes Gesicht blass geworden war und vor Schweiß glänzte.

»Nur eine Diskrepanz, die ich aufklären muss. Wir haben eine Beschwerde bekommen, wegen der Handhabung eines alten Mordfalls.« So gesehen stimmte das ja auch. Sie zog eine Kopie des Autopsieberichts hervor und reichte ihm die beiden relevanten Seiten, auf denen eine Zeile mit Leuchtstift markiert war. »Hier ist mein Problem, Gerry. Wie Sie sehen, hier … der Pathologe dokumentiert einen Vaginalabstrich von dem Opfer Katherine Raven, aber wenn Sie hier schauen … da, in der Liste der Laborergebnisse, da fehlt der Befund des Abstrichs. Verstehen Sie das Problem?«

»Da weiß ich nichts drüber«, beteuerte er. »Das ist doch

ewig her.« Doch beim Sprechen löste sich ein Schweißtropfen und rollte seine Stirn hinunter – ein Anblick, bei dem Flytes kaltes Herz zu singen begann.

»Hören Sie, Gerry, Sie waren der Ermittlungsleiter und für die Beweisaufnahme verantwortlich. Sie werden das ausbaden müssen. Und ich brauche Ihnen ja nicht zu sagen, dass das eine sehr ernste Sache ist.« Eine Pause, damit er nachdenken konnte. »Aber ich werfe Ihnen hier einen Rettungsring zu. Sagen Sie mir die Wahrheit, bevor das Ganze richtig hässlich wird. Was ist mit diesem Abstrich passiert?«

42. KAPITEL

Nachdem sie wieder zu Hause war, dauerte es lange, bis Cassie es über sich brachte, die Tasche mit dem Zeug aus Kierans Spind zu öffnen. Schließlich zwang sie sich, alles auf den Küchentisch zu kippen. Als sie die Fanzines sah und von Neuem daran erinnert wurde, was Kieran alles für sie getan hatte, fühlte es sich an, als fasste eine Hand von unten in ihren Brustkorb und zerrte an ihrem Herzen.

Sie nahm die Schallplatte zur Hand. »Poitín« stand in keltischen Lettern auf dem Cover über dem Foto der drei Bandmitglieder unten am Kanal. Ihr wurde kalt, als ihr klar wurde, dass sich die Stelle, wo Kieran gefunden worden war, nur ein paar Meter hinter den dreien befand. Barney schaute von der Kamera weg und rauchte eine Zigarette, machte voll auf cool. Maria wirkte zierlich und geheimnisvoll, in ihrem tief ausgeschnittenen schwarzen Kleid und dem stacheligen schwarzen Halsband, das ihren langen weißen Hals betonte. Callum war der Einzige, der lächelte.

Halbherzig blätterte sie das halbe Dutzend Fotokopien des Fanzines *Camden Sounds* durch. Kieran hätte es ihr doch bestimmt erzählt, wenn er irgendetwas von Interesse gefunden hätte. Die Titelseite der Septemberausgabe widmete sich der Nachricht von Poitíns Plattenvertrag, allerdings schlug es einen sehr viel bissigeren Ton an als der NME-Artikel und berichtete, dass Poitíns *durchgeknallte Fans auf die Barrikaden gehen, weil die Kultband sich selbst untreu wird. Was kommt als Nächstes?* Top of the Pops?

Die nächste Erwähnung der Band hätte sie leicht übersehen können. Es stand in der Oktoberausgabe, in einem kurzen Artikel auf der letzten Seite, in der Spalte »In letzter Sekunde«, eindeutig kurz vor der Herausgabe in aller Eile eingefügt.

Unter der Überschrift »Fender oder Farmer?« lautete er: »Wir hören da ein Raunen, dass Poitíns Gitarrist Callum Raven seine Fender Jazzmaster gegen eine Hacke eintauschen und mit seiner Familie nach Irland gehen will, um es mit dem Landleben zu versuchen.« Der Text ging weiter: »Wenn dem so ist, würde das der Band den Übergang in den Mainstream vermasseln, das geniale Projekt von Poitíns Manager Barney Cotter.«

Callum und Kath wollten Bauern werden? War der Plattenvertrag gescheitert, kurz bevor sie umgekommen war? Hatte Callum kalte Füße bekommen, oder hatte Kath im allerletzten Moment ein Machtwort gesprochen, weil die Vorstellung, dass er auf Tournee gehen und ständig weg sein würde, ihr Angst gemacht hatte? Cassie fiel wieder ein, dass Kieran damals beim Frühstück in dem Imbiss genau dieses Szenario als Mordmotiv vorgeschlagen hatte.

Sie wählte Callums Nummer. Als sie die Freude in seiner Stimme hörte, verspürte sie einen Stich des Mitleids – und des schlechten Gewissens. Es fühlte sich verkehrt an, dass nur sie wusste, was Capaldi enthüllt hatte. Doch sie konnte es ihm nicht sagen, konnte im Augenblick nicht einmal an das Thema Vaterschaft denken.

»Nur eine ganz kurze Frage: War Mum gegen den Plattenvertrag, den Barney ausgehandelt hatte?«

Ein Hustenanfall, dann sagte er: »Na ja, Schatz, toll fand sie's nicht gerade. Da wären wir viel auf Tournee gewesen, und sie fand die Vorstellung zum Kotzen, dass sie dann allein zu Hause gesessen hätte.«

Cassie zermarterte sich das Hirn. Was hatte Maria noch mal gesagt? Dass sie alle vier Champagner getrunken hätten, um die Neuigkeit zu feiern? »Aber ich habe den Eindruck bekommen, dass sie sich dann doch dafür erwärmt hat? Dass sie vielleicht mit auf Tournee gegangen wäre und mich auch mitgenommen hätte?«

»Du warst gerade erst in die Vorschule gekommen, deshalb haben wir beschlossen, dass es eigentlich keine Option war, dich da wochenlang immer wieder rauszunehmen.«

»Und ... habt ihr das an dem Abend in dem Pub diskutiert?«

»Nicht so richtig. Aber nachdem wir den Riesenkrach gehabt hatten, ist mir etwas klar geworden. Ich konnt's Kath ja eigentlich nicht verdenken, wenn sie *wirklich* was mit einem anderen gehabt hätte, wo ich doch abends meistens auf irgendeinem Gig war. Plötzlich war mir alles klar. Die Lösung für uns – eine Möglichkeit, sie wieder glücklich zu machen – war ganz einfach. Wir drei mussten wegziehen.«

Sie konnte das Echo seiner zwei Jahrzehnte alten freudigen Erregung hören, als er diese Idee noch einmal durchlebte.

»Mein Onkel hatte ein ungenutztes Stück Ackerland in Irland, mit 'ner alten Scheune drauf. Kath hatte immer diesen Traum, dass wir alle drei auf einem kleinen Bauernhof leben ... du weißt schon, ein paar Hühner halten, Obst und Gemüse und Kräuter ziehen, für den Markt. Wir hätten ganz neu anfangen können.«

»Warum hast du bisher nichts davon gesagt?«

»Nachdem deine Mum umgekommen war ... die Band, der Plattenvertrag, das war alles nur noch total bescheuertes Beiwerk. Ich bin nie dazu gekommen, ihr davon zu erzählen.«

In Cassies Kopf drehte sich alles. Wie hatte Callums Geistesblitz den Weg in ein Fanzine gefunden? »Hast du irgendjemandem von diesem Plan erzählt?«

»Ähm, ja, ich bin auf dem Weg zu Barney noch auf ein Bier

in einen anderen Pub gegangen, und Pete war auch da. Dem hab ich davon erzählt.« *Fanzine-Pete*, der eindeutig keine Zeit verloren hatte, diesen Mini-Knüller noch schnell in seine nächste Ausgabe zu quetschen.

»Das hätte doch geheißen, dass aus dem Plattenvertrag nichts wird – und es wäre das Ende der Band gewesen?«

»Ja.« Callum seufzte. »Schau, natürlich hab ich mich scheiße gefühlt, weil ich Barney hängen lassen habe, nach all der Arbeit, die er sich gemacht hat, um uns nach vorn zu bringen. Ganz zu schweigen von all der Kohle, die er vorgeschossen hatte.«

»Deswegen bist du also zu Barney gegangen – um es ihm zu sagen.« Cassie hatte Mühe, zu verhindern, dass ihre Stimme zitterte. »Wie hat er's aufgenommen?«

Callum lachte trocken. »Wir haben uns ein bisschen angebrüllt und sind einmal auch fast aufeinander losgegangen. Aber als er sich beruhigt hatte, hat er's ganz gut weggesteckt. Er hat mich gebeten, mir einen Tag Zeit zu nehmen, um noch mal drüber nachzudenken, hat aber geschworen, dass er meine endgültige Entscheidung akzeptieren würde, so oder so.«

»Und dann bist du nach Hause gegangen und wolltest Mum von dem Plan erzählen.«

»Ja. Ich wusste, dass sie sich total freuen würde. Aber als ich nach Hause gekommen bin, war sie nicht da.« Er schwieg einen Moment lang. »Ich hab angenommen, dass sie immer noch sauer auf mich war und zu deiner Großmutter gegangen ist. Ich bin auf dem Sofa eingepennt und in der leeren Wohnung aufgewacht.« Er verstummte.

»War's nicht voll schlimm für dich, die Band aufzugeben – Geld, Ruhm und all das?«

Ein bitteres Auflachen. »Es gibt nur eins, was ich bereue, Catkin. Dass Kath nie erfahren hat, dass ich bereit war, das alles aufzugeben, damit es zwischen uns wieder stimmt. Und jetzt würde ich alles dafür geben, sie wiederzuhaben.« Er hielt kurz inne. »Alles außer meiner Tochter.«

Cassie musste sich auf die Lippe beißen, um den Aufruhr in ihrem Innern zu bändigen. Wie würde er reagieren, wenn er erfuhr, dass er gar nicht ihr Vater war? Nachdem sie versprochen hatte, sich bald wieder zu melden, beendete sie das Gespräch.

War Callums Plan, die Band zu verlassen, wodurch aus dem Plattendeal nichts geworden war, der Auslöser für den Mord an Kath gewesen? Wenn ja, wer hätte das stärkste Motiv gehabt, sie beseitigen zu wollen?

Ein Satz aus ihrem Latein-Einführungskurs fiel ihr wieder ein.

Cui bono?

Wem nützt es?

Darauf gab es eine ganz offensichtliche Antwort.

FLYTE

Hobbs tat Flyte beinahe leid. Nachdem er erst einmal angefangen hatte zu reden, musste sie ihn bitten, langsamer zu sprechen, damit sie ihn verstehen konnte.

»Tausendmal bin ich's im Kopf durchgegangen. Ich weiß noch, wie Dick Westmacott, das war der Pathologe, wie der die Abstriche gemacht und die Blutproben genommen hat und so weiter, und ich kann die Röhrchen noch sehen, da auf dem Tresen aufgereiht, damit ich die Etiketten draufklebe.« Mit dem Finger zog er eine Linie auf dem Armaturenbrett. »Ich weiß sogar noch, wie ich ihren Namen und ihr Geburtsdatum auf die Etiketten geschrieben habe und extra aufgepasst habe, dass ich Katherine auch mit K schreibe.«

»Und die Vaginalabstriche?«

»Ich weiß es einfach nicht mehr.« Sein Gesicht verzerrte sich vor Qual.

»Aber Sie haben die Proben etikettiert, nicht ein Labortechniker?«

»So wurde das damals gemacht: Das Etikettieren und der ganze Papierkram, das haben alles wir gemacht, sogar die Proben haben wir damals selbst ins Polizeilabor gebracht.« Er öffnete die Hände.

»Sie wollen also andeuten, dass Sie möglicherweise vergessen haben, diese speziellen Röhrchen zu beschriften? Und wenn sie ohne Identifikation im Kühlschrank des Labors gelandet wären, neben Dutzenden anderen, dann wären sie einfach nicht mit den anderen untersucht worden?«

Er nickte und sah todunglücklich aus. Flyte konnte keinerlei Arglist in seiner Miene entdecken. Sie selbst konnte sich nicht vorstellen, so einen schwerwiegenden Fehler zu machen, aber ihr war inzwischen auch klar geworden, dass vielen Polizisten ihre Detailgenauigkeit abging. Oder wie ihr Vorgesetzter es einmal ziemlich unhöflich genannt hatte, ihre »ein bisschen zwanghaften Tendenzen«.

»Die Sache ist die, ich hab damals enorm unter Druck gestanden.« Seine Stimme klang flehend. »Ich erinnere mich noch, einer von den anderen Sergeants hatte sich krankgemeldet, also musste ich ganz schnell zurück aufs Revier, um eine Zeugenaussage aufzunehmen.« Er öffnete und schloss die Hände. »Ich weiß, das ist keine Entschuldigung. Als ich die Laborergebnisse gekriegt habe und da nichts von dem Vaginalabstrich dabei war, habe ich im Labor angerufen, und die haben gesagt, in ihren Unterlagen stünde nichts davon, dass sie den Abstrich bekommen hätten.«

Flyte ließ eine Pause entstehen. »Also, angenommen, es stimmt, was Sie mir erzählt haben, dann haben Sie sich zu diesem Zeitpunkt zwar ein ernstes Versäumnis zuschulden kommen lassen, aber kein Amtsvergehen. Sie hätten die Verantwortung übernehmen und die Konsequenzen tragen können, aber stattdessen haben Sie beschlossen, das Ganze zu vertuschen.«

»Ich hab's ja versucht!«, platzte er heraus und beugte sich zu ihr hinüber. »Ich bin gleich zu Spud Neville gegangen, meinem DCI. Ich war bereit, mich in mein Schwert zu stürzen, jede Strafe zu akzeptieren, die ich dafür aufgebrummt gekriegt hätte, dass ich die Beweiskette versaut hatte. Ich habe damit gerechnet, dass sie mir den Fall entziehen.«

»Und er wollte Sie nicht verlieren.«

Ein Nicken. »Er hat gesagt, es wäre ›nobel‹ von mir, die Verantwortung übernehmen zu wollen. Da war die arme Kath schon begraben, es war also zu spät, noch einmal Abstriche zu machen, und es würde doch nichts bringen, eine

Karriere abzuwürgen, die er als ›vielversprechend‹ bezeichnet hat. Er würde sich darum kümmern, hat er gesagt.«

»Und wie?«

»Er hat nur gesagt, ›überlassen Sie's mir‹.« Hobbs schloss die Augen halb und legte einen Finger an die Nase; eindeutig eine Imitation von Neville. Dann zuckte er verlegen die Achseln. »Spud war ganz dicke mit Dick Westmacott – die haben zusammen Golf gespielt. Und als der Autopsiebericht gekommen ist, hatte er den fehlenden Abstrichbefund nicht angemerkt.«

Flyte gab sich Mühe, sich ihr Missfallen nicht anmerken zu lassen. Jedes Mal, wenn sie einen Kollegen über die ständig größer werdende Last der Regeln und Vorschriften jammern hörte, an die man sich halten musste, dachte sie an Typen wie Neville, diese Relikte aus den »guten alten Zeiten«, die das Vertrauen der Öffentlichkeit in die Polizei so schwer beschädigt hatten.

»Ich war dreißig und gerade erst Sergeant geworden«, sagte Hobbs. »Und außerdem war der Abstrich doch irrelevant – Westmacott hat immer einen genommen, auch wenn es wie in Kaths Fall keinerlei Anzeichen für eine Vergewaltigung gegeben hat. Und die Zeitungen waren damals voll mit Berichten über Korruption bei der Londoner Polizei. Wenn das bei dem Prozess rausgekommen wäre, hätten die Geschworenen denken können, da würde was vertuscht.«

»Vor allem, da der Fall von vornherein auf ziemlich wackeligen Füßen stand«, bemerkte Flyte.

»Was soll das heißen, auf wackeligen Füßen?«, fuhr er auf. »Ich sag's Ihnen, Callum Raven war ein ganz mieser Halunke. Ein paar Jahre vorher hatte er mit der IRA zu tun gehabt, er hat seine Frau verdroschen, und im Zeugenstand hat er zugegeben, dass er dachte, sie hätte eine Affäre. Und wir hatten einen verlässlichen Augenzeugen, der ihn zur passenden Zeit von dem Tunnel hat wegrennen sehen.«

»Aber der hatte ihn nach eigenen Angaben nur ganz flüchtig gesehen, stimmt's? Und die Turnbull-Richtlinien warnen davor, sich zu sehr auf die Zuverlässigkeit der Erinnerung von Augenzeugen zu verlassen.«

Ein störrisches Schulterzucken.

Flyte sah ihn unverwandt an. »Was hat Sie persönlich davon überzeugt, dass Raven schuldig war?«

»Das kann ich Ihnen sagen«, antwortete er eifrig. »Barney Cotter, Callums bester Freund. Der, der ihm sein sogenanntes Alibi verschafft hat. Spud und ich haben ihn vernommen, und als wir da rausgegangen sind, haben wir beide dasselbe gesagt: Er hatte irgendwas zu verbergen. Es war ganz eindeutig, dass er seinen Kumpel gedeckt hat.«

43. KAPITEL

Als Cassie bei Maria und Barney ankam, wurde es allmählich dunkel. Sie war auf Faktensuche und hatte nicht vor, Barney direkt zu beschuldigen – angesichts dessen, was Kieran erst vor zwei Tagen zugestoßen war, wäre das auch dumm, wenn nicht gar glatter Selbstmord.

Trotzdem war sie erleichtert, als nicht Barney ihr öffnete, sondern Maria – diesmal in dem Outfit, das sie im The Dublin Castle getragen hatte: wallendes Kleid, Stiefel und schwarzes Lederhalsband, diesmal mit Strasssteinen verziert. »Komm rein, komm rein«, sagte sie. »Entschuldige, dass ich so aufgedonnert bin – wir gehen nachher noch auf eine Party.«

Der Küchentisch war mit Flyern bedeckt, die Gigs ankündigten; außerdem lagen dort alte Zeitungsausschnitte. Cassie erhaschte einen kurzen Blick auf Barneys Gesicht und den Namen Poitín in keltischen Lettern in dem Wirrwarr. Sie hörte das *Ping* einer eingehenden SMS, sah DS Phyllida Flytes Namen auf dem Display auftauchen und versenkte das Handy in ihrer Jackentasche.

»Entschuldige das Durcheinander.« Maria schob alles auf einen Haufen zusammen. »Barney wird dieses Wochenende fünfzig, und ich dachte, ich mache ihm ein Album, mit den Gigs von früher und all seinen Interviews und so. Ist aber eine Heidenarbeit.«

»Er ist nicht da?«, erkundigte sich Cassie.

»Er ist bei einer Aufnahmesession, aber er kommt später nach Hause, wenn du mit ihm reden möchtest.«

»Nein, ist schon okay.« Jäh hielt Cassie inne, erleichtert, dass sie frei sprechen konnte, aber plötzlich auch nervös wegen der Fragen, die sie stellen musste. Ihr Blick huschte zu einer Tafel, die an der Wand hing. Irgendjemand hatte mit Kreide eine Einkaufsliste darauf geschrieben – *Eier, Spülmaschinentabs, Rucola* – und darunter war in einer anderen Handschrift die Nachricht gekritzelt *M – Ruf deine Mutter an!* Eindeutig von Barney.

Sie beschloss, den Sprung ins kalte Wasser zu wagen. »Da gibt's etwas, wovon du vielleicht weißt. Hat Barney dir je erzählt, dass Callum an dem Abend, an dem meine Mum gestorben ist, davon geredet hat, aus dem Plattenvertrag auszusteigen? Er hatte vor, mit uns nach Irland zu gehen und einen kleinen Bauernhof zu bewirtschaften.«

Maria runzelte die Stirn. »Irland? Das höre ich zum ersten Mal. Bist du sicher?«

»Callum hat's mir erzählt.«

»Du hast mit Callum gesprochen? Wie geht's ihm?« Ihre Züge wurden weicher.

»Ganz okay.«

Cassie merkte, wie ihr Blick immer wieder von Barneys Nachricht auf der Tafel angezogen wurde. Irgendetwas daran machte sie unruhig, doch sie wusste nicht, was.

Dann begriff sie. *Die Handschrift.* Dieser kleine Abwärtsschnörkel am Fuß des »a«. Den hatte sie schon einmal gesehen. An den drei »a« in »Cassandra« in den anonymen Begleitschreiben des Geldes zu ihrem Geburtstag, jedes Jahr, nachdem ihre Mutter ermordet worden war.

»Nach Kaths Tod war die Zukunft der Band bestimmt das Letzte, woran Barney gedacht hat – oder überhaupt einer von uns«, beteuerte Maria gerade. »Und nachdem Anklage gegen Callum erhoben worden war, gab's keine Band mehr.«

Cassie riss den Blick von Barneys schnörkeliger Handschrift los. »Ja, klar. Aber Barney wäre doch bestimmt echt enttäuscht gewesen, oder? Dass aus dem Deal nichts wird?«

»Sicher, das hätte ihn fertiggemacht. Er hat ja immer noch den Kredit abgezahlt, den er aufgenommen hatte, um die Platte zu produzieren.« Sie bedachte Cassie mit einem scharfen Blick. »Wieso fragst du?«

Cassie hob in einer »Nicht schießen«-Geste die Hände. »Ach, weißt du, ich versuche nur, die Leerstellen zu füllen.«

Maria blickte lange aus dem Fenster, schaute zu Barneys dunklem Büro im Garten hinüber. Als sie Cassie wieder ansah, waren ihre Augen trübe, als wäre eine längst versunkene Sorge oder Erinnerung wieder an die Oberfläche ihres Denkens gestiegen.

In Cassies Kopf rumorten ihre eigenen Ängste. Also hatte Barney ihr jedes Jahr diese Postanweisungen zum Geburtstag geschickt. Die einzig mögliche Interpretation war, dass es Blutgeld gewesen war, gezahlt, um einen Mord zu sühnen.

Maria schaute zur Uhr.

»Hör zu, er kommt bald wieder, und ich muss noch Fish and Chips zum Abendessen besorgen.« Sie erhob sich und griff nach ihrem Mantel. »Wenn du nichts dagegen hast, komm doch mit, wir können uns unterwegs weiter unterhalten. Wenn du magst, kannst du mit uns essen.«

Als sie draußen auf der Straße waren, schien Maria sich zu entspannen; sie sprach davon, wie sehr sich das Viertel verändert hätte, und verdrehte angesichts der zahllosen maßgefertigten Lamellen-Fensterläden ihrer Nachbarn genervt die Augen. »Jetzt wimmelt's hier von Investmentbankern.«

Hatte sie Angst gehabt, Barney könnte zurückkommen, während sie noch redeten? Gab es irgendetwas Belastendes, das sie Cassie erzählen wollte, ohne zu riskieren, dass er hereinplatzte? Und was war mit Kieran? Hatte Barney auch ihn umgebracht?

»Erinnerst du dich noch an den Typen, mit dem ich damals da war, als du im The Dublin Castle gesungen hast?«, erkundigte Cassie sich leichthin. »Kieran?«

»Ja, ein bisschen. Netter Kerl, aber tierisch dünn.«

»Habt ihr den danach noch mal getroffen, du oder Barney?«

»Getroffen? Wie – du meinst bei einem anderen Gig?«

Cassie schaltete schnell. »Kieran steht total auf Musik, und er wollte einen Podcast über die Musikszene von Camden in den Neunzigern machen. Ich glaube, er hat auf ein Interview mit Barney gehofft.«

»Oh, da wäre Barney voll drauf abgefahren. Wenn's um Bands aus Camden geht, brauchst du bei ihm nur den Startknopf zu drücken!« Maria lachte leise. »Frag ihn doch, wenn er nach Hause kommt. Hier durch, das ist eine Abkürzung.« Sie stieg über eine niedrige Mauer, um ein Industriegelände zu überqueren. Als sie in einen dunklen Durchgang hinter einem der Gebäude schritten, mussten sie hintereinandergehen, sodass es schwer war, sich zu unterhalten. Cassie zog ihr Handy hervor, um mit der Taschenlampe den Weg zu erleuchten, sah fünf verpasste Anrufe von Flyte und nutzte die Gelegenheit, ihre SMS zu lesen. *»Hab versucht, Sie zu erreichen. Rufen Sie zurück. Es ist dringend!!!«*

Doch Cassie bemühte sich gerade, den Abend zusammenzustückeln, an dem ihre Mutter ermordet worden war. Barney hatte behauptet, er sei zur fraglichen Zeit mit Callum zusammen gewesen, was vermutlich eine Lüge war, und zwar nicht, um Callum zu decken, sondern um sich selbst zu schützen. »An dem Abend, als Mum umgekommen ist, als Callum bei Barney aufgeschlagen ist, da warst du schon im Bett, richtig?«

»Mm-hm«, antwortete Maria über die Schulter hinweg. »Warum?«

»Ist Barney gleich ins Bett gekommen, nachdem Callum weg war? Oder ist er noch mal weggegangen?«

»Keine Ahnung. Ich hab fest geschlafen, das hab ich auch den Cops gesagt.« In diesem Teil des Durchgangs hingen Lampen, ihr grelles Licht fiel auf Marias schwarze Locken. Jetzt konnte Cassie sehen, dass sie gefärbt waren.

Cassie dachte an ihren letzten Besuch bei den Cotters, als sie oben in ihrem Badezimmer gewesen war. Das Cottage war so klein und die Wände so dünn, dass sie jedes Wort von »Back to Black« hatte verstehen können, das unten im Radio gelaufen war. Wenn Barney und Callum sich unten im Erdgeschoss angebrüllt hatten, weil Callum die Band verlassen wollte, wie hatte Maria dabei schlafen können?

Das Ende des Durchgangs war teilweise durch einen Haufen illegal abgeladenen Bauschutt versperrt. Und nach den dick verrosteten Eisenteilen darin lag der nicht erst seit Kurzem hier. Cassie runzelte die Stirn; wie eine Abkürzung kam ihr das hier allmählich nicht mehr vor.

Maria blieb im orangegelben Schein einer Laterne stehen und drehte sich zu Cassie um. Ihr Lippenstift sah in diesem Licht violett aus, und die obere Hälfte ihres Gesichts lag im Schatten. »Ich hatte am nächsten Tag Yoga, ich glaube, das habe ich dir schon gesagt.« Ihre Brust hob und senkte sich. Für so ein bisschen Bewegung atmete sie zu schnell, und ihr Lederhalsband zeichnete sich krass schwarz an ihrem weißen Hals ab. Cassie konnte den Blick nicht davon abwenden.

Sie dachte an die Bilder von ihrer Mutter in dem Fotoalbum, an die filigranen Halsketten aus Perlen und Muscheln, die sie so gemocht hatte … und an die Fotos aus dem Autopsiebericht, die von dem Schmuck, den sie an jenem Abend getragen hatte. Ein paar zarte Muschelohrringe. Und ein Lederhalsband im Stacheldraht-Look, das an zwei Stellen gerissen war und ganz in der Nähe des Leichnams gefunden worden sein musste.

Nicht mein Stil.

Die Worte ihrer Mutter, eingebildet oder auch nicht, die sie gehört hatte, als sie sich die Bilder angesehen hatte.

Fuck. Das stachelige Lederteil passte doch überhaupt nicht zum romantischen Hippie-Look ihrer Mutter.

Plötzlich wurden die Muskeln in Cassies Schenkel watteweich, und sie musste sich mit einer Hand an der Wand neben ihr abstützen, um sich aufrecht zu halten. Sie registrierte, wie die raue Oberfläche der Backsteine ihr die Handfläche aufschürfte, spürte jedoch keinen Schmerz.

Das dürfte der Anästhesie-Effekt des Adrenalins sein, stellte ihr Gehirn fest, *das den Körper auf Gefahr einstellt.*

Ihr war nämlich gerade aufgegangen, wo sie dieses auffällige Stacheldraht-Halsband schon einmal gesehen hatte.

Auf dem Cover von Poitíns Album, und zwar an Marias langem weißen Hals.

Die Cops waren davon ausgegangen, dass es das Halsband ihrer Mutter gewesen war, dabei hatte es dem Mörder gehört. Kath musste es dem Täter abgerissen haben, als sie um ihr Leben gekämpft hatte.

Der Täter war nicht Barney gewesen.

»Ich …«

»Du mischst gern andere Leute auf, stimmt's? Genau wie deine Mutter.« Marias üblicher Singsang hatte jetzt einen stählernen Unterton. Sie trat auf Cassie zu, drängte sie rückwärts gegen die Mauer. »Reißt die Band auseinander, gerade als wir kurz vor dem großen Durchbruch waren. Und wofür? Um am Arsch der Welt in einem Kuhstall zu hausen.« Verachtung verengte ihre Augen zu schmalen Schlitzen.

»Ist bestimmt schwer, wenn einem alles in die Binsen geht, wofür man gearbeitet hat.« Cassie sprach ruhig und leise, so wie mit zornigen, überreizten Angehörigen in der Leichenhalle. »Aber du weißt doch, das mit dem Bauernhof war in Wirklichkeit Callums Idee.«

Maria hörte nicht zu. »Diese scheißeingebildete Zicke.« Sie spie die Worte hervor. »Und dann musste ich mir im Gericht diesen ganzen Scheiß anhören, von wegen *das arme kleine Frauchen.* Callum war das Opfer, nicht sie. Er war glücklich, bevor er sich mit ihr eingelassen hat – ihre ständige miese Laune, die besoffenen Dramen. Mein Gott, er musste nicht nur sein Kind babysitten, sondern auch noch seine Frau.«

Das Gift in ihrem Ton verblüffte Cassie. *Hier ging es gar nicht um Geld oder Ruhm.* Ihr fiel wieder ein, dass Maria und Callum ein Paar gewesen waren, bevor er Kath kennengelernt hatte. »Er hat damals Schluss gemacht, nicht wahr? Nicht andersrum. Du warst immer noch verliebt in ihn.«

»Wenn wir den Plattenvertrag unterschrieben hätten und auf Tournee gegangen wären, dann wären wir wieder zusammengekommen, da gibt's überhaupt keine Zweifel.« Absolute Überzeugung schwang in ihrer Stimme mit.

»Wie kommst du darauf, dass er das wollte? Er hatte eine Frau und eine Familie, die er nie verlassen hätte.«

Maria sah sie mitleidig an. »Meinst du? Kurz bevor dieser ganze Scheiß passiert ist, hat er mich nach einem Gig geküsst.« Ihre Stimme wurde weicher. »Da wusste ich, dass wir füreinander bestimmt sind. Die paar Jahre, die wir auseinander waren, die hatten nichts zu bedeuten. Und Frau und Kind auch nicht.«

»Echt? Ein Kuss? Das ist alles?« Cassie merkte, wie sie wütend wurde.

Maria machte ein störrisches Gesicht. »Dein Vater war ein wunderbarer Mann. Es war doch nur natürlich, dass er sich furchtbar schuldig gefühlt hätte. Aber es war nur eine Frage der Zeit – Zeit, die wir miteinander gehabt hätten, wenn die Band auf Tournee gegangen wäre.«

»So eine gequirlte Scheiße!« Cassie konnte die Wut nicht

mehr bändigen, die sie im Namen ihrer Mutter empfand. »Du hast dir was vorgemacht! Callum hätte Kath niemals verlassen. Weißt du, was er zu mir gesagt hat? Dass sie die einzige Frau war, *die er jemals geliebt hat.*«

Sie wollte sich gerade auf dem Absatz umdrehen und das Weite suchen, als ihr Gesichtsfeld zu orangeroten Lichtsplittern zerbarst. Einen Moment lang dachte sie, die Laterne wäre explodiert, doch dann spürte sie Nässe am Hinterkopf. Maria hatte sie mit voller Wucht gegen die Ziegelmauer gestoßen. Noch ehe Cassie sich davon erholen konnte, packte Maria sie am Haar und rammte ihren Kopf abermals gegen die Mauer. Von dem Aufprall wurde ihr übel.

Das ist nicht fair, wollte sie sagen. *Ich war noch nicht so weit!* Wie damals in der Grundschule, als einer von den größeren Jungen sie zu einem Wettlauf herausgefordert hatte und dann einfach losgerannt war.

Marias Gesicht verschwamm und wurde dunkel. Eine Abfolge lebensechter Szenen flitzte vor Cassies Augen vorbei. *Maria lag im Bett und bekam jedes Wort von Barneys und Callums lautstarkem Streit unten mit. Sie schlich sich hinaus zum Pub, um Kath abzufangen. Zeigte schwesterliches Mitgefühl. Blieb in dem Tunnel in der Prowse Plache ein Stück zurück und nutzte die Gelegenheit.* Wahrscheinlich hatte sie den Ziegelstein unterwegs aufgehoben. Und dann *Bamm!* Auch ohne Vorwarnung.

Sie kam zu sich und wand sich herum, um Maria wegzustoßen. Brachte aber nur einen schwachen Schubser zustande. *Wahrscheinlich eine Gehirnerschütterung,* diagnostizierte ihr Gehirn kühl. Und nicht sehr hilfreich.

»Warum die Vergangenheit wieder aufwühlen? Warum alles versauen?«, zischte Maria Cassie ins Ohr und hielt sie mit einer Hand an den Haaren fest. »Du bist genau wie sie. Willst ständig alle Aufmerksamkeit für dich.«

»Du …« Cassie konnte den Satz nicht vollenden.

»Ja. Ich schäme mich nicht, es zuzugeben, ich hab ihr ihre selbstzufriedene Visage eingeschlagen.«

Die Hand, die Cassies Schulter gegen die Mauer gedrückt hatte, verschwand, und Marias Gesicht glitt aus ihrem Blickfeld heraus. Cassie blinzelte, um wieder klare Sicht zu bekommen, und sah, dass die andere eine verrostete Eisenstange aufgehoben hatte.

Jäh blitzte ein Bild von dem zerschmetterten Gesicht ihrer Mutter vor ihr auf. Und dann noch ein Gesicht. Diesmal das ihrer Großmutter.

Weronikas kleine Äuglein leuchteten hell und wild. »*Walcz!*«, befahl sie. »Wehr dich!«

Der Gedanke, dass ihre Babica eine Tochter *und* eine Enkelin verlieren könnte, wirkte wie ein zweiter Adrenalinschub. Als Maria die Eisenstange hob, nutzte Cassie ihre Chance. Streckte die Hand aus und packte Marias Halsband. Drehte die Hand. Das Leder war breit und dick. Dieses Halsband würde nicht reißen.

Klong! Die Stange traf die Mauer, Marias Schlag war abgelenkt worden.

Ein deutliches Bild tauchte vor Cassies geistigem Auge auf. Der Karotissinus, der Nervenknoten dort, wo sich die Arteria carotis gabelte. Sie fasste das Halsband anders, verlagerte den Maximaldruck dorthin, an die Seite des Halses direkt unter dem Unterkiefer. Marias Atem geriet ins Stottern, und sie riss mit den Nägeln an Cassies Hand. Cassie roch den Eisenspangeruch ihres eigenen Blutes. Sie stellte sich vor, wie das Signal des Karotissinus ans Gehirn hinauf- und von dort wieder zum Vagusnerv hinuntergefunkt wurde, mit der Anweisung, den Blutdruck zu senken.

Zwei Minuten, sagte sie sich. Länger hätte es nicht gedauert, bis Bradley Appleton das Bewusstsein verloren hatte.

Es dauerte nicht mal so lange. Eben schlug Maria noch wild um sich, versuchte, sich gegen den unerträglichen Druck an ihrem Hals zu wehren. Und gleich darauf lag sie am Boden, und ein Fuß im hochhackigen Stiefel ragte zur Seite, vollkommen regungslos.

FLYTE

Flyte raste durch dunkle Straßen zum Krankenhaus wie ein halbwüchsiger Möchtegern-Rennfahrer. Sie konnte nicht aufhören, sich Vorhaltungen zu machen. Wenigstens war Cassies Zustand stabil, hatte Josh per Funk gemeldet. *Gott sei Dank.* Wäre sie in ihrer SMS doch nur deutlicher gewesen.

Ungeachtet seines Fehlers beim Umgang mit der Probe von Kath Ravens Leichnam, war ihr Gerry Hobbs doch wie ein anständiger, pflichtbewusster Cop vorgekommen, und seine felsenfeste Überzeugung, dass Barney Cotter damals etwas zu verbergen gehabt hatte, hatte sie ins Grübeln gebracht. Cassie war überzeugt, dass Callums Behauptung, er wäre zur fraglichen Zeit bei Barney gewesen, der Wahrheit entsprach. Wenn ihr Instinkt sie nicht trog, wieso hatte Barney dann etwas verbergen wollen?

Eigentlich waren das nur vage Spekulationen, bis sie auf dem Rückweg nach Camden einen Anruf von Josh bekam.

Er hatte gerade mit Kierans Zimmergenossen gesprochen, die gesagt hatten, Kieran wäre an dem Abend, an dem er umgekommen war, auf einem Blueskonzert gewesen. Josh hatte sich auf der Website des Veranstalters die Musiker angeschaut, die dort aufgetreten waren. Als Dritte stand Maria Maguire auf der Liste.

Flyte hatte keinerlei Beweise dafür, dass Kieran zu dem Gig gegangen war, um mit ihr oder mit Barney zu reden; dafür bräuchte man Zeugen oder Überwachungsaufnahmen. Doch zuallermindest machte es die anderen Mitglieder von Callums Band für die laufende Ermittlung zu Personen von Interesse.

Warum hatte sie in ihrer SMS an Cassie nur geschrieben, dass sie sie zurückrufen sollte? Warum nicht »Halten Sie sich unbedingt von den Cotters fern«, verdammte Scheiße? Wegen irgend so einer bescheuerten Vorstellung von wegen »keine üble Nachrede ohne handfeste Beweise«.

Direkt vor dem Krankenhaus geriet sie in einen Stau und drosch so heftig mit der Faust aufs Lenkrad, dass ihr die Knöchel schmerzten.

Dann beschloss sie, den Wagen im absoluten Halteverbot stehen zu lassen, sprintete in die Notaufnahme und zeigte am Empfang ihren Dienstausweis vor. Man brachte sie in ein Wartezimmer, wo gleich darauf ein junger Arzt erschien, um sie auf den neuesten Stand zu bringen.

»Cassie ist wach und klar im Kopf«, berichtete er. »Und das CT hat keinerlei Anzeichen für ein Schädel-Hirn-Trauma gezeigt.«

Dem Himmel sei Dank.

»Aber wie ich Ihrem Constable schon gesagt habe, sie hat ein paar ordentliche Schädelprellungen und wahrscheinlich eine Gehirnerschütterung, also fürchte ich, Sie können noch nicht mit ihr sprechen. Ich behalte sie zur Beobachtung über Nacht hier.«

»Na, viel Glück.«

Er machte ein verdutztes Gesicht.

»Ich meine nur, Sie werden ganz schön zu tun haben, sie am Gehen zu hindern«, erklärte sie. »Und was ist mit Maguire?« Als Josh sie aus dem Krankenhaus angerufen hatte, hatten sie ihm nur gesagt, dass sie immer noch reanimiert würde.

»Ihr geht's ganz gut, wenn man bedenkt, dass ihr Herz mindestens sieben Minuten ausgesetzt hat. Sie hatte unheimliches Glück, dass Cassie bei Bewusstsein geblieben ist und Herzdruckmassage machen konnte, bis der Notarzt da war.«

Wegen ihrer Attacke gegen Cassie war Maria Maguire nunmehr dringend des Mordes an Katherine Raven verdächtig, ein Mord, der angeblich schon 1997 aufgeklärt worden war. Flyte dachte an die Autopsiefotos, und daran, wie Kaths Gesicht … ausgelöscht worden war. Ein Ausmaß an persönlichem Hass, der durch sexuelle Eifersucht ausgelöst worden sein konnte. Eine Art Dreiecksbeziehung zwischen Callum, Kath und Maria? Und wusste Barney Cotter, was seine Frau getan hatte?

»Okay, Sie müssen Maguire in ein Einzelzimmer verlegen. Ein Kollege von der Streife ist auf dem Weg, um vor ihrer Tür Wache zu stehen.«

Einen Moment lang sah es aus, als wollte der Arzt Einspruch erheben, doch als er ihre Miene sah, überlegte er es sich anders.

Kluge Entscheidung.

Sie bat ihn, sie anzurufen, wenn beide Patientinnen vernehmungsfähig waren. Im Augenblick hatte ein Kaminplausch mit Barney Cotter für sie oberste Priorität.

Flytes Boss DI Bellwether hatte ihr Samthandschuh-Vorgehen gebilligt – ein freiwilliges »Gespräch« bei Barney Cotter zu Hause am folgenden Morgen. Wenn sie ihn aufs Revier schleifte, würde er vielleicht mauern und einen Anwalt verlangen. Ein Gespräch im heimischen Umfeld fühlte sich weniger offiziell an und machte es wahrscheinlicher, dass er nicht so auf der Hut war. Und sofern er über seine Rechte aufgeklärt worden war, wäre der Inhalt des Gesprächs trotzdem gerichtsverwertbar, ganz gleich, wo es stattfand.

Sie saßen am Küchentisch, Flyte und Josh auf der einen und Barney auf der anderen Seite. Er war blass, und seine Augen waren rot gerändert, wirkte jedoch ansonsten durchaus ruhig.

Sie klärte Barney in dem Tonfall über seine Rechte auf, den Josh ihre »Allgemeine Geschäftsbedingungen-Stimme« nannte, während ihr verlegenes Lächeln zugleich andeutete, dass dies bloß lästige, aber notwendige Bürokratie sei.

Dann setzte sie ein mitfühlendes Gesicht auf. »Wie geht es Maria?«

»Sie sagen, sie ist außer Gefahr. Gott sei Dank.«

»Dann sagen Sie doch mal, wann ist Ihnen zum ersten Mal klar geworden, dass sie in den Mord an Katherine Raven involviert war?«

Er sah sie lange an, und seine Miene war schwer zu deuten. Als er antwortete, ließen heftige Emotionen seinen Cockney-Akzent noch stärker werden. »Wissen Sie, wie es ist, sich zwischen zwei Menschen entscheiden zu müssen, die man liebt?«

»Erzählen Sie.«

Es war eine traurige Geschichte. Barney war schon seit den frühesten Zeiten der Band »bis über beide Ohren« in Maria verliebt gewesen, doch selbst als sie schließlich zusammengelebt hatten, war ihm schmerzhaft klar gewesen, dass sie sich niemals ganz aus der Beziehung mit seinem besten Freund gelöst hatte. Dabei hätte inzwischen selbst ein Blinder sehen können, dass Kath für alle Zeit die Einzige für Callum sein würde.

»Wissen Sie, ich hab durchgehalten, weil ich dachte, Maria würde sich irgendwann lösen, über ihn wegkommen und allmählich erkennen, was ich ihr zu bieten habe.« Sein Gesicht verzerrte sich zu einer Grimasse des Selbstekels. »Manchmal, auf der Bühne, wenn er gesungen hat und sie auf ihren Einsatz wartete, dann habe ich gesehen, wie sie ihn angeschaut hat. So hat sie mich nie angesehen.«

»Aber dann ist Callum wegen des Mordes an Kath angeklagt worden. Sehr günstig.«

Wieder verzog er das Gesicht. »Als er im Knast war, habe ich sie gebeten, mich zu heiraten, und sie hat Ja gesagt.« Er zog eine Braue hoch. »Und ich Arsch hab gedacht, jetzt, wo er weg war, hätten wir eine Chance, es zu schaffen, nur wir beide.«

»Und?«

»Ohne Callum war's sehr viel einfacher, sicher ...«

»Aber ...?«

Er starrte an die Decke. »Als ich sechzehn war, hab ich beim Mittelschulabschluss bei der Matheklausur geschummelt – hab mir Gleichungen und so auf den Arm geschrieben. Hat auch geklappt, hab 'ne Drei gekriegt. Aber wissen Sie was?« Er lächelte schief. »Ich hab die bestandene Matheprüfung nie in meinem Lebenslauf angegeben.« Flyte überkam eine Welle des Mitgefühls für ihn; ihr wäre es bei einer nicht ehrlich erworbenen Qualifikation ganz genauso gegangen.

»Die Sache ist die, Maria hätte mich wahrscheinlich nie geheiratet, wenn Callum nicht eingebuchtet worden wäre, deswegen hat sich unsere Ehe immer ein bisschen so angefühlt wie diese Matheklausur. Nicht wirklich gültig.«

Flyte warf Josh von der Seite her einen kurzen Blick zu, forderte ihn auf, sich ein wenig im Zeugenvernehmen zu üben.

»Können wir wieder zu dem Abend zurück, an dem Kath ums Leben gekommen ist?«, fragte er. »Erzählen Sie uns, was genau passiert ist.«

»Callum ist hergekommen, wie ich ausgesagt habe. Er hat gesagt, er steigt aus der Band aus, geht mit Kath und Cassie nach Irland und fängt ganz neu an. Wir haben uns deswegen gefetzt.«

»War's ein lauter Streit?«, wollte Josh wissen.

»Ja, aber wir haben uns wieder vertragen, bevor er gegangen ist.« Barney hob die Hand. »Und bevor Sie fragen, ich bin mir immer noch nicht hundertprozentig sicher, wie spät es da war, deswegen hat dieser Drecksack von Staatsanwalt mich vor Gericht auch so verunsichern können.«

»Und warum haben Sie gesagt, Sie wüssten, wie spät es war, wenn's gar nicht gestimmt hat?«, fragte Josh.

»Weil ich nicht eine Sekunde lang geglaubt habe, dass Callum Kath etwas angetan hätte.«

Josh schaute auf sein Notizbuch hinunter. »Laut Ihrer damaligen Aussage ist Maria früh ins Bett gegangen. Als Sie auch raufgegangen sind, hat sie da etwas davon gesagt, dass sie den Streit gehört hatte?«

Nach einer langen Pause antwortete Barney heiser: »Als ich raufgegangen bin, war sie nicht da.«

»Da müssen Sie sich doch Sorgen gemacht haben.«

Er legte den Kopf schief. »Ich hab gedacht, sie wäre Zigaretten holen gegangen – damals hat sie noch geraucht. Bin eine Weile eingedöst und dann so gegen drei wieder aufgewacht. Ich habe sie dann unten gefunden, schlafend auf der Couch.«

»Und was hat sie am nächsten Morgen gesagt?«

»Sie hätte nicht einschlafen können und wäre spazieren gegangen und hätte eine geraucht. Ich hab nichts von dem Streit gesagt, weil ich gehofft habe, dass Callum es sich vielleicht noch mal überlegt. Und sie auch nicht.«

Flyte beugte sich vor und sah ihn unverwandt an. »Sie haben ihr ihre Geschichte nicht abgekauft.«

»Ich hatte keinen Grund, es nicht zu tun.« Er verzog erneut das Gesicht. »Jedenfalls damals nicht.«

»Aber dann haben Sie erfahren, dass Kath ermordet worden war.«

Er ließ den Kopf sinken, nickte. »Maria war zu Kath immer total lieb und freundlich, aber bei mir hat sie manchmal über sie hergezogen. Das fand ich immer zum Kotzen, weil es ganz eindeutig mit ihren Gefühlen für Callum zusammenhing. Daher war ich auch zum Teil erleichtert, als er gesagt hat, er steigt aus der Band aus und verlässt das Land. Aber ich habe gewusst, dass Maria stinkwütend sein würde.«

Eine lange Pause entstand, die Flyte nicht ausfüllte.

Barney stieß heftig die Luft aus, blickte auf und sah ihr in die Augen. »Später an dem Tag habe ich gesehen, wie sie die Sachen, die sie am Abend davor angehabt hatte, aus dem Trockner geholt hat, frisch gewaschen. Am nächsten Tag habe ich gesehen, dass ihr Mantel weg war. Sie hat gesagt, sie hat ihn bei einem Gig liegen gelassen.«

Barney verstummte, doch Flyte spürte, dass da noch mehr war, und wartete.

Mit einem verzweifelten kleinen Achselzucken fuhr er fort: »Ein paar Tage später kam sie aus der Dusche, und ich hab gesehen, dass ihre Schienbeine grün und blau waren, als hätte sie da jemand mit aller Kraft getreten, und zwar mehrmals. Sie wäre hingefallen, hat sie gesagt, als sie im Dunkeln draußen rumgelaufen ist.«

»Sie haben ihr nicht geglaubt.«

»Ich musste ihr glauben! Ich war doch verliebt in sie!« Zum ersten Mal wurde er laut. »Ich liebe sie immer noch.«

Flyte registrierte die Unterscheidung. »Und als Callum angeklagt wurde?«

Er sah aus, als wäre ihm schlecht. »Da war ich erleichtert. Dadurch konnte ich mir eine … eine Parallel-Realität zusammenbasteln, in der Maria unschuldig war. Aber tief im Innern habe ich immer gewusst, dass Callum nicht fähig gewesen wäre, Kath etwas anzutun.«

»Haben Sie sie nie gefragt?«

»Nein. Aber das hat jeden Tag über uns gehangen, mehr als zwanzig Jahre lang … wie eine Henkersschlinge.«

»Und warum sagen Sie jetzt die Wahrheit?«

Er streckte den Rücken durch. »Angefangen hat es, als ich Cassie gesehen habe. Das war wie ein Gespenst zu sehen. Als wäre Kath aufgetaucht, um mich dazu zu bringen, das Richtige zu tun. Seitdem habe ich keine Nacht mehr richtig geschlafen, hab die ganze Zeit drüber nachgedacht, wie grauenhaft das für sie sein muss – zuerst ihre Mutter zu verlieren, als sie noch so klein war, und dann gesagt zu bekommen, dass ihr Dad sie ermordet hat. Vor allem, weil ich ja wusste, dass er's nicht getan hat.«

»Wissen Sie irgendetwas darüber, was gestern Abend zwischen Cassie und Maria vorgefallen ist?«

Er sah sie an. »Das ist doch wohl offensichtlich, oder?«

»Sagen Sie's mir.«

Seine Augen wurden trübe. »Maria hat versucht, Cassie umzubringen, damit sie die Wahrheit nicht herausfindet.«

Ein kleines Kribbeln der Erregung schoss Flyte den Rücken hinauf. Natürlich war seine letzte Bemerkung reine Spekulation und kein Beweis. Aber ihn das laut sagen zu hören, verriet ihr etwas: Barney Cotter würde vor Gericht gegen seine Frau aussagen.

»Sie glauben, *sie* wäre fähig gewesen, Kath etwas anzutun.«

»Maria war tierisch jähzornig. Ich habe nur ein- oder zweimal erlebt, dass sie ausgerastet ist, aber es ist mir nicht peinlich, zuzugeben, dass mir das Angst gemacht hat. Im Laufe der Jahre hat sie immer mal wieder Medikamente bekommen.«

»Was für Medikamente?«

Er zuckte die Schultern. »Für ihre Nerven, hat sie gesagt.«

»Ist Ihnen mal jemand namens Kieran Byrne begegnet? Wir glauben, dass er am Sonntag auf dem Konzert war, bei dem Ihre Frau aufgetreten ist.«

»Der Name sagt mir nichts.« Er furchte die Stirn. »Ich war am Sonntagabend auch lange unterwegs.«

Flyte beschloss, dass es fürs Erste genug war, und sah ihm in die Augen. »Vielen Dank für Ihre Aufrichtigkeit. Sie tun das Richtige. Ist Ihnen bewusst, dass das Zurückhalten derart signifikanter Informationen bei der Befragung durch die Polizei ein Vergehen darstellt, für das Sie belangt werden könnten?«

Ein sardonisches Lächeln machte sich auf Barneys schmalem Gesicht breit. »Ich habe mich dafür mehr als zwanzig Jahre lang selbst bestraft, hier drin.« Er tippte sich gegen den Kopf. »Alles, was jetzt zählt, ist, dass Callum rehabilitiert wird und dass Cassie ihren Dad zurückbekommt.«

44. KAPITEL

Marias Attacke hatte Cassie Kopfschmerzen beschert, wie sie sie noch nie erlebt hatte. Es fühlte sich an, als stünde auf jeder Seite von ihr ein Sumoringer, und die beiden bearbeiteten ihren Schädel mit Betonplatten.

Und schlimmer noch, als sie um Schmerzmittel bat, gab die Schwester ihr zwei runde, weiße Pillen.

»Sie wollen mich wohl auf den Arm nehmen? Das einzige Mal, wo ich mir legal was Richtiges reinziehen kann, und ihr gebt mir Paracetamol?«

Die Schwester schien das nicht komisch zu finden.

»Sie haben eine Gehirnerschütterung. Das bedeutet …«

»Ich weiß, was das bedeutet.« Cassie verdrehte die Augen. »Eine vorübergehende neurogene Dysfunktion aufgrund mechanischer Krafteinwirkungen aufs Gehirn.«

Ihr war klar, dass sie sich wie ein aufsässiger Teenager aufführte und dass Enthemmung ein Nebeneffekt von Kopfverletzungen war – doch das war ihr völlig egal. Es fühlte sich eigentlich toll an, von jeglicher Erwachsenenverantwortung frei zu sein. Wenn nur die Kopfschmerzen nicht gewesen wären.

Die Schwester ließ sich weiter darüber aus, dass Opiate bei Gehirnerschütterungen nicht gut wären, *bla, bla, bla.*

Cassie hatte das Gefühl, vom richtigen Leben abgekoppelt zu sein, so wie die ganze Zeit, seit sie Kieran auf dem Sektionstisch hatte liegen sehen, aber noch komischer als vorher, wegen der Gehirnerschütterung. Sie erinnerte sich daran, dass Maria auf sie losgegangen war, doch das kam ihr vor wie eine Szene aus einem Film oder wie etwas, das jemand anderem passiert war.

Ungefähr die ganze nächste Stunde lang versuchte sie zu schlafen, doch es war hoffnungslos. Auch nachts um halb zwölf herrschte auf der Station noch immer geräuschvolle Betriebsamkeit, und wenn sie versuchte, es sich bequem zu machen, fühlte sich die kleinste Bewegung an, als sei in ihrem Kopf eine Abrissbirne zugange. Also fasste sie einen Entschluss. Sie wartete einen Augenblick ab, als die Schwester in einem anderen Zimmer war, angelte leise ihre Sachen aus dem Nachtschränkchen und schlüpfte unter der Bettdecke hervor. Während sie sich auf der Toilette anzog, betrachtete sie ihr bleiches Spiegelbild und rechnete halb damit, dass ihr Kopf doppelt so groß war wie normal.

Wie sie zum U-Bahnhof Camden gekommen war, wusste sie nicht mehr genau. Sie fand sich in einem Gespräch mit einem der Dealer wieder, den sie kannte. Er war dünn und hatte große Rehaugen, sah viel zu jung aus für seinen Goldzahn.

»Hab dich schon 'ne ganze Weile nicht mehr gesehen.« Er zwinkerte ihr zu. »Wir hatten schon Angst, du bist bei Hare Krishna eingestiegen.«

Dann tauchte Kierans Gesicht über der Schulter des Typen auf. Sein Haar war noch immer nass vom Kanalwasser. Mit einem angedeuteten Winken erklärte sie ihm: »Ist doch nur ein bisschen Gras gegen meine Kopfschmerzen.«

»Alles klar, Sis, kein Problem.« Der Dealer gluckste, während er ihr etwas in die Hand drückte.

Dann brüllte irgendjemand: »Die Bullen!«

Chaos. Das Letzte, was sie von Rehauge sah, waren die roten Sohlen seiner Louboutin-Sneaker, die die Camden Road hinunterwetzten. Gleich darauf hatte sie irgendeine Polizistin an die Wand des U-Bahn-Eingangs gedrückt. »Zeigen Sie mir, was Sie da in der Hand haben.«

Alle Jubeljahre einmal machten die Cops in Sachen Straßendealen plötzlich einen auf »Null Toleranz« und zogen eine Razzia durch. War ja typisch, dass sie sich ausgerechnet diese Nacht ausgesucht hatten.

Als die Polizistin etwas von einer Verwarnung sagte, verzog Cassie das Gesicht. »Echt jetzt? Für so'n winziges bisschen Gras?«

»Bleiben Sie da stehen«, befahl die Polizistin, ehe sie sich abwandte, um ihrem Kollegen dabei zu helfen, einem der Dealer Handschellen anzulegen.

Cassie nutzte ihre Chance und ging.

Doch jetzt begannen sämtliche Straßenlaternen und Schaufenster zu verschwimmen und bei jedem Schritt zu wabern.

Voll der krasse Trip!

Sie hörte die Polizistin rufen: »Kommen Sie zurück!«

Dann drängte sich ein durchdringendes Klingeln in ihren Schädel. *Die Alarmanlage irgendeines Geschäfts?*

Sie merkte, dass der Gehsteig sich in eine zerbrechliche Glasscheibe verwandelt hatte, und griff unwillkürlich nach dem nächsten Laternenpfahl, voller Angst, die Scheibe zu zerbrechen. Oder gar da hindurchzufallen.

Gesichter fluteten in ihr Gesichtsfeld. Die Gesichter der Toten, die sie im Laufe der Jahre betreut hatte. Das von blauen Flecken entstellte Antlitz von Mrs Perlman, die an einer Gehirnblutung gestorben war … der neunjährige Oliver, der im Kanal geschwommen war und dem Schaum aus den Nasenlöchern rann … der junge Autoraser Jordan mit gebrochenem Genick … Hunderte von Gesichtern, manche huschten vorbei, bevor sie ihnen einen Namen geben konnte.

So viele Tote. Eine Lawine des Todes.

Schließlich und schmerzhaft die, die sie gekannt und lieb gehabt hatte. Ihre geliebte Lehrerin Mrs E, in der Badewanne ertrunken … Kierans fröhliches Gesicht, zu strengem Marmor versteinert.

Dann verschwanden auch sie, und sie war wieder vier Jahre alt, saß in ein Handtuch gehüllt auf dem Schoß ihrer Mutter und wurde nach dem Baden abgetrocknet. Kath singt etwas. *Dada, da ta daa-ta …* Ein polnisches Wiegenlied? Nein. Es ist »Alle meine Entchen«. Als sie in die Augen ihrer Mum schaut, sieht sie dort ein Versprechen. *Ich werde dich immer lieb haben.*

Ohne Vorwarnung rutschte der Laternenpfahl mit einem Ruck nach oben weg, und sie knallte auf den gläsernen Gehsteig.

45. KAPITEL

Als Cassie das nächste Mal richtig wach wurde, erblickte sie als Erstes ihr an die Wand gepinntes altes Nine-Inch-Nails-Poster. Die Erinnerung daran, wie sie in ihrem alten Zimmer bei ihrer Großmutter gelandet war, war schwer zu greifen. Sie konnte sich nur noch bruchstückhaft erinnern. *Ein helles Licht leuchtete ihr in die Augen – Sanitäter? Das quäkende Funkgerät der Polizistin. Der Geschmack von Orangenlimo.*

Sie hatte bloß die Hand nach dem Glas auf ihrem Nachttisch ausgestreckt, doch innerhalb von zehn Sekunden erschien der Kopf ihrer Großmutter im Türrahmen. Cassie hatte schon immer den Verdacht gehabt, dass Babica mit einem derart guten Gehör Fledermaus-DNA haben musste.

»*Tygrysek!* Wie geht es dir?«

»Nicht gerade tigermäßig. Aber ganz okay. Immer noch Kopfschmerzen. Wie lange …?«

»Sie haben dich ganz früh am Mittwochmorgen hergebracht. Heute ist Donnerstag. Du hast die ganze Zeit mehr oder weniger geschlafen.« Babica füllte ihr Wasserglas aus einem Krug nach. »Der Arzt sagt, du hast eine Gehirnerschütterung. Du brauchst wenigstens eine Woche lang Ruhe.«

Cassie stemmte sich auf die Ellenbogen hoch und war schon drauf und dran, diese Idee abzuschmettern, als sie den Ausdruck in den Augen ihrer Großmutter sah. Und sie konnte auch nicht abstreiten, dass selbst diese leichte Bewegung ein warnendes Schmerzdröhnen in ihrem Schädel ausgelöst hatte.

»Die Ärzte wollten mir nicht sagen, was mit dir passiert ist. ›Schweigepflicht‹, hieß es.« Sie schnaufte abfällig. »Möchtest du mir erzählen, wie du dir dermaßen den Kopf angeschlagen hast?«

»Nicht jetzt, Babica. Aber ich tu's, versprochen.« Sie konnte ihr doch nicht sagen, was los gewesen war – nicht ohne zu wissen, ob Maria wegen des Mordes an Kath angeklagt und Callum von jeglicher Schuld freigesprochen werden würde.

Die alte Dame nickte. »*Dobrze.* Und jetzt möchtest du wohl ein bisschen Pilzsuppe?« Eigentlich war das keine Frage. »Ich hab sie mit den getrockneten Steinpilzen gemacht, die du so gern magst.«

Cassie merkte, dass sie Hunger hatte, und nickte.

Es klingelte an der Tür, und ihre Gran sagte: »Das ist bestimmt diese Polizei-Lady. Ich habe ihr gesagt, sie kann es heute versuchen – aber nur, wenn du dich gut genug fühlst?«

»DS Flyte?« Cassies Hand zuckte zu ihrem Haar empor. »Wie sehe ich aus?«

Das trug ihr einen trocken-amüsierten Blick ein. »So einigermaßen, Schatz.«

Verdammt.

Flytes hellblaue Augen blickten heute sanft, als sie sich erkundigte, wie es Cassie ginge. Dann senkte sie die Stimme zu einem vertraulichen Raunen. »Hören Sie, ich habe mit der Kollegin gesprochen, die Sie angehalten hat. Wir sind übereingekommen, dass in Anbetracht Ihres Zustandes zur Zeit der Durchsuchung Konfiszieren und Vernichten in diesem Fall die angemessene Vorgehensweise war.«

»Also keine Vorstrafe? Gott sei Dank.« Cassie schaute auf ihre Hände hinunter. »Danke.«

Flyte nahm Cassies Aussage zu Protokoll, dank der Gehirnerschütterung, die ihre Erinnerungen durcheinandergebracht hatte, ein langsamer, frustrierender Prozess. Doch sie meinte, sie könne die Lücken auch später noch füllen.

»Es ist mir ziemlich egal, ob sie dafür vor Gericht kommt,

dass sie auf mich losgegangen ist – das wäre ja eh nur … was? Körperverletzung? Schwere Körperverletzung? Worauf's mir ankommt, ist, dass diese … *Schlampe* … für den Mord an meiner Mutter bestraft wird.« Das war ein Wort, das Cassie noch nie benutzt hatte, doch es gab kein anderes angemessenes Schimpfwort, um Maria zu beschreiben, wenn man bedachte, was sie getan hatte, das Unheil, das sie über das Leben so vieler Menschen gebracht hatte.

Zu Cassies Verblüffung reagierte Flyte mit einem ihrer seltenen, aber hinreißenden Lächeln. »Was das betrifft, habe ich gute Nachrichten. Barney Cotter hat sehr belastende Aussagen zu Maria und ihrem Verhalten in der Mordnacht gemacht.«

»Echt?« Doch die Erleichterung wich fast augenblicklich der Wut. »Er hat also seinen angeblich besten Freund siebzehn Jahre lang im Knast verrotten lassen und dabei die ganze Zeit gewusst, dass es seine Frau gewesen ist?«

»Ich glaube, da mussten erst Sie auftauchen und Fragen stellen, um ihn zu zwingen, sich der Wahrheit zu stellen. Und einer längst überfälligen Abrechnung mit seinem Gewissen.«

Cassie dachte an den Moment, als sie Barneys Handschrift an der Küchentafel gesehen und begriffen hatte, dass er es gewesen war, der ihr jedes Jahr Geld zum Geburtstag geschickt hatte. Sie hatte angenommen, dass es Blutgeld gewesen war, um den Mord an ihrer Mutter zu sühnen, dabei hatte es sein Schweigen sühnen sollen.

Gemeinsam setzten Flyte und Cassie das Ganze zusammen: Maria war jahrelang auf ihren Ex-Freund Callum fixiert gewesen, eine Obsession, die schließlich in mörderische Wut umgeschlagen war, als sie gehört hatte, wie er sich mit Barney gestritten hatte, weil er aus der Band aussteigen wollte, um mit Kath und Cassie nach Irland zu gehen und ein neues Leben anzufangen.

»Was, glauben Sie, ist dann passiert?«, fragte Cassie, die noch immer versuchte, das alles zu verarbeiten.

»Maria hat bestimmt gewusst, in welchem Pub Callum und Kath gewesen waren. Nachdem sie sich aus dem Haus geschlichen hatte, hat sie dort wohl herumgelungert, denke ich, um Kath ›ganz zufällig über den Weg zu laufen‹, wenn sie herauskam. Dann ist sie mit ihr mitgegangen. Vielleicht wollte sie herausfinden, wie sie zu Callums Plan stand.«

»Dad hatte keine Gelegenheit, es ihr zu sagen«, erwiderte Cassie. »Aber wenn Maria Mum danach gefragt hätte, wäre sie bestimmt Feuer und Flamme gewesen – sie hat immer davon geträumt, auf einem Bauernhof zu leben.«

Beide verstummten, waren sich der alternativen Realität bewusst, in der die kleine Familie vielleicht in einem anderen Land ihr Glück wiedergefunden hätte.

»In Marias verschrobener Wahrnehmung war Ihre Mutter das Einzige, was der Neuauflage ihrer Romanze mit Callum im Wege stand«, fuhr Flyte fort. »Wenn sie einfach verschwinden würde, dann würde alles wieder stattfinden, der Plattendeal, die Tournee und die große Liebesgeschichte.«

Cassie fiel wieder ein, dass Marias Dad die Familie wegen einer anderen Frau verlassen und versprochen hatte, zurückzukommen und seine Tochter zu holen. Und sie dachte an deren verblendete Überzeugung, dass nur der Tod ihn davon hätte abhalten können. Die Angst davor, abermals verlassen zu werden, hatte eine ohnehin schon instabile Persönlichkeit endgültig entgleisen lassen.

»Sie wissen aber schon, dass das eine totale Fiktion war, diese Idee, dass Callum verliebt in sie war?«, fragte Cassie. »Er hat sie *einmal* geküsst, als zu Hause der Haussegen schief gehangen hat, und offensichtlich hat er's dann bereut.« Jetzt wurde ihr etwas klar: Wenn Capaldi nicht aufgetaucht wäre und angefangen hätte, Kath zu belästigen, hätte Callum keinen Grund gehabt, ihre Geheimnistuerei verdächtig zu finden – und er hätte Maria vielleicht gar nicht geküsst. Und ihre Mutter könnte vielleicht noch am Leben sein.

Flyte nickte. »Morde durch Frauen an Frauen sind selten – aber wenn so etwas doch mal vorkommt, ist das Motiv meistens sexuelle Eifersucht, oft mit wahnhafter Komponente.«

»Aber sie hat ihn nicht genug geliebt, um zu verhindern, dass er wegen Mordes eingebuchtet wird, nicht wahr? Sie hatte kein Problem damit, dass er für etwas in den Knast wandert, was sie getan hatte.«

Ein demonstratives Klopfen an der Tür. Weronika kam mit einer Vase mit einem riesigen Blumenstrauß darin herein.

Sie reichte ihrer Enkelin die Karte, die bei dieser letzten Blumenlieferung dabei gewesen war.

Was hast Du denn jetzt schon wieder angestellt?! stand darauf. Unterschrieben war sie mit *Alles Liebe, Archie.*

Als ihr Blick dem von Flyte begegnete, merkte sie, wie sie rot anlief. Dabei gehörte sie doch gar nicht zu den Menschen, die leicht erröteten. Hoffentlich war das nur eine Nebenwirkung der Gehirnerschütterung und verschwand bald wieder, zusammen mit den Anfällen von Hemmungslosigkeit und den mahlenden Kopfschmerzen.

»Er hat sie persönlich gebracht.« Weronikas Blick wanderte zu Flyte hinüber und dann zurück zu Cassie. Ihre Miene schien zu sagen: *Ist doch nett, Optionen zu haben …* Bis vor Kurzem hatte Cassie liebevoll geglaubt, ihre Großmutter hätte keinen blassen Dunst von ihrem Sexleben. Wie sich herausgestellt hatte, hatte sie nicht nur die ganze Zeit gewusst, dass Rachel Cassies bisher festeste Beziehung und mehr als nur eine Mitbewohnerin gewesen war, die sexuellen Neigungen ihrer Enkelin schienen sie auch nicht im Mindesten zu irritieren.

»Weiß sie Bescheid?«, fragte Flyte leise, als Weronika weg war.

»Worüber?« Cassies Augen wurden riesengroß. »Ach so, Entschuldigung, Sie meinen den Fall?« Sie schüttelte den Kopf. »Ich will ihr noch nichts davon erzählen – nicht bevor Anklage gegen Maria erhoben wird.«

»Sehr vernünftig. Also, ich will Ihnen nicht zu viele Hoffnungen machen, aber ich habe mit einem DNA-Analytiker im Labor gesprochen, und der war zuversichtlich, dass sie Hautzellen und sogar Blutspuren auf der Tatwaffe finden können.«

Cassie nickte. Auf der rauen Oberfläche des Ziegelsteins dürfte DNA gut haften geblieben sein, und moderne Techniken konnten mit nur einer Handvoll Zellen Resultate erzielen.

»Ich habe mir den Autopsiebericht noch einmal vorgenommen«, meinte Flyte. »Ihre Mutter hatte ganz schön viel Alkohol im Blut.«

»Sie war 'ne Säuferin«, erklärte Cassie und spürte jäh heiße Nässe auf den Wangen.

»O Cassie, entschuldigen Sie.« Flyte sah schockiert aus.

»Gar nicht beachten.« Cassie atmete tief durch und wischte die Tränen mit einer Geste weg. »Ist bloß die Gehirnerschütterung.«

»Selbstverständlich. Ich habe das auch nur erwähnt, weil es hilft, zu erklären, warum sie nicht in der Lage war, sich zu wehren oder wegzulaufen.«

Wieder nickte Cassie, den Blick fest auf die alte Überdecke mit dem Paisley-Muster gerichtet. Stellte sich vor, wie Maria ein paar Schritte zurückblieb, um Kath von hinten niederzuschlagen. Die Abwehrtritte, mit denen ihre Mutter die Schienbeine der Täterin hatte treffen können, deuteten darauf hin, dass sie sich umgedreht hatte, um sich zur Wehr zu setzen, dass sie auf den Beinen geblieben war – zumindest anfangs.

»Und was ist mit Kieran? Wissen Sie, wenn er nicht gewesen wäre, hätte ich das Fanzine nie gesehen und hätte nie herausgefunden, dass es Callums Drohung war, die Band zu verlassen, die dazu geführt hat, dass Mum ermordet wurde.« Cassie hielt inne, um den Kloß in ihrer Kehle hinunterzuschlucken. »Maria muss in Panik geraten sein, als Kieran sie danach gefragt hat, und dann … hat sie ihn umgebracht.«

Flyte sah sie mitfühlend an. »Was Kierans Fall betrifft, stehen wir noch ganz am Anfang. Die forensische Autopsie hat keine eindeutig schlüssigen Ergebnisse erbracht. Der Pathologe konnte nicht ausschließen, dass er sich die Kopfverletzung bei einem versehentlichen Sturz in den Kanal zugezogen hat. Aber wir sammeln immer noch Überwachungsaufnahmen, um zu beweisen, dass Kieran bei Marias Gig war, und herauszufinden, was sie danach getan haben. Wenn wir nachweisen können, dass sie ihm zum Kanal gefolgt ist, können wir anfangen, ihr Druck zu machen.«

»Und was passiert jetzt mit meinem Dad?«

Flyte musterte sie wachsam. »Callum, meinen Sie?«

Cassie spürte, wie sich in ihrem Bauch alles zusammenzog. Sie hatte den unerwünschten leiblichen Vater fast vergessen, den sie in Gestalt von Tony Capaldi bekommen hatte.

»Wenn Maria des Mordes an Ihrer Mutter schuldig gesprochen wird, kann Callum eine Revision beantragen, und das Gericht wird die Verurteilung aufheben.«

Sie lächelten beide.

»Ohne Ihre … lächerliche Hartnäckigkeit«, fuhr Flyte fort, »hätte er mit an Sicherheit grenzender Wahrscheinlichkeit bis zu seinem Tod als Mörder gegolten.«

Cassie dachte an Tony Capaldi – ihren »richtigen« Vater. Vielleicht war er ja nicht mehr verdächtig, ihre Mutter umgebracht zu haben, aber trotzdem war irgendetwas an ihm und seiner Geschichte, das nicht ganz zusammenpasste.

»Haben Sie Hobbs gefragt, ob er sich daran erinnert, dass Capaldi sich damals bei der Polizei gemeldet hat, um als Verdächtiger ausgeschlossen zu werden? Er hat behauptet, er hätte ein wasserdichtes Alibi gehabt, hat aber nicht gesagt, was es war.«

Flyte runzelte die Stirn. »Ja, allem Anschein nach war er übers Wochenende bei einer Fortbildung in Coventry.«

»Was denn für eine Fortbildung?«

»Eine Polizeifortbildung.«

46. KAPITEL

Für Flyte war nichts Auffälliges daran gewesen, dass Tony Capaldi in jungen Jahren 1997 am Wochenende des Mordes an einer Polizeifortbildung teilgenommen hatte. Wohl aber für Cassie.

Ihre Erinnerung an ihr letztes Zusammentreffen mit Capaldi war glasklar. Er hatte behauptet, der Mord an Kath hätte ihn dazu motiviert, zur Polizei zu gehen, und dass er ihr »seine Karriere verdanke«. Jetzt hatte es den Anschein, als sei er bereits Polizist gewesen, als sie ums Leben gekommen war.

Warum hatte er sie so dreist darüber angelogen, wann er bei der Polizei angefangen hatte? Während sie in ihrem Zimmer lag, ging ihr diese Frage jede wache Minute im Kopf herum.

Weitere vierundzwanzig Stunden vergingen, bevor Cassie aufstehen konnte, ohne dass ihr schwindlig wurde und sie sofort vollkommen erschöpft war. Am Freitagmittag fühlte sie sich endlich gut genug, um aufzustehen und ihren Laptop aufzuklappen, den Desmond freundlicherweise ganz frühmorgens vorbeigebracht hatte. Nach ein paar Stunden des Googelns schickte sie Callum eine SMS mit einer ganz simplen Frage.

Gerade hatte sie seine Antwort erhalten, als Babica mit einem Tablett mit einer Schale Gemüseeintopf und ein paar Scheiben frisch gebackenem Brot darauf hereingewuselt kam. »Das reicht jetzt! Du überanstrengst dich noch. Zurück ins Bett mit dir.«

Cassie fügte sich fürs Erste, allerdings nicht, weil sie überanstrengt war. Tatsächlich hatte Callums SMS sie frisch aufgeladen, und zwar mit weißglühender Wut.

»Ich hab dich telefonieren hören«, sagte sie und nahm ihrer Großmutter das Tablett ab. »Triffst du dich mit Barbara?«

»Ja.« Die alte Frau sah ihr unverwandt ins Gesicht. »Warum?«

»Nur so.« Lächelnd stellte sie sich das Tablett auf den Schoß. »Viel Spaß.«

Der Empfang rief in DCI Capaldis Büro an, um ihn wissen zu lassen, dass Cassie da war, und sie bekam die Erlaubnis, hinaufzufahren.

Seine Sekretärin holte sie am Fahrstuhl ab. »Er ist in einer Besprechung, aber die sollte in zehn Minuten oder einer Viertelstunde vorbei sein«, erklärte sie. Genau in diesem Moment kamen sie an einem langen Konferenzraum mit deckenhoher Glaswand vorbei, und Cassie erblickte Capaldi, der gerade vor einem Dutzend ziemlich junger Leute eine PowerPoint-Präsentation zeigte.

Spontan fuhr sie herum und war mit zwei Schritten an der Tür. Riss sie auf und marschierte hinein. Ein Dutzend gelangweilter Gesichter wandten sich ihr zu. Neugier malte sich auf allen Mienen, als die Anwesenden die punkige junge Frau mit den Gesichtspiercings betrachteten.

Capaldi brachte ein Lächeln zustande. »Oh, hi, Cassie. Ich bin gleich da, wenn du in meinem …«

»Ist nicht nötig«, erwiderte Cassie und starrte ihn an. »Ich diskutiere deine faszinierende Karriere auch gern gleich hier mit dir … *Dominic.*«

Das wirkte.

Er ging den Korridor hinunter voraus und wehrte die Entschuldigungen seiner armen Sekretärin ab.

In seinem Büro deutete er auf das Sofa. »Setzen wir uns

mal hin und reden wir drüber.« Als sie ihn ignorierte, hockte er sich stattdessen auf den Rand seines Schreibtischs.

»Als du in Oakwood Common mit meiner Mutter geschlafen hast, warst du keiner von den Protestlern. Du warst ein Schwindler, ein Cop im Undercover-Einsatz.«

Einen Moment lang herrschte Schweigen, während er auf seine Hände hinabstarrte. »Hör zu, Cassie, es tut mir leid, wirklich. Ich hatte immer vor, dir die Wahrheit zu sagen, wenn der richtige Zeitpunkt gekommen wäre. Aber es ist nicht so, wie du denkst. Ich habe Kath wirklich geliebt, und ich habe es bitter bereut, mich von ihr getrennt zu haben.«

»Bullshit. Du hast dich nicht in sie verliebt, sie war eine *Zielperson,* weil sie eine von den Organisatoren war. War bestimmt echt blöd, als sie das interne Gerangel satthatte und zurückgetreten ist, aber dann hast du dich eben einfach an eine von den anderen Organisatorinnen rangemacht. An ein vielversprechenderes Opfer.« Seine Miene zeigte deutlich, dass ihre Rekonstruktion der Ereignisse vor einundzwanzig Jahren korrekt war.

Capaldis Lüge, wann er Polizist geworden war, hatte Cassie keine Ruhe gelassen, bis ihr der Undercover-Skandal wieder eingefallen war, der ein paar Jahre zuvor durch die Presse gegangen war. Bei einer Online-Recherche hatte sie herausgefunden, dass in den Achtzigern und Neunzigern ungefähr einhundertvierzig Undercover-Cops in Aktivistengruppen eingeschleust worden waren – auch in Protestbewegungen gegen den Straßenbau wie die in Oakwood Common –, um ihre Pläne in Erfahrung zu bringen und zu stören. Die Taktik der zumeist männlichen Polizeispione hatte vorrangig darin bestanden, sexuelle Beziehungen mit Aktivistinnen einzugehen, die manchmal Jahre gedauert hatten.

Wenn ihr Einsatz endete, pflegten diese Cops mehr oder weniger ohne Erklärung zu verschwinden – zurück in ihr

»richtiges Leben« mit Ehefrauen, Partnerinnen und Kindern – und ihre »Zielpersonen« sitzen zu lassen. Manche dieser Frauen waren sogar schwanger gewesen oder hatten inzwischen Babys, gezeugt von ihren falschen »Freunden«.

Cassie hatte diese Berichte mit wachsender Wut gelesen, und dabei war ihr allmählich etwas klar geworden.

In ihrer SMS hatte sie Callum vorhin nur gefragt, ob er sich noch an den Namen des Ex-Freundes ihrer Mutter in Oakwood Common erinnerte.

Der Name in Callums Antwort war nicht Tony Capaldi gewesen, sondern »Dominic Drake«.

»Deine ›Beziehung‹ mit meiner Mutter war von Anfang an eine widerliche Lüge.« Cassies Stimme bebte vor Wut. »Und ich wette, wenn ich mir die Geburtsurkunde von Dominic Drake raussuche, dann stelle ich fest, dass es ihn wirklich gegeben hat und er im Kindesalter gestorben ist, stimmt's?« Grauenhafterweise war es das übliche Vorgehen für Polizeibeamte gewesen, die Identität toter Kinder zu stehlen, wenn sie verdeckt ermittelten.

»Schau, Cassie, *das* fand ich zum Kotzen, aber ich war doch erst siebenundzwanzig.« Ein flehender Unterton lag in seiner Stimme. »Das war eben so angeordnet worden.«

»Wie, du hast also ›nur Befehle befolgt‹?«

»Ach, komm schon, Cassie, in diesen Gruppen waren Leute, die's gut gemeint haben, aber es gab da auch echt gefährliche Typen, die versucht haben, richtig Ärger zu machen.«

»Kannst du es allen Ernstes rechtfertigen, einen Menschen zu manipulieren und Sex mit ihm zu haben, *der nicht weiß, wer du bist? Und* ihn dann noch zu schwängern?«

»Hör zu, ich bin ja nicht stolz auf diesen Teil des Ganzen. Aber das waren andere Zeiten damals. Ist schwer zu erklären.« Beschwichtigend öffnete er die Hände.

Das waren andere Zeiten damals. Das hatte sie natürlich

schon oft gehört – als Entschuldigung für den ganz beiläufigen Sexismus, den Griff unter den Rock, die »Nein kann auch Ja heißen«-Einstellung der Vergangenheit … Nie hätte sie gedacht, dass so etwas einmal in ihrer eigenen Vergangenheit verankert sein würde – in ihrer *Existenz.*

Sie starrten einander an: Capaldi unterwürfig nach vorn gebeugt, Cassie aufrecht und mit verschränkten Armen.

Sie sah den Mann vor sich, der damals ihre Mutter bei Woolworth festgehalten hatte, den Mann, der jetzt Capaldis Gesicht hatte. »Als du fünf Jahre später nach meiner Mutter gesucht hast, war das nicht, weil dir plötzlich klar geworden war, dass du sie immer noch liebst.« Jetzt sah sie, dass die Körpersprache des Mannes bei Woolworth nicht die eines verzweifelten Liebhabers gewesen war, der um eine zweite Chance flehte, sondern die eines Menschen, der versucht, einzuschüchtern und zu zwingen. »Du bist aufgetaucht, weil sie damit gedroht hat, dich in der Presse auffliegen zu lassen, richtig?«

Er versuchte gar nicht, es abzustreiten.

1997 hatten die Protestgruppen allmählich Wind davon bekommen, dass die Polizei sie unterwanderte. Und Kath waren zweifellos dank der aktiven Buschtrommeln der Aktivisten Gerüchte zu Ohren gekommen, dass Dominic Drake – der leibliche Vater ihrer vierjährigen Tochter – im Verdacht stand, ein Polizeispitzel zu sein. Cassie versuchte, sich vorzustellen, wie es sich anfühlte zu erfahren, dass der Vater des eigenen Kindes ein Betrüger war und dass die Beziehung zu ihm von Anfang bis Ende eine Lüge gewesen war.

Und als Capaldi angefangen hatte, sie unter Druck zu setzen, hatte Kath sich nicht einmal Callum anvertrauen können, weil sie ihm nie gesagt hatte, dass ihre kleine Tochter nicht sein Kind war. Also hatte er die mysteriösen Telefonate als Beweis einer heimlichen Affäre gedeutet. Das hätte ausgereicht, um robustere Menschen als ihre Mutter in eine Krise zu stürzen – kein Wunder, dass sie sich wieder ihrem alten Freund, dem Alkohol, zugewandt hatte.

Capaldi starrte aus dem regenschlierigen Fenster. »Weißt du, in Oakwood, als ich mit ihr Schluss gemacht habe, da hat sie mir direkt in die Augen gesehen und gesagt: ›Dominic, wer bist du wirklich, hinter deiner Maske?‹ In dieser Hinsicht war Kath echt unheimlich – manchmal hatte sie einen sechsten Sinn.«

Einen sechsten Sinn … Jäh tauchte ein Bild vor Cassies geistigem Auge auf: ein silbriger Faden, der sich von ihrer Mutter über die hallende Leere hinweg bis zu ihr erstreckte. Eine Verbindung zwischen ihnen.

»Wie war das? So lange mit einer Lüge zu leben?« Plötzlich war sie neugierig.

»Ich fand's toll.« Einer seiner Mundwinkel bog sich zu einem Lächeln empor. »Die Kunst der Täuschung, ständig kurz davor zu sein, aufzufliegen, das ist ein irrer Kick.« Er sah ihren Gesichtsausdruck und fuhr fort: »Natürlich ist mir jetzt klar, dass es zu hundert Prozent falsch war, was damals gelaufen ist. Aber du musst mir glauben, als ich dich gesucht habe, da wollte ich nur alles wieder in Ordnung bringen – zwischen uns.«

Cassie schnaubte abfällig. »Ich wette, du hast echt Fracksausen gehabt, seit diese öffentliche Untersuchung angeordnet wurde. Deswegen hast du diese Benachrichtigungsfunktion für die Akte meiner Mutter eingerichtet, um zu sehen, wer sie aufruft. Für den Fall, dass deine gefakte Beziehung mit ihr ans Licht kommt.« 2014 hatte die Regierung das Ausmaß des Skandals nicht länger ignorieren können und eine öffentliche Untersuchung angekündigt, die gerade erst begonnen hatte und voraussichtlich zehn oder mehr Jahre dauern würde. Doch solange ihn niemand irgendeines Fehlverhaltens bezichtigte, könnte Capaldi es trotzdem vermeiden, bloßgestellt zu werden oder aussagen zu müssen.

»Als du gehört hast, dass ich Fragen über den Tod meiner Mutter stelle, hast du bestimmt Panik geschoben.« Ihr dämmerte etwas. »Du hast nicht nach mir gesucht, weil du unbedingt Kontakt zu deiner verlorenen Tochter aufnehmen wolltest. Du wolltest rausfinden, ob ich über dein schmutziges kleines Geheimnis gestolpert bin.«

»Wenn das alles gewesen wäre, warum hätte ich dann das irrwitzige Risiko eingehen sollen, mir eine DNA-Probe aus deiner Wohnung zu besorgen?« Er hielt ihr die offenen Hände hin. »Wie genau würde mir das helfen, wenn ich vor die Untersuchungskommission zitiert werde?«

Sie zögerte. Es stimmte, der Einbruch und Capaldis Offenbarung seiner Vaterschaft passten nicht ganz zum Rest des Bildes. Nachdem er es bis jetzt geschafft hatte, nicht überprüft zu werden, wieso sollte er sich jetzt darum bemühen, zu beweisen, dass er mit einer Zielperson ein Kind gezeugt hatte?

»Als ich dich in der Leichenhalle zum ersten Mal gesehen habe, hat sich alles verändert.« Er hielt ihrem Blick stand, und das Mittelmeerblau seiner Augen brachte sie von Neuem aus dem Konzept. »Es war, als sähe ich meine kleine Schwester vor mir. Von dem Augenblick an konnte ich an nichts anderes mehr denken. Als ich die Bestätigung bekommen habe, dass du meine Tochter bist …« Er hielt inne, sah ihr unverwandt in die Augen. »Ich schwöre, das war der glücklichste Moment in meinem ganzen Leben.«

In Cassies Kopf wirbelte es. Dieser Teil von Capaldis Geschichte klang, als wäre er wahr. Als er offenbart hatte, dass er ihr Vater war, war er ein gewaltiges Risiko eingegangen, dass sie auch den Rest ausknobeln würde. Und sie musste zugeben, auch jetzt noch, wie er sie ansah – als wäre sie der wichtigste Mensch der Welt –, das berührte sie emotional. Wieder dachte sie daran, wie sie sich zum ersten Mal begegnet waren und sie seine Eindringlichkeit für Anmache gehalten hatte.

Was bedeutete es wirklich, fragte sie sich, dass dieser Mann ihr Vater war? Worin bestand dieser ganz besondere Reiz daran, zu erfahren, dass man eine genetische Verbindung mit einem anderen Menschen hatte? Die tiefblauen Augen, die sie von ihm geerbt hatte, die Entdeckung, dass ihr Großvater Italiener gewesen war, die Existenz eines bisher unbekannten Familienstammbaums … Ohne Frage war das ein starkes Gefühl.

Aber zugleich auch vollkommen bedeutungslos.

»Vaterschaft ist mehr als ein Haufen gemeinsamer Allele«, erklärte sie ihm. »Du bist nicht mal ein Samenspender – Samenspender sind ehrlich. Du hast meine Mutter von vorn bis hinten belogen, bevor du sie abserviert hast, und dann hast du versucht, sie mit Druck zum Schweigen zu bringen, als sie herausgefunden hat, dass du ein Bulle bist. Du hast keinen blassen Schimmer davon, was es heißt, ein Vater zu sein. Ganz gleich, was in dem Laborbefund steht, Callum ist mein Dad, nicht du.«

Sie wandte sich zum Gehen.

»Cassie!« Die nackte Verzweiflung in seiner Stimme rührte sie nicht.

»Ich will dich nie wiedersehen. Wenn du mir – oder Callum – nahekommst, sorge ich dafür, dass du ganz sicher vor die Kommission zitiert wirst. Möchtest du, dass deine Freunde und deine Verwandten erfahren, was für ein Mensch du in Wirklichkeit bist? Jemand, der unter falschen Vorspiegelungen Sex mit einer Menge junger Frauen hatte?«

Sie öffnete die Tür und drehte sich ein letztes Mal zu ihm um. »So was sieht heutzutage echt nicht besonders gut aus, oder?«

47. KAPITEL

Es war drei Tage später, und Cassie hatte es geschafft, ihre Großmutter zu überzeugen, dass sie fit genug war, um zu Bradley Appletons Beerdigung zu gehen. Dass sie sagen konnte, sie würde unter Aufsicht stehen, und zwar unter der von DS Flyte, war hilfreich.

Cassie konnte nicht an der Abschiedszeremonie jedes einzelnen Gastes teilnehmen, um den sie sich in der Leichenhalle gekümmert hatte, das war einfach nicht machbar. Doch zu den Beerdigungen von Kindern oder Teenagern wie Bradley Appleton ging sie immer, wenn sie eingeladen wurde und wenn sie das Gefühl hatte, dass ihre Anwesenheit den Eltern etwas bedeuten würde.

Für viele trauernde Eltern war die Person, die sich um ihr geliebtes Kind gekümmert hatte, die seinen Leichnam geöffnet und ihn dann wiederhergestellt, ihm das Blut abgewaschen und ihm das Haar gebürstet hatte, etwas Besonderes. Diese Handlungen ähnelten einem Sakrament, und die Gegenwart des Menschen, der sie ausgeführt hatte, erschien beim allerletzten Abschied angemessen. Daher hatte Cassie nicht gezögert, als Kim Appleton angerufen und sie zu Bradleys Beerdigung eingeladen hatte.

Als sie und Flyte ihre Plätze ganz hinten in der Kapelle des Krematoriums einnahmen, hielt Cassie Ausschau nach Bradleys Goth-Freunden. Sie rechnete damit, wirres Haar und auffallende Outfits zu erblicken. Doch als sie Naenia und die anderen entdeckte, hatten die ihren Goth-Look deutlich zurückgefahren. Die Jungen hatten sich das Haar zurückgegelt und die Mädchen ihres im Nacken zu Knoten geschlungen.

Gut so. Es würde sie nicht umbringen, einen Tag lang auf ihr Recht auf Selbstdarstellung zu verzichten.

Die Zeremonie, von einem Humanisten geleitet, war so fürchterlich wie jede Beerdigung eines jungen Menschen, und doch – wie alle Beerdigungen – gleichzeitig merkwürdig erhebend. Cassie gab sich Mühe, nicht an Kieran und ihre Mutter zu denken, und konzentrierte sich stattdessen auf Flyte, die bestimmt ihren eigenen schweren Verlust aufs Neue durchlitt. Aufrecht und vollkommen regungslos saß sie da, eingehüllt in etwas, das Cassie als eine Blase des Selbstschutzes erkannte.

Als die Trauergäste nach der Zeremonie einer nach dem anderen die Kapelle verließen, ertönten die Anfangsakkorde von Leonard Cohens »Halleluja« aus der Stereoanlage. *Naenias Idee?* Wenn ja, dann war es eine gute: Die ergreifende Lyrik des Liedes ehrte Bradleys Goth-Sein, ohne dabei zu riskieren, die Älteren zu kränken.

Sie wurden in einen großen, hellen Raum geführt, wo ein langer Tisch mit Blumen und Kränzen überhäuft war, die die Luft mit lebendigem Pollengeruch erfüllten. Cassie freute sich, zu sehen, dass Kim und Steve Appleton, die die Trauergäste begrüßten, sich an den Händen hielten. Sie hatte zu viele trauernde Eltern nach dem Verlust eines Kindes unwiderruflich voneinander forttreiben sehen.

Als Kim sie sah, kam sie herüber und zog dabei Steve hinter sich her.

»Ich kann Ihnen gar nicht sagen, wie dankbar wir Ihnen für alles sind, was Sie für Bradley getan haben, und für uns«, sagte sie zu Cassie. »Und Ihnen auch, Phyllida. Es hat es irgendwie … erträglicher gemacht, zu wissen, dass es nur ein dummes Versehen war.«

Seit Naenia in ihrer Aussage bestätigt hatte, dass Bradley Flatliner gespielt hatte – das »Würgespiel« –, hatte von vornherein festgestanden, dass die Rechtsmedizin auf Unfall entscheiden würde anstatt auf Suizid.

»Nicht wahr, Steve?«, setzte Kim hinzu.

Steve antwortete mit einem peinlich berührten, aber aufrichtigen Nicken. *Eher der schweigsame Typ.* Seine Augen waren trüb vor Trauer, doch der Zorn, den Cassie damals in ihm gesehen hatte – auf Bradley, auf die Welt, auf sich selbst –, schien sich gelegt zu haben.

Kim dagegen redete ohne Punkt und Komma und mit leuchtenden Augen über die Zeremonie, die Blumen, die Beileidsschreiben … Beerdigungen konnten für die Hinterbliebenen seltsam beglückend sein. Schließlich war heute Bradleys Tag, und das war ein Grund, über nichts und niemand anderes zu sprechen.

Und dies war das allerletzte Mal, dass sich Bradleys Mutter und sein Vater unter demselben Dach aufhalten würden wie ihr Sohn.

»Ich nehme an, der Leonard-Cohen-Song war Naenias Idee?«, erkundigte sich Cassie.

Kim nickte. »Sie ist letzte Woche zum Kaffee gekommen. Ein reizendes Mädchen.«

»Und das da ist wohl auch von ihr?« Mit einem Kopfnicken deutete Cassie auf ein kunstvolles Kruzifix aus schwarz gefärbten Rosen, von ein paar tiefroten Lilien geziert.

Kim lächelte ihren Mann an. »Also, um ehrlich zu sein, das ist von Steve.«

Nach der Beerdigung fuhr Cassie mit Flyte von Golders Green zurück nach Camden. Flyte war wortkarg, ganz offensichtlich noch immer in ihre eigene Trauer vertieft.

Cassie beschloss, dass es besser war, über ihren Verlust zu sprechen, als ihn zu ignorieren. »Ich habe den Krankenbericht Professor Arculus gezeigt. Sie wissen ja, er ist Pathologe und arbeitet fürs Innenministerium, aber früher war er mal Facharzt für Frauenheilkunde und Geburtshilfe.«

»Mm-hm?« Flyte saß ganz still da – oder so still, wie man eben dasitzen konnte, während man sich im Stoßverkehr durch endlose Kreisverkehre wühlte.

»Also, Sie wissen ja, das Problem bei der Schwangerschaft war eine nicht diagnostizierte Insertio velamentosa, das heißt im Grunde, dass die Nabelschnur nicht richtig an der Plazenta angewachsen war.« Sie erklärte, dass Poppys lebenswichtige Blutgefäße durch diese Anomalie freigelegen hätten und dadurch die große Gefahr bestanden hätte, dass sie während der Geburt einrissen.

»Das ist eine sehr seltene Komplikation, und bei Fällen wie Ihrem, wo das Problem erst erkannt wird, wenn die Wehen schon lange eingesetzt haben, ist es fast immer zu spät, um noch irgendetwas zu tun.«

Dass Poppy ihr bisschen Blut – weniger als neunhundert Milliliter – innerhalb von zehn Minuten verloren haben dürfte, behielt Cassie für sich.

»Und all die Ultraschalluntersuchungen? Hätte das nicht irgendjemand früher bemerken müssen?«

»Laut dem Professor nicht unbedingt. Die Stelle, wo die Nabelschnur an der Plazenta ansetzt, ist beim Ultraschall anscheinend schwer zu sehen. Natürlich ist es Ihr gutes Recht, sich die Ultraschallbilder zu besorgen und sie einem Facharzt zur Begutachtung vorzulegen.«

»Aber …«

»Selbst wenn Sie irgendwelche Versäumnisse nachweisen können, es wäre ein sehr langwieriger Prozess, und ziemlich schlimm für Sie …« Cassie zögerte. Es stand ihr nicht zu, Flyte in die eine oder die andere Richtung zu drängen.

»Und das alles würde Poppy nicht zurückbringen«, sagte Flyte.

Ein paar Minuten lang fuhren sie schweigend weiter, dann sagte Cassie: »Hören Sie, Phyllida – was Ihnen passiert ist, ist furchtbar, aber Sie müssen wissen, es gab absolut nichts, was Sie hätten tun können, um es zu verhindern.«

Sie hoffte, ihre Worte könnten vielleicht helfen, die unvermeidlichen *»Hätte ich doch«*-Vorwürfe zu verscheuchen, die sie im Geist um Flytes Kopf kreisen sah wie einen Schwarm aufdringlicher Möwen.

Wieder ein kurzes Schweigen, dann räusperte sich Flyte: »Wenn ich eine Gedenkfeier für Poppy veranstalten würde, würden Sie dann kommen?«

Ihr hattet keine Trauerfeier? Cassie achtete sorgfältig darauf, sich ihre Verblüffung nicht anmerken zu lassen.

»Aber natürlich. Vielen Dank für die Einladung.«

48. KAPITEL

Eine ruhelose Nacht lang hatte Cassie überlegt, wie viel sie ihrer Großmutter sagen sollte.

Vier Wochen waren vergangen, seit Maria auf sie losgegangen war, und am Abend zuvor hatte Flyte angerufen und berichtet, dass die Staatsanwaltschaft der Krone grünes Licht für die Mordanklage gegen Maria gegeben hatte. Barneys Aussage wurde jetzt durch forensische Beweise untermauert: Dank modernster DNA-Tests hatte das Labor aus einer winzigen Blutspur, die auf der Mordwaffe zurückgeblieben war, ein zweites Profil erstellen können. Ein DNA-Profil, das identisch mit dem Abstrich war, der bei Marias Verhaftung von ihrer Mundschleimhaut gemacht worden war.

Natürlich musste Weronika wissen, dass Callum zu Unrecht für den Mord an ihrer Tochter verurteilt worden war, und wer die wahre Täterin war, doch Cassie sah keinen Grund, ihr zu sagen, dass er nicht ihr leiblicher Vater war. Die Wahrheit würde ihre Großmutter nur unglücklich machen, und außerdem fand Cassie, ihre Mutter hatte ein Recht darauf, dass ihre Geheimnisse bewahrt wurden.

Jetzt, als sie vor dem knackenden Gasfeuer im Wohnzimmer saß und Weronikas Hand in der ihren hielt, sah Cassie ängstlich zu, wie deren Gesicht zuerst bleich wurde und dann in sich zusammenzustürzen schien. Nachdem Cassies Worte zu ihr durchgedrungen waren, hatte sie zunächst viele gequälte Fragen gestellt – warum denn diese Maria ihrer geliebten Tochter etwas antun wollen sollte –, doch gleich darauf hielt sie jäh inne, starrte Cassie an und umklammerte ihre Hand.

»Mutter Gottes, was habe ich getan?«

Cassie tätschelte ihr die Hand und schaute ihr besorgt ins Gesicht. Sie verstand ganz genau, was ihre Großmutter mit dieser flehentlichen Frage meinte. Cassies Vater hatte für ein Verbrechen, das er nicht begangen hatte, mehr als sein halbes Erwachsenenleben hinter Gittern verbracht – und sie hatte mitgeholfen, ihn dorthin zu bringen.

»Schau, Babica, das konntest du doch nicht wissen. Die Polizei war doch auch überzeugt, dass er schuldig war.«

»Du sagst also, meine Katerina hat getrunken, und nicht er?« Langsam schüttelte Weronika den Kopf. »Wie habe ich nur nicht sehen können, was direkt vor meinen Augen passiert ist?«

»Weil du sie geliebt und geglaubt hast, was sie dich hat glauben lassen.«

»Ich habe mich absichtlich blind gestellt! Von Anfang an war ich gegen deinen Vater, ohne Grund, das sehe ich jetzt. Er war Ire, er hatte keinen richtigen Beruf, und seine Manieren …« Mit der Hand wedelte sie die Trivialität ihrer früheren Einwände weg. »Es ist nur … Ich wollte so viel mehr für Katerina. Ich hatte nicht studieren können, und jetzt tat sie dasselbe – nur wegen eines Mannes. Du sagst, er war ihr ein guter Ehemann? Und er hat sich um dich gekümmert?«

Cassie nickte.

»All diese Jahre habe ich dir deinen Vater geraubt.«

Es hatte keinen Sinn, ihrer Großmutter zu widersprechen. Sie würde Zeit brauchen, um sich mit den Fehlern der Vergangenheit abzufinden.

»Liebe, liebe Babica, das Wichtige ist doch, Callum wird rehabilitiert werden, und ich habe wieder einen Vater.« Sie zögerte. »Ehrlich gesagt, ich treffe mich gleich mit ihm, oben auf dem Friedhof. Bisher hat er's nicht über sich gebracht, Mums Grab zu besuchen.«

»Das freut mich, *tygrysek.*« Die alte Frau drückte Cassie die Hand. »Ihr beide habt so viel nachzuholen.«

Erleichtert sah Cassie, dass sie allmählich wieder Farbe bekam.

»Sagst du ihm, dass es mir leidtut, aus tiefstem Herzen?«, bat Weronika zögernd. »Und frag ihn …«

»Frag ihn …?«, hakte Cassie nach.

»Wenn er sich dazu in der Lage fühlt, vielleicht ist er ja bereit, sich mit mir zu treffen, damit ich mich persönlich bei ihm entschuldigen kann?«

»Natürlich frage ich ihn. Ganz gleich, was damals passiert ist, wir sind doch jetzt eine Familie.«

Familie. Sie war Teil einer Familie. Cassie konnte das Lächeln nicht unterdrücken.

Ein Antwortlächeln erhellte das Gesicht ihrer Großmutter. »Ich hatte immer solche Angst davor, dich ganz allein in der Welt zurückzulassen, vor allem seit meinem Schlaganfall.« Wieder drückte Weronika fest ihre Hand. »Aber jetzt weiß ich, dass du jemanden haben wirst, der auf dich aufpasst, wenn ich nicht mehr da bin.«

»Geranien hat sie geliebt, deine Mum. Erinnerst du dich noch an die großen Konservendosen mit Geranien drin, knallblau angemalt, wie in Griechenland, die auf unserem Balkon aufgereiht waren?«

Cassie schüttelte den Kopf und sah zu, wie Callum einen Geranientopf auf das Grab ihrer Mutter stellte. Obgleich es erst die erste Märzwoche war, war es einer dieser abartig warmen Vorfrühlingstage. In ihrem eleganten Wintermantel war ihr fast zu heiß, doch sie hatten beide unabhängig voneinander beschlossen, sich für diesen Anlass in Schale zu werfen. Callum trug ein richtiges Jackett, das ihm mindestens eine Nummer zu groß war.

Schweigend standen sie eine Weile da und betrachteten den Grabstein. Ein schlichtes Relief – der geneigte Kopf eines Engels – und die Worte KATHERINE LILIANA RAVEN sowie ihre Lebensdaten waren darauf eingemeißelt, gefolgt von GELIEBTE TOCHTER und dann der polnischen Übersetzung *Ukochana córka.*

Callum wusste bereits, dass Maria angeklagt werden würde – Cassie hatte ihn am Abend zuvor angerufen –, doch er sah nicht aus wie ein Mann, der demnächst erleben würde, wie das Fehlurteil wegen Mordes gegen ihn aufgehoben wurde.

»Es ist alles meine Schuld.« Er wandte ihr ein gequältes Gesicht zu. »Verstehst du, ich … ich hab sie geküsst, Maria, an dem einen Abend nach einem Gig. Weiß nicht mal mehr, warum. Das war ganz kurz vor Kaths Tod, als es bei uns gerade überhaupt nicht lief.« Sein Mund arbeitete. »Zu denken, dass sie umgekommen ist, weil ich einen Augenblick schwach war.«

Cassie legte ihm die Hand auf den Unterarm. »Dad, mach dich doch nicht fertig wegen einem einzigen Kuss. Maria hatte dich und sich selbst doch schon in ihre Megafantasie eingesponnen, wahrscheinlich hätte sie's auch so getan.«

Er machte noch immer ein verstörtes Gesicht. »Hinterher hab ich ihr gesagt, dass es ein Riesenfehler gewesen war, dass ich Kath liebe. Sie hat nur gelächelt und gesagt, wir wären dafür bestimmt, zusammen zu sein. Ich meine, ich hab das nicht wirklich ernst genommen. Nicht eine Sekunde hätte ich gedacht …«

»Warum denn auch?« Cassie schüttelte den Kopf. »Hör zu, ganz gleich, was du gesagt hättest, sie hätte es gar nicht gehört. Psychiater nennen so was eine Wahnstörung – in ihrem Kopf wart ihr beide füreinander bestimmt, und du warst derjenige, der das nicht wahrhaben wollte.«

Sie hatte ein paar psychiatrische Aufsätze zu diesem Thema gelesen, und ein Zitat hatte sich in ihrem Kopf festgesetzt. Darin hieß es, dass jemand, der an einer Wahnstörung litt, gefährlich werden konnte, wenn *die Zurückweisung durch das Objekt ihrer Liebe nicht mehr ignoriert werden konnte.* In Marias Fall war Callums Plan, ihrer verhassten Rivalin wegen die Band zu verlassen – *sie* zu verlassen –, der Tropfen gewesen, der das Fass zum Überlaufen gebracht hatte.

»Weißt du, sie hat mir im Gefängnis geschrieben«, meinte Callum. »Das hatte ich ganz vergessen. Jahrelang, Dutzende Briefe. Nachdem ich ihren Namen unter dem ersten gesehen hatte, hab ich ihn nicht gelesen und die anderen gar nicht erst aufgemacht – weil ich nichts mehr mit irgendjemandem aus meinem alten Leben zu tun haben wollte. Ich dachte einfach, sie schreibt mir aus Mitleid.« Sein beklommener Blick suchte den seiner Tochter. »Du glaubst doch nicht, dass sie mir geschrieben hat, um … zu beichten?«

Cassie gab ein abfälliges Geräusch von sich. »Wenn sie hätte auspacken wollen, dann hatte sie da ja schon reichlich Gelegenheit dazu gehabt. Nein, wahrscheinlich hat sie sich bloß darüber ausgelassen, dass ihr beide doch zusammengehört.« Callum hockte sich auf die Fersen, um eine Spinnwebe und ein paar welke Blätter von Katherines Grabstein zu wischen. Als er sich wieder aufrichtete, war es die mühsame Bewegung eines alten Mannes.

Der Anblick tat Cassie weh. »Wir müssen ein Trainingsprogramm für dich ausarbeiten und dich wieder in Form bringen«, bemerkte sie nur halb im Scherz.

Er lächelte sein schiefes Lächeln und wurde wieder zu dem attraktiven Vater aus ihrer Erinnerung. Komisch, zu denken, dass ihre gleiche Haar- und Augenfarbe nicht mehr war als ein glücklicher Zufall. »Du warst schon immer eine kleine

Tyrannin, selbst als Kleinkind …« Dann verging sein Lächeln, während er auf das Grab hinabstarrte. »Und wie geht's jetzt weiter?«

»Wir rehabilitieren dich.«

Flyte nahm an, dass Marias Rechtsbeistand ihr raten würde, auf schuldig zu plädieren, wenn der Fall vor Gericht kam, und sich auf verminderte Schuldfähigkeit zu berufen, weil sie sich zum Zeitpunkt des Mordes in einem »abnormalen Geisteszustand« befunden hätte. Vielleicht würde ihr das zu einer milderen Strafe wegen Totschlags verhelfen. Ob sie je dafür zur Rechenschaft gezogen werden würde, Kieran getötet zu haben, stand in den Sternen – anscheinend suchten die Cops noch immer nach Augenzeugen, nachdem sie keine Aufnahmen der Überwachungskameras gefunden hatten, die sie mit ihm am Kanal zeigten. Cassie beschwor ein Bild von seinem fröhlichen Grinsen herauf und erlaubte sich, sich einen Moment lang vorzustellen, wie es gewesen wäre, wenn sie zusammengewohnt hätten, wie viel sie gelacht hätten. Dann schob sie den Gedanken weg. Es würde noch Zeit genug sein, um ihn zu trauern. Im Augenblick gab es Dringenderes, worum sie sich kümmern musste.

»Ich hab schon einen Anwalt für dich gefunden«, fuhr sie fort, »wir können also sofort alles Nötige ins Rollen bringen, um dein Urteil aufheben zu lassen, sobald Maria schuldig gesprochen worden ist.«

»Und da kann nichts schiefgehen?«

Es tat ihr weh zu sehen, wie schwer es ihm fiel, Hoffnung zu schöpfen.

»Nein. Selbst wenn sie durch ein Wunder freigesprochen wird, der Anwalt meint, dass der Richter die Geschworenen beeinflusst hat, indem er sie nicht genügend zur Vorsicht hinsichtlich der Zuverlässigkeit des Augenzeugen gemahnt hat. Er hat den Prozess als ›Zirkus‹ bezeichnet.« Cassie senkte die Stimme. »Dad, da gibt's noch etwas, was du wissen musst. Kath war dir nicht untreu.«

Sie erzählte ihm von Dominic Drakes wahrer Identität, und wie er kurz vor ihrem Tod versucht hatte, Kath zum Schweigen zu nötigen. »Deswegen hat sie verdächtige Anrufe bekommen, und deswegen war sie auch so deprimiert.«

»Dieser Arsch!« Callums Augen waren riesengroß und zornig. »Warum hat sie mir das nicht gesagt? Ich hätte …«

Weil sie damit riskiert hätte, dass die Wahrheit ans Licht kam. Dass Dominic Cassies leiblicher Vater war, und nicht Callum.

Sie spürte, wie sie rot wurde.

Er sah sie einen Moment lang unverwandt an, ehe er sagte: »Ach, Cassie-Schatz. Du weißt es, nicht wahr?«

Scheiße, WAS? Er wusste schon Bescheid?

»Deine Mum hat nie was gesagt, aber nachdem du geboren warst, hab ich mal nachgerechnet. Du hast gut sieben Pfund gewogen! Zu schwer für ein Frühchen.«

»Hast du sie denn nicht gefragt?«

»Es war doch an ihr, es mir zu sagen, wenn sie's gewollt hätte.« Er lächelte. »Und außerdem, als ich dich das erste Mal im Arm gehalten habe, da wusste ich ganz genau, wer dein Dad ist.«

»O Dad.« Sie ging zu ihm, ließ sich in die Arme nehmen und atmete seinen erinnerten Geruch aus ihrer Kindheit ein – Holz und Männerschweiß, Äpfel und billiges Rasierwasser.

Vaterschaft war keine Frage gemeinsamer DNA. Ein Vater war jemand, der einem das Gefühl gab, dass alles gut werden würde. Jemand, der einem den Marsch blasen konnte, wenn man Mist gebaut hatte, ohne dass man sich dabei vorkam wie ein schlechter Mensch. Der unter das Bett guckte, ob da auch keine Monster waren. Der dein Glück über sein eigenes stellte. Immer.

Sie löste sich aus der Umarmung und nahm seine Hand.

»Ich hab's Babica heute Morgen gesagt«, berichtete sie. »Sie schämt sich natürlich in Grund und Boden, weil sie geholfen hat, dich in den Knast zu bringen.«

Er zuckte nur die Schultern. »Schnee von gestern.«

»Sie möchte sich mit dir treffen, möchte sich entschuldigen. Wir könnten doch abends mal zu ihr gehen und alle zusammen essen. Ein Familienessen.«

Einen Moment machte er ein völlig entgeistertes Gesicht, dann sagte er: »Dann musst du mir helfen, ein neues Jackett auszusuchen.« Er blickte auf das hinunter, das er anhatte, und schnitt eine Grimasse. »Sie hat mich ja immer für einen *gbur* gehalten.«

»Jetzt nicht mehr. Ich glaube, der verlorene Schwiegersohn wird ein echtes Willkommens-Festmahl vorgesetzt bekommen.« Sie grinste ihn an. »Und danach gibt's bestimmt ordentlich Kreide zum Nachtisch.«

Ein Geräusch ertönte, das sie seit ihrem vierten Lebensjahr nicht mehr gehört hatte. Das schallende Gelächter ihres wunderbaren, attraktiven Dads. Ihr fiel auf, dass er auch ein bisschen aufrechter dastand.

»Ach, Kath«, sagte er zum Grab seiner Frau, noch immer mit dem Lachen in der Stimme. »Wenn du doch nur die junge Frau sehen könntest, zu der unsere kleine Catkin geworden ist.«

Cassie roch einen Hauch Wassermelonenduft und dachte im Stillen: *Kann sie doch.*

Die sinkende Sonne hinter ihnen warf ihre Schatten über Katherine Ravens Grab und zeichnete die Umrisse von nicht zwei, sondern drei miteinander verbundenen Gestalten, als stünde ihre Mutter direkt hinter ihnen und hätte jedem sanft eine Hand auf die Schulter gelegt.

DANKSAGUNG

Zuerst einmal vielen und großen Dank all den vielen Lesern, die mit solcher Wärme und solcher Begeisterung auf Cassie Raven reagiert haben. Nach langen Monaten des Tippens, ohne wirklich zu wissen, wie es eigentlich läuft, zu erfahren, dass eine Figur bei den Lesern wirklich gut ankommt, das ist ein unschlagbarer Kick.

Eine Unmenge Recherchen waren notwendig, um die Welt der Leichenhalle zu rekonstruieren, und außerdem Rat und Hilfe von Spezialisten, die mir großzügigerweise ihre Kenntnisse zur Verfügung gestellt und meine dummen Fragen ertragen haben. Sämtliche sachlichen Fehler in dem Text gehen ausschließlich auf meine Kappe.

Barbara Peters, preisgekrönte Anatomical Pathology Technician, die mich weiterhin durch Leichenhallenfragen wie die Einzelheiten der Eviszeration eines menschlichen Leichnams und die emotionalen Kosten des Umgangs mit den Hinterbliebenen hindurchlotst, bin ich auf ewig dankbar. Ohne sie hätte ich Cassie schlicht und einfach nicht erschaffen können.

Und auch ein riesiges Dankeschön an die Pathologin Nic Chaston, die so geduldig war und so hilfsbereit eine Unmenge Fragen zu den Themen Anatomie und der Feststellung der Todesursache beantwortet hat. Besonders dankbar bin ich ihr für ihre fantasievollen Lösungen jener heiklen Momente, wenn die Geschichte und die Wissenschaft miteinander kollidieren …

DI Paula Jones ist noch immer eine unbezahlbare Quelle in Sachen Polizeiwissen und hat mich durch die Tücken des

Polizeicomputers, die Archivbeschriftungen und vieles mehr geführt. Danke!

Und auch dem Pathologen Mike Heath und meiner lieben Freundin, der Psychologin Kate Gauci, sei gedankt. Die ehemalige Rechtsmedizinerin Alison Thompson gibt immer noch Tipps zum rechtsmedizinischen Prozedere, während sie ihre Schafherde in Wales zusammenhält.

Ich bin der unglaublich hilfsbereiten Bruderschaft der Krimi-Autoren dankbar, und zwar vor allem der brillanten Isabelle Grey, alias V.B. Grey, und ihrem eindringlichen Feedback zu meinem allerersten Entwurf.

Und meiner Mum, weiterhin eine unerschütterliche Quelle der Liebe, der Weisheit und der Unterstützung, schulde ich lebenslangen Dank.

Für ihre Hilfe, Cassie nicht nur hier, sondern auch in sechs anderen Ländern in die Bücherregale zu bringen, gilt mein aufrichtiger Dank der literarischen Legende Jane Gregory und dem Team von David Higham – vor allem der talentierten Stephanie Glencross. Auch Kath Armstrong bin ich dankbar, die das Potenzial von *Tote schweigen nie* überhaupt erst erkannt hat.

Und schlussendlich ein großes Dankeschön an meinen Verlag Zaffre und an meine neue Lektorin Kelly Smith, deren Begeisterung für die Serie ganz wunderbar war. Nicht nur hat sie Cassie ins Herz geschlossen, ihre treffsicheren Beiträge haben *Wer mit den Toten spricht* auch zu einem viel besseren Buch gemacht.